鈴木大拙の原風景

【新装改訂版】

西村恵信 著
Eshin Nishimura

大法輪閣

新装改訂版への序

今から二十四年前、禅文化研究所が上梓した『鈴木大拙未公開書簡』を読んで、私は親友山本良吉との往復書簡に見える人間鈴木大拙の素顔と、彼のうちに秘められていた苦悩の人生を知って大いに驚いた。そして私はその感動を世間の人々にも知らせたいものと考えた。そういう衝動に駆られて季刊『禅文化』誌に、「大拙の原風景」と題して連載した。後に大蔵出版がこれを一本として刊行してくれたのである。

このたび大法輪閣が、ふたたび本書を新装改訂して世に問うてくれるというので、些か躊躇しながらも、久しぶりに全編をくまなく読み返し、多少の修正と新たな写真を加えた。

本文を読み返してみると、今から二十四年前の若かった日の自分が、思いのたけを存分に書いているのが、いかにも面映い。自分ながら、若気の至りと思われる節も各所にある。

本書に「大拙小論」として付けてあるいくつかの小論も、今からすれば私のもっとも燃えていた頃、あちこちから依頼されるままに書いたもので一貫性はないが、その都度の記憶とともに、まるで昨日の如く私の胸中に蘇ってくる。それぞれの筆致も我ながら勢いが良すぎるが、それを今さら書き改めるのも惜しいような気がする。

今、久しぶりにこれを読み直してみると、その頃の自分の大拙先生に対する熱い思いが、よく伝わってくる。果たして先生が定中にあって、これを肯ってくださるかどうかについては、はなはだ心許ないが、今の私にはもう内容について思索し直す気力はない。ただ、このようなものを新装再刊してくれる大法輪閣のご好意に、感謝するばかりである。

私は、二〇〇九年十二月、「第五回・世界宗教会議」に招待され、オーストラリアのメルボルン国際会議場において、千人の聴衆を前に、「宗教指導者をどう育てるか」という題で発表させてもらった。その時、今から百二十三年前（一八九三年）のシカゴに於ける「第一回万国宗教大会」に出かけていった釈宗演老師ら日本宗教代表の人々のご苦労や、それが機縁となって、一生を日本仏教の国際化に棒げた鈴木大拙先生のことなどを、世界各地から集まっていた宗教者の中で、独り懐かしく偲んだのである。

世界の諸宗教が、今後どのように連帯を深めていくか、あるいは対立を深めて世界戦争ということになるか、全く未知である。今の私にできることはただ、人類が宗教という名のもとに協力し、それが世界平和の実現のための礎とならんことを、ひたすら願うのみである。

二〇一六年　仏降誕の吉祥日

琵琶湖東畔　三余居窓下にて　　著者

初版 まえがき

私が初めて世界的に有名な鈴木大拙博士の姿に接したのは、確か大学四年生の頃のことで、博士が京都北野の選仏寺で講演をされた時であったと記憶する。小さな本堂に一杯の人で、前の方に南禅寺僧堂の雲衲たちが二十名ほど、粛然として端坐して聴講されていたことと、本堂に入ってこられた小柄の博士が、仏壇のあたりを無遠慮に眺め回しながら合掌された、その洒脱な振舞いが、今も鮮明に思い出される。もう四十年近くも前のことで、その時博士は八十五歳であったことになる。

その後、私自身アメリカに留学して英語圏におけるD・T・スズキの影響を眼の当りにしてきたことや、『禅文化』誌の編集者として、博士と両三度にわたって面談する機会が与えられたことなどによって、鈴木大拙という人は、いつとはなしに私の中での大きな存在になっていった。別に鈴木博士の門人というわけではないが、それだけに博士を客観的に眺める余裕というものがあったとも言える。その後、折にふれて博士に関する小文をあちこちに書いた。それを集めたのが本書の第二部である。

第一部「鈴木大拙の原風景」は、季刊『禅文化』の一三四号から一四九号まで、十四回にわたって書いたものである。このようなものを書くことになった動機は、『禅文化』の編集者芳澤勝弘さんの薦めによる。一九八九年の春学期、私は十八年ぶりで再度招かれて、アメリカのミネソタ州にあるカールトン大学東洋学部で、三ヵ月のあいだ講義をしていたが、芳澤さんから国際電話があって、機会を得て鈴木博士が若い日を過されたイリノイ州ラサールのオープンコートを訪ねて、生存されているポール・ケーラス博士の近親者に出会ってきて欲しいということであった。カールトン大学のスミス教授の好意によって、直ちにラサール行は実現した。その時の感激には筆舌しがたいものがあって、帰国後、宗教新聞『中外日報』紙に「ラサール探訪記」と題して、その一端を披露した。

その年の夏、禅文化研究所は、鎌倉の井上禅定師と協力して、私が写してきた写真や取材してきた新しい資料も含めた『鈴木大拙未公開書簡』を刊行した。これは題名通り、今まで秘蔵せられていた鈴木博士から親友山本良吉に宛てた手紙一〇八通、および他に宛てたもの十四通、さらに別冊として山本から鈴木への手紙三十三通を収録したもので、井上師の手紙読解と、芳澤・小西司郎両氏による綿密な註によって、若き日の鈴木博士の実像が全体現しており、大拙研究者にとって真に貴重な資料となったのである。

『未公開書簡』を手にして私が深い関心をそそられたのは、世界に知られるほどの輝かしいはたらきと業績を残して世を去った鈴木博士の、ひとりの人間としての実像を、「私信」という未公開の資料によって浮び上がらせてみたいということであった。もとより露出趣味的な発想ではない。あくまで私としては、鈴木大拙の非神話化であって、人間大拙の再現が目的であった。本書の題を「鈴木大拙の原風景」としたゆえんである。

途中、いくぶん私自身の解釈が入り過ぎて、博士の真意を損ねたかも知れないが、その点は、定中の也風流庵居士に、私の風流の一端として寛恕を乞わねばならない。このまえがきを書いているところへ、古田紹欽先生から新著『鈴木大拙　その人とその思想』が届けられた。古田先生は大拙博士の門弟として令名高い方である。先生はかつて私に、「皆んなは大拙先生の好々爺ぶりばかり書いているが、先生の厳格な一面をもっと知らなくてはいかんぞ」と言われた。確かに、手紙などによって人間大拙に直接してみると、博士の生涯は苦悩に満ち、そこから厳格さというものが滲み出ていたように見える。私はその点を浮き立たせるよう努力したつもりである。読者がそのことを行間に読み取っていただければ幸いである。

最後に、本書の刊行を許された禅文化研究所と、出版のための努力を惜しまれなかった、人蔵出版の武本武憲・桑室一之両氏に対し、深く感謝の意を表したい。

一九九三年七月七日

三余居窓下にて

西村惠信　記す

目次

新装改訂版への序……1
初版 まえがき……3

I 鈴木大拙の原風景

1 逆境と宗教性の胎動……10
2 心友山本良吉のこと……32
3 初めての旅、そして上京……44
4 禅僧とはこういうものか……59
5 近代の禅者釈宗演との邂逅……74
6 ポール・ケーラスの登場……91
7 『仏陀の福音』……108

8 渡航費をどうするか……123
9 ラサールの印象……138
10 異郷のエレジー……157
11 女性への開眼……176
12 人生の歓び、あるいは悲しみ……193
13 D・T・スズキと美穂子さん……212
14 その厳かなる生の終焉……227

Ⅱ 大拙小論

1 鈴木大拙における個人と世界……242
2 明治青年僧たちの気骨……252
3 ポール・ケーラスの宗教思想……267
4 上向く「大拙」下向く「寸心」……270

5 老博士の涙 280
6 ポスト鈴木の時代 288
7 禅仏教の国際化をめぐる問題 293
8 転機に立つ日本の禅 309
9 世界の中の六祖壇経 312
10 禅を現代にどう活かすか 332
11 禅僧から見るキリスト教――東西宗教交流を通して 338
12 キリスト教理解の一側面 347
13 東西霊性の交流とは何であったか 350
14 沈黙と対話 363
初出一覧 368

装丁・山本太郎

I

鈴木大拙の原風景

若き日の鈴木大拙

1　逆境と宗教性の胎動

一

このたび禅文化研究所から『鈴木大拙未公開書簡』と題して、やがて十八歳の誕生日を迎えようとする鈴木貞太郎（後の大拙）が、心友金田良吉（後の山本）に宛てた第一信から始まって、七十一歳になって大谷大学で教鞭をとりつつ、世界の鈴木大拙の名を揺るぎなくしつつあった頃までの、実に一〇八通に及ぶ山本良吉への私信、および参禅の師釈宗演らに宛てた書簡十四通が公刊された。

大拙については「日記」というものが未見である上に（著者註・本書初版の出版後に英文の日記が松ヶ岡文庫より逐次公開されている）、いわゆる「年譜」には個人の心情吐露というものがなく、また不確かさや錯誤を伴うこともあって、この『書簡』公刊は、人間鈴木大拙に直接する実感と、「私信」というもののもつ飾りなさが、生の鈴木大拙を伝える点において空前の大拙研究資料となるわけである。ついてはこの機会に、世界の鈴木大拙が秘めていた若き日の苦渋と、その後の思想形成の軌跡を辿ってみようという一種の冒険を思い立ったしだいである。

こういう観点に立って、今までに大拙の裏面史のようなものをわれわれに提供してくれたものは、唯一晩年の人拙に時間をかけて面談し、大拙みずからの懐古談を聞き書きした秋月龍珉氏の「鈴木大拙先生の生涯」（同氏著『鈴木禅学と西田哲学』春秋社、一三七―二九四頁所収）であり、その意味では最も正確かつ信憑性のあるものであった。もし、この『未公開書簡』によって秋月氏の報告が事実的に裏付けされ、あるいは大拙自身の思い違いまでが糾《ただ》されれば幸せである。また思想形成という点から、筆者が『未公開書簡』刊行のためにイリノイ州のラサールを探訪し、その機に蒐集した青年鈴木貞太郎やその周辺の人々の論文も大いに参考にすることができればと思う。

なお、小論を草するに当っては『未公開書簡』刊行のために鎌倉東慶寺の井上禅定師や禅文化研究所の編集スタッフが精力的に附した詳細な註を参考にさせていただくことを前もって断っておきたい。筆者の作業は、それらの資料に助けられて大拙の、むしろ今までに見えなかった部分を浮き上がらせることにある。

およそ偉人の伝記は、その目撃者である直接の弟子たちによって記録されるのが常であるが、その場合、多く過大の粉飾がなされ、いたずらな神話化が行われるのが普通である。それらがもう一度非神話化されてこそ真に客観的な真実性が浮き彫りにされてくるというものであろう。かつて『夏目漱石』を書いた江藤淳は次のように書いている。

> 夏目漱石の死後、すでに四十年の歳月が流れている。忘れ去られるには充分な時間であるが作家の名声はいよいよ高い。しかし、これを漱石が現代に生きている証拠だと思ったら大間違いで、彼の名声にはコットウ品特有の事大主義や回顧的な匂いがつきまとっている。彼を讃美しようとする声は、すべて彼を過去へ押しやろうとする声にすぎない。通俗に信じられている漱石の影像は、東洋的な諦

念の世界に去った孤高の作家の影像であって、これには大いにぼくらの感動をそそるものがある。しかし死者への尊敬に適当な感動は、彼の作品のぼくらにあたえる感動を歪曲する。ここで、過去は決して完了したものではなく、完了していない故に価値がある、というような教訓を思い出さねばならない。漱石は何一つ完成したわけではないので、彼の偉大さは、彼がなしかけた仕事を我々に向って投げてよこそうとしているその姿にある。それを受けとめる以外に、漱石を現代に生かすことは出来ない。ぼくらはその姿勢を支えているものを探ろうとするのである。（講談社普及版、一一頁）

私はかねてこの江藤氏の説に同感し、偉人の歴史化・神話化に与《くみ》せず、常に偉人たちの求めようとした姿勢を自分のうちで同時代的に反復するよう心掛けているつもりである。かつて久松真一が遷化《せんげ》したときも、博士が「我死すも　引導追薦葬無用　むくろは荼毘《だび》て　骨なひろひそ」と遺詠し、末期に「末期の一句　殺仏殺神」、「遺志により　葬儀不行　弔問辞退」および「寂滅為楽」の三点をしたためられたが、そのことばを金科玉条のごとくに有難がる人々に対し、そういうことがいったい博士のどういう立場からいわれているかという点にこそ注意すべきである旨を指摘した（『中外日報』一九八〇・四・一〇号以下五回連載「禅宗教団の今日的課題――久松博士の教団批判に思う」）つもりである。

鈴木大拙を顕彰する場合にもやはり同様で、私は次のように書いている。

いわゆる門下生の列に入らない私は、鈴木大拙博士についてかえって自由に論じることができることを利点と考えている。逆にいうと鈴木博士の弟子たちの大拙論は、どれも亡き師に対する思慕のあまり、かえって自由奔放に生きたD・T・スズキを雁字がらめにしているように思われ、これでは冥界の博士もはなはだ不自由なことであろうと気の毒になる。

鈴木大拙という偉大な思想家もやはり時代の落し子であり、あれから二十年近くも過ぎた今の時代に生きて居られたら、世界に向ってまたもっと違った発言をされるに違いないと思う。私のように思わぬ機縁を蒙ってしばしば鈴木博士の歩かれた西欧世界へ出かける機会に恵まれた人間は、博士の蒔かれた種が漸く繁茂し、花となって世界野のなかで、時として毒草やあだ花さえちらほら見える場面にも出喰わし、当惑させられることも一再ならずである。「風流ならざるところ也《ま》た風流」と見られた鈴木博士のことだから、そんなことくらいは先刻ご承知のことかも知れないが、やはりそうも云えない事情もある。……

鈴木博士の場合、西欧での生活が長く、また書かれたものも多く英語によっているから、どうかすると西洋人のために日本の思想や文化を紹介することを目的とされたように思われるし、事実またそういう趣きもあるのだが、一層深く見つめると、やはり日本人としての自覚の観が強い。……

鈴木博士は（明治の近代知識人の通例が国粋的になるのと違って）むしろ国際人であったのであるが、しかしそれでも「日本的」を中心に置いた国家主義的な思想も無きにしもあらずである。博士が初めてアメリカに渡られた明治三十年代（十九世紀末）という時代に、たとえば異教徒であるキリスト教に対していきなり親しみを持たれたとは考えられない。それはやはりわれわれの時代の「対話」の気分と違って、気の許せぬ人たちとの「対決」であったに違いない。いわゆるカルチュアショックによる博士の西欧嫌悪の感情は、博士が参禅の師である釈宗演老師に送った書簡の各所に見られる。

……

一九七九年九月、私は日本の仏教僧侶たち三十二名とともに、ヨーロッパ各地のベネディクト・トラピスト修道院に滞在して、三週間の修道院体験をした。これに応答して昨一九八三年十月には、かの地の修道院長たち十七名が来日、一ヵ月の禅堂生活を体験した。これら二回の「東西霊性交流」は個人としてではなく、仏教とキリスト教の両宗教が教団レベルで行った歴史的対話であり、今後も組織的に続けられることが確認された。その理由は、もはや世界が世俗化の一途を辿る今日の状況に於いて、今こそ諸宗教の連帯を必要とするからである。われわれの時代は鈴木博士の努力が、今このようにして新しい視点から見直され活かされなくてはならない時代であると思う。（中央公論『日本の名著』43、清沢満之・鈴木大拙　付録43）

二

出自という点から見れば、貞太郎には伝統的な意味の仏教的影響というものがほとんど見受けられない。家業は古くから医者であり、貞太郎の父もまた加賀百万石の別格者、幕府の付家老本多家の侍医であったという（秋月『前掲書』）。

『鈴木大拙全集』所収の「年譜」冒頭に家業を証する記事がある。

元祖は佐々木善太郎、江州佐々木家末流といふ。その子治左衛門、病身のため仕官せず、母方（鈴木主水娘）の苗字鈴木に改む。浪人して越中魚津に住み町医者となる。元禄十年六月病死。嗣子甚左衛門の代に金沢に移る。寛保二年二月病死。その後、了益、了節、了益（養子）、了順（養子）、了節（養子）、柳崖振（養子）、良（了）準（了節の倅）と世代す。良準、実名柔《したがふ》、金沢市新立町に住し、妻増（小嶋紋左衛門次女）との間に四男一女を設く。長女柳（下村教往に嫁す）、長男元太郎、次男亭太郎（早川守之の養子となる）、三男利太郎、四男貞太郎。

　鈴木家は歴代の多くが医者であったが、良準もまた金沢藩医学館役員をつとめる。家禄高一拾九俵壱斗壱升。明治五年閉館と共に役員免となり、七月、願により隠居す。

　この人鈴木良準は天山と号し、京都にあって新進の蘭学を学んだ、金沢では第一級の文化人であった。その蔵書中の漢籍の大部分が儒教の書であったといい、その名良準を後に「柔」と改名しているところに老荘の影響が見える。また自分の子供にも易経から「元・亭・利・貞」の字を付したといわれる。日常生活の規範も孔孟の道であり、毎朝食前に子女たちに自製の家訓「修身十二字歌」や「衛生十二字歌」を読んで聞かせたという。

「修身十二字歌」

好ミ悪《ニク》ムノ真心ハ、天ノ賜《タマ》ハル所ニテ、其ノ真心ノ如クスル、所作ヲ修身学ト謂《イ》フ。善事ハ心快ク、悪事ハ心羞ヂ悪ム、是レ真心ノ天則ナリ。譬《タト》ヘバ水ノ蒸発ト、凝固ニ温度高低アリ、其レ高低ノ天則ニテ、雪アリ雨アル如キナリ。好ム悪ム真心ノ、其ノ天則ニ従フテ、好ム善事ノ所作ヲナス、是レ修身ノ学問ナリ。己《オノ》ガ欲スル其ノ事ヲ、乃チ人ニ施スハ、人ニ交ハル天則ナリ。恕ト名ヅクル所作ニシテ、相親ムノ根本トス。云々

「衛生十二字歌」
……生ヲ衛《マモ》ルニ定則アリ。人健康ヲ保ツニハ、其ノ定則ヲ守ルベシ。多病ト無病ノ根元ハ、大概飲ムト食フニアリ。食フト飲ムトニ法アレバ、健康自然ニ妨ゲナシ。穀類食ハ燃素トテ、吾ガ身体ヲ温暖ニシ、肉類食ハ建素トテ、吾ガ骨肉ヲ補給セリ。動物食ヲ一分《イチブ》ニシ、植物食ヲ四分《ヨンブ》トス、是レ食量ノ配合ナリ。人々用イル食量ハ、閑ト忙ト年齢ニテ、各々差ヒアルナレド、其ノ大概ハ一磅《ポンド》ヲ、分テ三度ノ食トセバ、健康必ズ妨ゲナシ。其ノ配合ハ穀菜ヲ、七十六銭《セント》、肉類ヲ、二十銭トナスベキ也。徐々ニ嚼《カ》ミテ徐々ニ嚥《ノ》ム。云々

大拙の記憶によると父君は「儒者」であったらしく、その位牌にも仏式の戒名ではなく、何か儒教風の名が書かれてあったらしい（秋月『前掲書』）。

他方母増の方はどうであったかというと、家の宗派である臨済宗の信者というよりも何かもっと民衆的な、具体的には真宗の中でも異安心《いあんじん》とされる秘事法門の仲間に入って一種独特の信仰を持っていたらしい。しかし難しい教義よりも、朝夕母が仏壇に灯明を上げ至心に念仏する姿が、幼き日の貞太郎（大拙の幼名、以下略）に宗教的情操を与えたであろうことは想像に難くない。この頃のことについて大拙は次のように語っている。

わしの家は禅宗で、殊に臨済宗であつたのですが、加賀は臨済宗はまれで少なく、曹洞宗が多い、そして真宗が強かつたわけですね。……父は医者で儒者であつたが、母は別に特別の真宗信者でもな

し禅宗信者でもないが、仏教に心がけを持つてをつたといふことは、この地方の自然の環境・社会的環境から、さういふことになつたんだらうと思ひますが……。早く父が死んだものだから、よくその生れた家の仏壇を……仏壇は北国ぢや一軒一軒に持つてをるですね……、まあ、わしらの方の仏壇というのは極めて簡単なもので、真宗の仏壇になるちふときらきらしたものであつたが、わしらの方の仏壇は白木で出来てをつたですね、そして簡単なものであつたが。（中略）

それから加賀にはこの秘事法門ちふものがなかなか行はれてをつたらしいんだな。私は、ありやあまあ九つか十かでせうね、そのころで……父が亡くなつたのは六つのころだなあ……、それで何も母親の真宗的に行動されたことは覚えてゐないですね。けれども、この秘事法門ちふ方の仲間に母は入つてゐたらしい気がするんだ。それで、秘事法門の或る意味でいふ洗礼を受けたといふことにもなるですかね。（中略）

父が死んだその次の年（明治九年）に、わしのちよつと上の兄が死んでをるですね。二年続いて、自分の夫が亡くなり、自分の子供の一人が亡くなるといふことは、母親にとつては大変な経験になつたに相違ないと思ふ。それで、それから目が悪くなつて、越中の黒谷の何でしたかなあ、そこの不動さん（富山県中新川郡上市町の大岩不動）の滝に打たれに行つたといふことがありますな……病院に入つたのは勿論だが。さういふやうなことで、宗教的な気分が十分に母親に動いてをつたもんだらうと思ふ。さういふ感化を受けたかどうか知らんが、自然、わしも宗教方面に関心をもつことになつたわけですね。それからそのころ、わしや本多（加賀藩の家老）の家中ですが、その本多の若主人といふのが京都へ出て、大徳寺のあのころの管長さんは誰だつたか知らんが、その人のもとで禅を修行せられたといふことをよく聞いてをりましたが、さういふことでこの、真宗といふことだの禅宗といふことだのが家の中に何かにつけ話が出たが、話が出るといふよりも、さういふ雰囲気があつたといふていいわけですね。（中略）

わしのところでは、別にお経を読んだといふことは聞かなかつた、また見なかつたが、まあ毎日毎朝仏様に参るちふことはやつてをつたですね。さういふことがこの、無言の間に子供の上に及ぼす感化があるものと見えるですね。（「也風流庵自伝」〈『全集』第三十巻、五六八頁〉）

古田紹欽氏が書きとどめられた口述「私の履歴書」（『全集』第三十巻所収）によると、大拙の記憶は少し違っていて、大拙が禅というものへ近づいていく萌芽のようなことが書かれている。

わしの家は曹洞宗ではなくして臨済宗で、何か大徳寺の末寺の小さな寺が檀那寺であつたので……、瑞光寺といつたかな……。かういふ環境であつたし、何かの関係で、宗教的求道といふか、哲学研究といふか、さういふ意味の方向へ段段自分の心が向いて来たころ、何でも家は禅宗だから、禅宗のことを少し聞いてみなければならんといふので、お寺へ行つて、瑞光寺の和尚様に、一体禅といふものはどういふものかといふやうなことを聞きに行つたことがある。（中略）

瑞光寺の和尚さんの記憶は妙になくなつてゐるが、曹洞宗の田舎の方の尼さんがよく来て、お経を上げてゐたことは覚えてゐる。それから尼さんの家へも母親に連れられてよく行つたことがあるな。その尼さんは、尼さんといふても、浄土系の尼さんと違つて、如何にもさつさつとしてゐて、何の頓著もない、さつぱりとした尼さんだつた。その尼さんが来られると、お経を読んでもらつた後に、お斎を上げた。それが済むと、さつさつと男の坊さんのやうに腰上げして、草鞋をはいてゐられたかな、よく覚えていないが、すつと自分の寺へ帰つて行かれた。今でも面白い尼さんだと思つてをる。母親はこの尼さんのお寺の方に近づいてゐたやうだ。自分は子供時分に母親から受けた影響が大きいと思ふ。

右の記述から見ると、大拙は幼少の頃、かなりはっきりした形で禅宗の面白さというものを会得していたこと、それも禅の何であるかという論理については「その頃の田舎の坊さんの無学文盲なことは、あきれかへるほどであつた」（同書五九三頁）というから、大拙を惹きつけたものは、曹洞宗の尼さんの颯々《さっさつ》とした起ち居振舞いというような視覚的なものであったようである。先の記憶では家の仏壇でお経が読まれたことは知らないと言い、ここでは読経後のお斎のことにまで及んでいるので、どちらが本当のことか分明でないが、いずれにしても、それらを通して見えてくる母君の素朴で一途な仏教信仰だけは、幼き貞太郎に宗教的な情操を植えつけるに充分のものであったことは確かであろう。その土壌に立って、貞太郎は全くみずから求道の道を切り拓いていったと見ることは間違いないであろう。

さて秋月氏「鈴木大拙先生の生涯」によると、長兄の元太郎は父の存命中、二十歳前に十五、六歳の妻を娶っており、はじめは家業を嗣ぐために、医者の学校か塾かに通っていたが、医者が嫌であったのか、それともほかに家庭の事情があったのか、父君の死後、師範学校に転じて小学校の教師になったのである。このことは、やはり鈴木家の斜陽を示す象徴的な出来事であったであろう。

明治23年5月、金沢公園の写真館にて、左より亨太郎・元太郎妻（順）・貞太郎・元太郎

代々の家業を嗣ぐかのように医者の学校に通う長兄を見て、生前父親は頼もしく思っていたに違いない。二十歳に満たぬものに結婚を許したのもそういう将来の見込みをつけてであったかも知れない。その長兄が父の死後になると方向換えをして師範学校に転じて教師になるのを、三男の貞太郎は一種の失意あるいは懐疑の眼で眺めたのではなかろうか。長男が勝手に代々の家業を廃するということは、現代ほどに容易のことではなかったはずだと思う。それには当時として相当の決意が必要であったであろう。よほど気性の強い、実行派の人であったのかも知れない。破産をしてということでは師範学校に転じることにならないから、やはり自発的な進路変更であったと思われる。するとそういう気性がやはり、末子（四男一女）の貞太郎にも伝わっていると見てよい。

『未公開書簡』の冒頭アルバムに、兄弟たちが金沢公園吉田写真館で写した写真がある。明治二十三年（一八九〇）五月とあるから、この四月に母の増が逝去した直後のものである。この写真を見て不思議に思うことは、末子の貞太郎が前列中央に坐っている。そして長兄の元太郎が後列に妻の順と立っている。元太郎は明治二十一年には既に能登半島の北東端の飯田湾に面する蛸島村の小学校の校長になっていた。

貞太郎は明治二十二年に蛸島から四キロほど離れた飯田町飯田小学校高等科の英語教師になったばかりである（この頃については後に詳しくのべる）。そして更に二十三年の五月に石川郡美川小学校高等科の訓導となったところである。

そしてこの頃第四高等中学校の数学教師である北條時敬《ほうじょうときゆき》（西田幾多郎に大きな影響を与えた人）の主宰する禅会のことを耳にし、またそこで配布されたという白隠の『遠羅天釜《おらてがま》』（白隠の法語集）を入手したりして、禅に興味をもち、初めて富山国泰寺の雪門玄松老師にも参禅をしていたのである。それかあらぬか、写真中央の貞太郎には既に一種の気負いが感じられ、躊躇なしに前列に坐ってふんばっている。このことからして、貞太郎は兄の元太郎よりももっと積極的なところがあったかとも察せられる。

金沢市本多町に生れた貞太郎は、小学校二年（六歳）で五十四歳の父を失い、また翌年にすぐ上の兄利太郎が十一歳で歿した。十二歳のとき小学校を卒業せず数田順の塾（いわゆる予備校）に転じるとともに、四月に石川県専門学校初等中学科（いわゆる旧制中学）に入学、三年生（十五歳）のとき、藤岡作太郎・福島淳吉らと共に同人雑誌『明治余滴』を創刊し、その編集者になった。

ここで先に出てきた北條時敬や藤岡作太郎のことを少しだけ紹介しておいた方がよいと思う。坐禅の会を主宰している人として貞太郎が初めて間接的にその名を聞いた北條時敬とはどんな人であったか。下村寅太郎は『若き西田幾多郎先生』の中で、次のように記している。

（西田幾多郎）先生の生涯を通じて、先生に影響を与へたやうな「師」は恐らく北條時敬氏一人位ひではなからうか、北條時敬氏は言ふまでもなく明治後期の教育家として著名である。第四高等学校の粛正、広島高等師範学校の創設、東北大学総長として令名のあつた人であり、最後に学習院長となつて隠退された。しかし本来は創立期の東大出身の数学者である。（中略）

先生が禅に参ずる動機となつたのは北條時敬氏からの感化ではないであらうか。氏は夙に鎌倉円覚寺の今北洪川《いまきたこうせん》和尚について参禅しその遷化にまで及んだ。（中略）

北條時敬氏は前述のやうに早く禅に参し、友人から脱俗的とか、「疎枝大葉古色蒼然」（秋月左都夫）とか称せられてゐた人であつたが、事に熱中勉強の様は、謡曲に凝ると「早朝同君出勤前に、必ず一番づつ謡ふ事とせしことあり。……而して北條君の出勤時間迫りて朝食の遑《いとま》なかりしを以て、奥さんが毎朝梅干入りの握り飯を拵《こしら》へられ一同謡ひながら之を喫したり」（織田小覚）。風貌は「君子容如愚と云ふ古語がピツタリ当て嵌る」様であり、「一寸話をしても判つたのか判らなかつたのか一向判らない」様であり、「其口から出る話は至つて訥弁で判り悪い」「日常の俗事などに至つて頓馬の様なところがあり、物を忘れたり間違へたりした滑稽談は蓋し無数」（久保無二雄）等々と言はれてゐるが、こういふ私的な側面と同時に、公人としては驚くべく格勤精励細い綿密な全く別の側面が遺稿『廓堂片影』に於て見られる。（同書二四―三一頁）

貞太郎にとってこの北條時敬は母校の教諭であったが、西田幾多郎らのように、この人から直接の影響を受けたことはない。ただしこのように秀れた学識豊かでしかも茫洋としたところのある人の話を聞いただけで、貞太郎がこういう人に憧憬したであろうということは充分想像しうるであろう。貞太郎はもちろん心友西田幾多郎を通じて、よくこの先生の話を聞いていたであろう。彼の禅に対するあこがれの土壌の上に、参禅というはっきりした実践の種を落した人は、この北條時敬であったとして間違いはないであろう。後に、貞太郎は金沢を離れて東上するや、みずから北條先生の参禅の師であった今北洪川の門を扣《たた》いたのであるから。

それからもう一人、これは貞太郎の中学時代の同級、藤岡作太郎のことであるが、この人のことも下村氏の『若き西田幾多郎先生』に見えている。

(西田幾多郎は)中学時代には藤岡作太郎、山本良吉(当時金田)氏らと友人であつた。「私(西田)が東圃(藤岡)と知り合つたのは、今で云へば中学時代であつた。……金沢市は西と東とに犀川、浅野川といふ二つの川が流れて居る。東圃の宅は犀川の上流の方へ近い早道町といふ所にあつた。道より少し引込んでゐたが、門もない家であつた。(中略)

第四高等中学校の友人、金田は後列左より二番目、西田は後列右端、藤岡は前列左端

……彼は学校では秀才であつた。クラスの三傑の一人と呼ばれてゐた。(因みに言ふ、山本良吉氏の追憶記によると「教室に於ける同級生の席次は毎学期変るから、一々覚へないが、君(藤岡)が一番、西田君が二番の事が、何故か今でもはつきり頭に残つて居る。」(「藤岡博士の思出」『国語と国文学』))——何でもよくできた。特に文章に秀でてゐた。

之に反し、身体は極めて虚弱であつた。」……

更に下村氏の『若き西田幾多郎先生』には、貞太郎の心友金田良吉のことにも及んでいる。『未公開書簡』はその一〇八通がすべて金田（山本）良吉宛のものであり、その交信のエネルギッシュなことに驚いていたのだが、『西田幾多郎全集』第十八巻に収める西田の書簡にも随分と多くがこの金田良吉に宛てられている。この金田良吉という人の健筆ぶりにはまことに驚くべきものがある。下村氏は金田良吉について次のように記している。

藤岡作太郎氏と共に、（西田）先生と最も親しかつた同級生は、山本良吉氏（金田は後山本と改姓）である。山本良吉氏は、周知の如く、夙《つと》に個性と風格のある教育者として名声あり、晩年、武蔵高等学校の創設に当り、その基礎を作り、終にその校長として、先生より一両年先に、逝去された。

「専門学校が、その頃の名で第四高等中学となつた時、……私（西田）は山本君等と一つの組になつた。而《しか》も私は、左に藤岡東圃君、右に山本君と机を並べてゐたと思ふ。その頃から山本君は、単に、所謂《いわゆる》秀才と云ふばかりでなく、特異の一人物として、嶄然《きぜん》頭角を現してゐた。……学科では、英語、漢文に秀いでてゐたが、特に文章が得意であつた。当時、北国新聞の主筆に、赤羽万次郎と云ふ人がゐた。山本君は赤羽氏に知られて、時々赤羽の代りに北国新聞の論説を書いた。赤羽が論説の依頼に、新聞社から小使をよこすと、小使を待たせて置いて、直に、筆を執つて論説を書いて渡すといふ様な達筆振りであつた。筆を下せば、千言万語立ち所に成るといふ風であつた。又弁論の雄でもあつた。何事にも独自の見識を有つてゐた。容易に人に屈しなかつた。」（「山本晃水君の思出」）

ここにもまたわれわれは貞太郎が大拙となっていく別の媒体を見る思いがするであろう。貞太郎が学んだ石川県専門学校附属初等中学科は、彼が六年（十七歳）の時、学制改革により第四高等中学校と改称され、彼も同校予科三年に編入されたのであるが、この教室にこそ、西田幾多郎や金田良吉や藤岡作太郎という天下の秀才が踵《きびす》を接していたのである。（「第四高等中学校一覧」（明治二十年度）によると予科第一級に藤岡、西田、金田らの名とともに伍長鈴木貞太郎の名がある。伍長とは生徒五人より成る一伍組の長のことをいう。）

三

恐らく鈴木大拙の手紙として残っているもののうちで最も早いものは、明治二十一年（一八八八）七月一日附（『未公開書簡』一）で、蛸島から金沢在住の金田良吉に宛てたものであろう。差出人のところには「鈴木貞 July 1st. 1888」とあり、明治人の西欧志向が見えて微笑ましい。手紙の内容は、家庭の事情から金沢四高の予科を中途退学して能登半島の漁村（塩田を生業とする）に引きこもり、為すことなくただ金沢にいたときの金田良吉らとの楽しき日々を回想するものである。文章の調子を原文のまま紹介してみよう（ルビは著者）。

憶フニ在郷ノ日ハ遊山川則連袖、論事理則吐胸、迤々《いい》トシテ遊ビ諤々《がくがく》トシテ言フ　一モ蔵スル所ナク　満腔ノ感慨只兄ト之レヲ言フ　予実ニ兄ヲ以テ骨肉ノ思ヲ為セリ　而ニヤ今ヤ忽然トシテ雲山隔絶　明月空望　天之一方　茫々タル蒼海ハ岸ヲ拍ツテ止マザレドモ　兄ト共ニ之レニ徜徉《しょうよう》スル能ハズ蓊欝《おううつ》タル古森ハ風ヲ迎ヘテ絶ツコトナシト雖ドモ　亦兄ト与ニ之レニ逍遥スルヲ得ズ　書ヲ読ンデ活快ノ処ニ至ル　思ヒ脳裡ニ充ツレドモ　之レヲ溢《いっ》シテ議論ヲ上下スルノ兄ナキヲ如何セン　新聞雑誌ヲ開イテ得意ノ処ニ至ル　感　胸襟ニ満チ而シテ之ヲ吐イテ以テ談笑ヲ共スル兄ナキヲ奈如《いかん》セン　実ニ身外ノ万景　心中ノ詩念　喜憂苦楽ヲ分ツノ兄ナキニ　心憾《うら》マシムルノ因トナラザルハナシ　旅魂今夜落誰家　坐《そぞろ》ニ兄ヲ思フノ情ハ之レヲ抑圧スルヲ得ザルナリ　予始メ昔人及今人ノ交友ヲ思フテ縷々種多ノ情ヲ陳スルヲ以テ　徒ニ虚飾空文トナセシモ　今ニ至ツテハ実ニ予ノ妄ヲ知ル也　今此書ヲ認ムルニ当ツテ感概ノ念ハ勃如《ぼつじょ》トシテ嗟嘆《さたん》ノ情ヲ禁ゼズ　然レドモ是レ予ガ情緒ヲ組織スルノ一要素ニシテ　其他種々ノ感念ハ之レト共ニ相撞突シツ、アルナリ　其尤モ秀デタルモノハ則チ世事元来如糾縄《にょきゅうじょう》ノ感情是也　予今一旦異郷天涯ノ孤客トナツテ　何ノ寄辺モナク徒然《とねん》トシテ空飛ブ郷鳥ヲ詠メオルト雖ドモ　後日ニ至リテハ此ノ事情ノ因ト為《な》リシガ為ニ如何ナル果ヲ結ブカモ計ラレザルナリ

大拙はこのようにして金田良吉に対し、切々と天涯孤客となって信書（手紙）に頼らざるを得ない孤独の心情を吐露し、従来は虚飾空文と思われた文通による交友の意義を述べる。しかもこの手紙には弱冠十七歳の大拙の文才と、将来における彼の著述の方向が、はっきりと打ち出されている。

この手紙の最後の方で、彼は蛸島の田舎にも詩人や哲学者などがいて、徳富蘇峰（一八六三―一九五七）が平民主義を唱えて創刊した『国民の友』や、東京の青年協会が刊行する月刊『青年思海』さえ見ることができるし、井上哲次郎（一八五五―一九四四）らが主宰する『哲学雑誌』の記事にも触れていることが述べられている。なかでも英巌友《はなぶさごんゆう》という蛸島の真宗大谷派光行寺の僧がいて、仏教や哲学を談じるよき

相手であることが見え、後年大拙の述懐からも、この人から唯識の『百法問答』を習ったことが知られる（「私の履歴書」）。

『未公開書簡』二（同年七月十九日附）および三（同年七月二十七日附）と、この二度のみ全文漢字の手紙が書かれている。そして以後漢文の手紙は皆無であるが、これはあくまで漢文の練習のためであり、山本にその文章の批評と自由なる意見を求めている。金沢で習った漢文への郷愁と学問へのハングリー精神から出たものであろう。もっともこのような全漢文の手紙を十日や二十日に一度書くことは容易でないし、また添削批評する方も大変であったであろう。山本の手紙は見当らないまま二回で止んでしまっている。ただ、これらの手紙の中に、英単語が散見されること、また日附に「耶蘇降誕一千八百八十八年　獣雷27th」（獣雷はJulyのこと）など英漢混用がなされていること、更に、第四高等中学校の「英語学舎」のあり方を批判していることなどから、大拙や山本らは特に英語の学習に関心を抱いていたらしいことが察せられる。奉謝に「センキュウ」と仮名がふってあるが、いかにも外国人教師の指導を受けたものらしい発音ではないか。

『未公開書簡』四によって分かることは、当時の大拙が、かなりの貧困であったことである。この手紙は、封筒さえも金沢時代に差出し住所まで書いて無用となった古いものをそのまま使って、その傍らに「Do not suppose I am in this city」（私がこの町に来ていると思って頂きませぬよう）と書いている。書簡箋を買う金もないのか「僕頃者《このごろ》紙ニ乏シ　敢テ貴書ヲ借用ス　幸許焉《さいわいこれをゆるされよ》」と冒頭で断って、直前に金田良吉が貞太郎に宛てて寄こした手紙の裏に文をしたためて、また送り返しているのである。失礼といえば随分失礼な話であるが、金田へは二度もそのようなことをしている。貧困の中にもなお交信の情に駆られたのであろう。

またこの手紙の内容は学資不如意のために第四高等中学校を退学せざるを得ぬことになり、しかも保証人の栗山氏が死んだので、金沢在住の人として金田良吉の父に保証人になってもらいたいという願いの手紙である。後年大拙は「私の履歴書」で、「わしはその予科を卒業しないでやめてしまつたのだ、十七歳の後だつたらうな。やめたのは、授業料が出せなかつたのだ」と述懐している。

当時予科の授業料は一学年に五円であり、それを七、八月を除いて毎月割で納入する規則であったという（「第四高等中学校一覧」〈授業料規約〉）から、十ヵ月に割れば五十銭である。晩年の大拙は「その授業料といふのが月に十銭でなかつたかと思ふ」（「私の履歴書」）といっているが、たった少しの金さえも払えなかったという悔しさがそのような思い違いをさせて頭にしみ込んだのであろうか。

「学校をやめた頃から、なんとなく人生に疑いを抱き、草木は無心に成長し花を開いて自足しているのに、人の生活はなぜそのようにならないのであろうか？　こんな考えが起こってきたのが、宗教に入る第一歩であった」とか、「父が死んでのちは家が貧乏で、しょっちゅう金の心配をせんならん。それで何かにつけて不自由を感じた。友だちはというと、父親がおるから十分に世話をしてくれる。学校に上るにも都合がよいわけだ。それで不平ということではなくても、自然に、世の中のことが何か分からんという気がする。西田や山本や、友人たちといろいろ議論をした記憶がある。その頃、宗教的な哲学的な人生の問題に、目覚めたわけだろう」といったような述懐（秋月『前掲書』）を見ると、貞太郎に宗教への道を拓いた一因が、また貧困にもあったとみてよいであろう。

貞太郎が金沢から蛸島に引きこもった明治二十一年は、父の死、一家の破産、田舎への引っ越し、環境の変化と孤独・貧困、為すことなしという、十七歳の多感な彼の人生観の上に一つの転換をさせる年であったことが、この頃の山本良吉宛書簡によって知られる。

この年の七月一日から十二月二十八日までの九通の手紙には、後年の鈴木大拙の偉大な宗教的人格の胎動、あるいは産声を聞くような趣きがある。あるいは古い貞太郎を母とすれば、それは第二の貞太郎、つまり大拙の誕生のための産みの呻《うめ》きのようにもきこえる。九月二十八日の手紙には、次のように世を儚《はかな》む感傷と、それを克服せんと自己に鞭打つ貞太郎の内的葛藤を伺うことができる。

愈々秋冷ノ候トハナリニケリ　四方ノ山辺ヲ見渡セバ花盛カ□〔二字不明〕白雲ノソレナラデ懸ラヌ峰ナキ秋ノ霜　樹々ノ枯葉ハ散□□〔リテ〕堆ヲ成□□〔セル〕樵路ノ「岩根蹈々　誰カハ問ハン　楢ノ葉ノソヨグハ鹿ノ渡ルナリケリ」ト詠ゼシ昔ヲ思ヘバ　予モ亦アヂキナキ身ヲ託《カコ》チツ、　徒ニ故郷ノ夢路ニ彷徨ヒテ　打寄ル潮波ノ情ナク暁行ク空ト諸共ニ　李陵ガ恨ハイヤ増シニケリ　アハレ墓ナキ浮世ノ習　不如意勝ナル吾躯　此ニ就ケテモ胸ノ裡　打解ケヌ疑ノ数々ハ　弥勒菩薩ノ出世ト共ニ　氷ノ如クナルベキカ　嗚呼々々　前途ヲ望メバイト遠シ　譬ヒ如何ナル洋《ワダツミ》モ　月ニ年ヲバ打重ネ　遂ニハ見ルベキ陸地《クガヂ》ニ着クベキモ　吾目ザス其的ハ無限ノ時ト空トニ髣髴《サモニ》タリ　サハサリナガラ　千仞ノ山モ始メハ一簣ノ土ヨリ成リ　万斛ノ海モ始メハ濫觴ノ水ヨリ成ルトカヤ　勉メ励ミテ倦タラズバ　或ハ成功ノ日ヲ見ルノ暁アルベキカ　兎ニモ角ニモ勉励ト忍耐トハ　不可欠的ノ成功元素ト申スベシ貞太郎にとって押し寄せてくる逆境不運の荒波に、儚き世のならい、前途を望めばいと遠しと諦念してしまえば、自分のめざす目的は、無限時空の彼方へと引きさがってしまうかに見えた。しかし彼は、勉め励みて倦まなければ必ず成功の暁ありとし、「勉励と忍耐」こそ不可欠的元素と自分にいい聞かせるのである。

十月六日附の手紙に、「余ガ当地へ来リシ以来学ビ得シ件ハ　仏学ヲ少々□得ル様ニナリシコト一ツナリ　其他読ミシ書物ハ荘子ト二三ノ心理書ニ止マルノミ」とあるから勉励は仏教学の研究へと焦点が絞られていったのであろう。また「忍耐」は万事思いのままにならぬ環境に耐えることで、特に金銭上のことであったと思われる。同じ十月六日附の手紙に、

　余ニハ朋友ナク弟子ナク知己ナシ　独立特行トハ実ニ余ノ事ナリ、然レドモ余ハ幸ニ一ツノ糊口ノ途ヲ得タリ　是レ他ニアラズ　毎月徒《タダ》食シテ呉ル所アル是ナリ。然レドモ□□当地ニテ金儲ノ沢山出来ル所ヲ見ヌナリ　故ニ何処□□都合ノヨキ所へ行カバヤト思フ　富山又ハ長野抔ニテ　濡手粟ヲ攫ムガ如キ得《トク》アル場所ハナキカ　君若シ兎耳ヲ以テ聞クコトアラバ　幸ニ御知ラセクダサレ　頼ムナリ。

とほとんど泣き言のようなことを書いている。しかもまた続けて次のように仏教的な諦観も書き添えている。

　実ニ□□□□人間到処不平多ト　余ハ既ニ空ヨリ来レリ、然□□復タ空ニ帰ルベキカ　縦横進退更ニ障礙ヲナスモノナキ処唯、空ナル哉　空ヨ空ヨ　汝ハ実ニ余ヲ何処ニ待タントスルカ。

濡手で粟をつかむような金儲けの口を世話してくれといい、また空より来たのだから空に帰して自由自

在であるのがよいと、空の所在を探し求めるということの矛盾した貞太郎の心情に、金田良吉もさぞ当惑したことであろう。貧困はこうして貞太郎をしだいに無所得礼讃という積極性へと誘って行くように見える。十一月十三日附の手紙には、この傾向がはっきりと出ている。

> 陽光靄々　万花爛然タル長閑ケキ春ノ日影モ　ハヤ打過ギテ　今年モ秋ノ半ハ杉山ノ　散リ行ク紅葉ト諸共ニ　剛胆活潑ノ政治家モ　今ハ望ミノ腰オレテ（中略）
>
> サリナガラ世ノ習ヒハ飛鳥川　唯々気楽ニ此世ヲ送ルコソ　吾人無上ノ覚悟ナルベシ　亦何ヲカ悲マン　亦何ヲカ喜バン　淡々優々　茫然トシテ来レバ　茫然トシテ去ルベキナリ　豈亦面白カラズヤ足下ノ意ハイカン　吾復スペンセルタルヲ願ハズ　胸中豁然タルコトアレバ　其レ限リナリ　糊口《コ》サヘ凌グヲ得バ　満足ノ至リト謂フベシ　彼此思フコソ却テ身ノ為メトナルベカラズ

なお、この日の手紙に「先日ノ天長節ハ　所謂ル盛大ナリシ由　ナンノ日本ノ天子ノ誕生日ヤトテ　ソンナニ喧グニハ及バナイモノヲ。イカニ物好キナ人達ヤト云ヘバ云ヘ　斯ルコトハイラヌ様ニ覚ヘラル、ニ。イカガナモノニヤ」と書いているが、この頃やっと議論の喧《やかま》しくなった天皇制について、既にこのように書いている貞太郎らの、新進の国際感覚に驚かされるのである。

貞太郎は国家主義華やかなる世情に失望し、またわが境遇の貧しさを克服して、出世間への方向を日増に深めていったようである。そしてその年の暮、十二月二十八日の手紙に、「余ガ志望ハ実ニ既ニ消ヘ失セ去レリ　娑婆ノ万態ハ実ニ既ニ余ヲ疲ラシ果タリ　哀ヲ催フ〔ママ〕スノ我モ　今ハ一変シテ寂ヲ思フノ彼レトナレリ」と書いているように、ここに貞太郎の心境は一変した気配がある。

2　心友山本良吉のこと

一

前章にも述べたように、鈴木大拙が山本良吉と生まれてはじめてめぐり合ったのは、金沢の石川県専門学校初等中学科においてである。お互いが十四歳の少年であった頃の話である。『晁水先生遺稿』に鈴木大拙による山本良吉の思い出話が収められている。これは山本がかつて開創し、はじめ教頭となり、やがて第三代の校長をしていた武蔵高校での講演筆録らしい。

話が思ふ様に出てくるかどうか分りませんが、少し話して見ませう。かうして諸君に対すると、山本君の子供に会つて居る様な気がする。この学校へは一ぺんか二へんしか来たことはないが、山本君とは子供の時からの友人で、わしと西田が友達では一番古いだらう。(中略) 私が学校へ入つたのは、君等と同じことだらうから、十三四の頃だつたな。その頃中学校はなかつたし、小学校は上等下等に分れてゐた。私共は金沢であるから中学もあり、専門学校もあつた。ところでその専門学校へ入学試験なしで入つたのが三十人程も居つた。その中には木村栄と云ふ人もゐた。これは天文学者で有名だ。山本は私より一つ下で、それで私より上にゐた。山本も私を見下げをつた。そこで刺戟をうけて、わしも勉強した覚えがあつた。山本とは非常に仲が良いわけではないが、六十年もつきあつてゐる。（中略）子供の時分には、私は学校に通ふのに、今日の様に電車や汽車なかつたので歩いて行つたものだ。私などは三里位歩いた。山本の方はちよつとした山を越えたその坂の下にあつたわけで、私の家よりも遠かつた。そんなわけで私のところからもちよつとした距離がある。一体子供の時分には、近所のものと遊ぶのが普通だが、私はその山を越えて山本の所へ行き、いろんなことをやつてゐたが、何かそこに心のつながりか何かがあつたものらしい。

　私が外国に放浪してゐたうちは、誰とも文通しなかつたが、山本とは手紙のやりとりもしたわけである。さういふ風に親しくしてをつた。それが今承はつてゐると恐いと云ふことだが、私は友人だから恐いとは別に思はなかつた。然しなかなか鋭かつた。遺伝と云ふか何と云ふか、三ツ児の魂百までと云ふが、子供の時から鋭かつた。この学校でも、生徒のお母さんが叱られたりお父さんが叱られたりしたさうですが、その点では単刀直入ですな。わし等はまるくしたりするが、山本は突き刺すところがあつた。子供の時からさうだつたのですな。（中略）

　その頃わし共は何でもかう云ふ評をしてをつた。「山本は馬のあばれた様な奴で、西田は牛の様にどこまでもつきとめる様な奴だ」と。そんなわりで山本は取りおさへることが出来ぬから、まあ敬遠して置かう

絵葉書になった山本良吉の写真。死の一ヶ月前、昭和17年6月、挟間敬夫が撮影したもの。

としたこともあつた。
（中略）その頃の学生は潑剌としてをつた。今日の学生が潑剌としてゐないと云ふのではないが、発揮の仕方が違ふのですな。肩をいからして歩いたものです。どうして、あゝしたものか、隣の町の人とぶつかると、団体で喧嘩をしたものですな。維新後間もなかつたからか、吾々は十人か二十人で群を作つて、一丈位の竹をもつて対陣することがあつた。（中略）私共はさう云ふ仲間に入つて、下駄をドブに落して家に帰つておこられたことがあつた。とにかくそんな時、相手に誰か一人強い奴が踏み止まつてゐると、こつちが負けるですな。吾々は皆どんぐりの背比べであつたが、その中に、何かやらうと云ふ者があるとなると、それは自分で進んでやるのである。山本君はつまりその自分で進んでやらうとした人ですが、またそれは結構なことですが、その傍にまたそれはいけないと云ふ人が二三人ゐないといけないと思ふですな。吾々は喧嘩をしたことがあつても、解れば和する。こゝに友達の和があつたんですな。（中略）
私は今日校門から此所へくる時、この道を山本が何時も通つてゐたかと思つて、深い感慨が湧いた。今、絵葉書を貰つて写真を見て、また涙が出た。又今山本が晩年よく泣いたと云ふお話であつたが、それを聞いてもまた涙が出る。また自分もこの頃はよく涙が出るやうになつた。あなた方も年を取つたら泣く時節が来る。そしたら人生が解るだらうな。（『武蔵高校校友会誌』第四九号、昭和十八年四月）
この講演のなされたのは大拙七十三歳の春に当るのだが、青年たちを前にして語るその語り口には、しだいに青年の気が蘇り、顔に紅潮でもさしてくるような演壇上の鈴木の様子が、手にとるように想像されるのである。今や世界の鈴木大拙となって、海をへだてて彼此を往来していた彼も、世界大戦の勃発によってようやく足止めを食い、止むなく大谷大学の教壇に立つかたわら、著作に専念していた頃、これまた日本の教育界にこの人ありと知られた山本良吉の死に遇い、竹馬の友を失った悲しみをこめ、友人の一人として、山本の教えていた学校で思い出を語ったのである。鈴木はあの上向きに長く伸びた眉毛の下の優しい両眼から涙しながら、六十年前の日のことを昨日のごとく語ったものであろう。まことに山本良吉とともに、鈴木大拙の人柄をも伝える貴重な資料の一つといわねばならない。

前掲の『晃水先生遺稿』に西田幾多郎による思い出話が収められている。

我々の中学時代と云ふのは、明治文化の欧化主義の頂点に達した頃であつたが、山本君は教育家として実地に臨むに至り、漸々保守的となつた。根が漢文の素養のある人であり、謡曲などに親むに及んで益々東洋趣味に深く入つて行つた様である（これは私の想像に過ぎないが）。併し彼は無論所謂保守主義者ではなかつた。彼の様な頭の人が、単なる保守主義者になれ様はない。（中略）

昨年九月の末、私は東京の或会に出席して、その晩東京に泊り、翌朝山本君を尋ねた。いつもの様に盛んに話した。昼御飯を頂いて、来客があつたので帰つた。同君も元気に話してゐた。これが私の生涯の友との永遠の別であつた。（前出『校友会誌』第四九号）

『西田幾多郎全集』第十一巻にも西田による「山本良吉氏弔詞」が収められているが、それにも「山本良吉君突然逝ク　君ハ五十有余年余ノ無二ノ親友ナリ　十三日早朝君ノ急死ノ電報ニ接スルヤ驚愕措ク所ヲ知ラズ　万感胸ニ欑リ終日氷囊ヲ頂イテ臥ス」と見える。あの冷徹の思想家西田が、熱を出し氷囊を頭に置いて寝込んでしまうほどのショックを受けたというのであるから、山本という人の友情の熱さは推して知るべしであろう。まして生涯竹馬の友であった鈴木大拙の悲しみはいかばかりであったか。

今まで『全集』には、大拙とこの山本良吉との交友の資料はほとんど見出されない。そのわけは、一つには鈴木大拙に「日記」がないのと、二つには「山本良吉宛書簡」などの生の材料が、今まで発見されぬままになっていたからである。

西田の前出「山本晁水君の思出」によると、

専門学校と云ふのは、右に云つた様な学校であつたが、それが第四高等中学となつてから、校風が一変した。つまり一地方の家族的な学校から天下の学校となつたのである。（中略）師弟の間に親しみのあつた暖な学校から、忽ち規則ずくめな武断的な学校に変じた。我々は学問文芸にあこがれ、極めて進歩的な思想を抱いてゐたのであるが、学校ではさういふ方向が喜ばれなかつた。その上、当時の我々から見ても学力の十分でない先生などあつて、衝突することも多かつたので、学校を不満に思ふ様になつた。特に山本君は何事にも独自の見解を有し人に屈せなかつた人故、学校が面白くなくなつた。さういふ訳で山本君が先づ学校をやめた。そして私も之に次いでやめた。私は当時山本君の驥尾に附してゐた。我々が学校から出された様に伝へる人もあるが、それは間違である。青年気を負ふとでも云ふべきか、当時我々の意気は盛んなものであつた。かかる不満な学校をやめても、独学でやつて行ける。何事も独立独行で途を開いて行くと云ふ考であつた。憲法発布式の日に、我々数人で頂天立地自由人といふ文字を掲げて、写真をとつたこともあつた。

山本良吉が第四高等中学校を去って行った頃は、鈴木は家庭の事情で既に退学をしていた。そして鈴木は蛸島の地に引き籠り世間の無常を怨みながら、山本らとの手紙による交友を続けていたのである。

二

以上のような鈴木大拙や西田幾多郎の思い出話を通して、心友山本良吉という人の為人《ひととなり》をほぼ知ることができたと思う。山本は旧姓を金田といい、大拙より一歳年下であったが、どうやら根っからの秀才である上に、気性も激しく喧嘩さえするほどの侠気もあったらしい。やろうと思うことはどこまでも屈しない性格が、やがて高校の校長となって人に恐れられるに至ったであろうことは想像に難くない。

ともあれ、少年時代から大拙はこの山本（旧姓金田）良吉に大きな刺戟を受けたらしい。西田の追憶からすると、金田良吉は漢文と英語が特に秀れ、また文章を書くにも特別の才能があったというから、非の打ちどころのない人であったと思われる。

そのことはしかし、鈴木の性格と必ずしも合致しないはずである。特に、鈴木が、ことを丸く治めようとする性格であるのに対して、山本はズバリ人を突き刺すようなところがあったようであり、またどうやら山本は保守的、国家的な思考の傾向があったらしいことが、それらの行間から察せられ、この点が、鈴木をして「山本とは非常に仲が良いわけではないが、六十年もつきあつてゐる」と言わしめるのであろう。

「非常に仲が良いわけではない」というのは、感性的な違和感から出たことばであろうが、「六十年もつきあつてゐる」とか「私が外国に放浪してゐたうちは、誰とも文通しなかつたが、山本とは手紙のやりとりもしたわけである」というあたりからは鈴木大拙が、いかに知性面において山本良吉との交友を大切にしたかを物語るものであろう。

鈴木大拙と山本良吉のこの複雑な交友においては、どうもお互いに影響をし合うというよりも、大拙の方が一方的に山本に押しまくられて行ったように思われる。山本が大拙の影響を受けるということはほとんど考えられない。たとえば、先の高等学校の講演で大拙が次のように言っている。

或る時、私は山本と何か約束したことがあつた。ところがいよ〳〵山本がそのつもりで家へ来た時私が気が進まなかつたので、「行かぬ」と云つた、すると山本は、「行かぬとは約束が違ふではないか」と大変怒つた。そこで私は仕方がなく一緒に行つたことがある。この時私は、山本はやかましい奴だといふ印象をうけた。また私が時々馬鹿な事をやると、山本はよく「そんなことをしてはいかんぞ」と云つた。

この文章を見ただけで、いかに山本良吉が向こう意気の強い人であったかということが察せられる。よくいえば信念の強固な人であるが、悪くいえば秀才独特の独りよがりということにもなる。「山本はやかましい奴」という大拙の受けた若い日の印象は、恐らく終生消えぬままであったに違いない。山本の死に際して、西田も鈴木も涙しているが、どうやらこの二人の涙には少なからぬ違いがあるように、私には思われる。鈴木自身が言っているように、鈴木の涙は追憶の涙であり、老人の涙であり、人生無常を知る者の涙である。

他方、西田が山本の訃報を聞いて頭に氷嚢を置いて寝込んでしまったというのは、やはり、学問上の友を失ってという趣きが強いように思われ、それは生涯にわたって学を共にしようとするものの感じる失意の涙ではなかったか、と筆者は考えるのである。家庭生活の上でさまざまな不幸に見舞われたあの西田幾多郎が、単なるセンチメンタルな気分で寝込むはずはないと思うからである。

さて、このような山本良吉と大拙の交友のことについて、はっきりした証拠を与えるものは、何といっても新発見の書簡集である。ここではそれらの中から山本良吉という人間の人柄を伝えているものだけに限定して紹介しておくことにしよう。

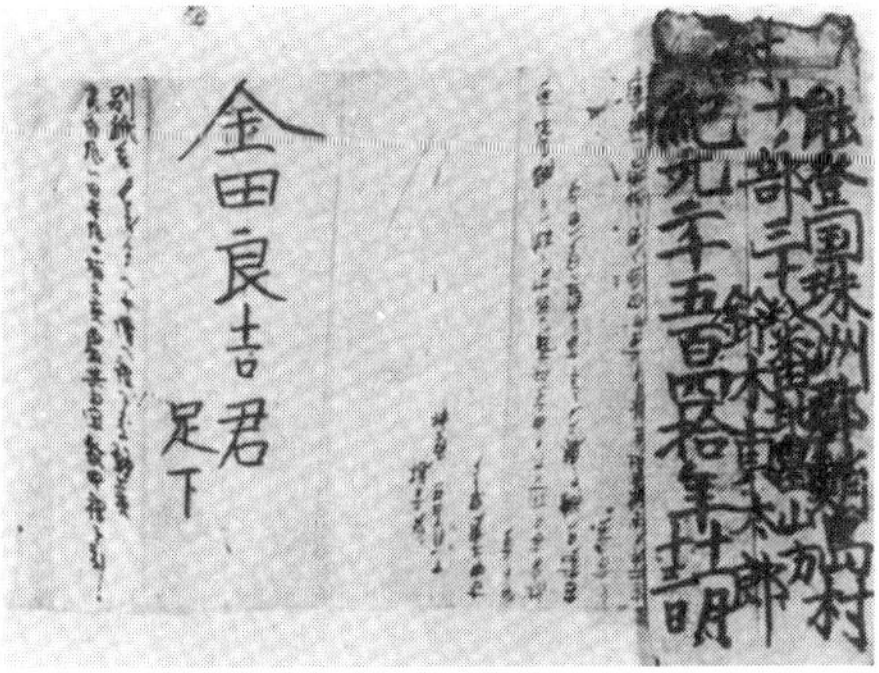

鈴木貞太郎が、能登半島蛸島から金沢の金田良吉に宛てた墨書の手紙。

それには、大拙が山本に宛てた手紙よりも、山本が大拙に宛てた手紙を見た方が早いと思う。さいわい『未公開書簡』の別冊にそれらが纏められている。

その最も早いものは、明治二十一年（一八八八）、大拙が十八歳で、第四高等中学校を退学し、石川県の片田舎蛸島にいる長兄鈴木元太郎（土地の小学校の教師をしていた）のもとに身を寄せている頃である。貞太郎（大拙）が抱いている世間無常の宗教的気分については前章に紹介した通り。鈴木はこの気分を手紙に託して金沢時代のクラスメートである金田（山本）に訴えるのであった。金田（山本）からの第一信（『未公開書簡』別冊、書簡一）は不明の字が多いが、左に全文を写してみよう。

〔数字不明〕夏の暑も早めきて　柳楊の葉ハ落ち続き梧桐の声

も秋を告ぐる〔数字不明〕病も日々〔数字不明〕秋の草木〔数字不明〕次第〳〵に弱まりて　今は〔数字不明〕の一男子トぞ成りけり　尚直りもせぬ先ハ畏き〔数字不明〕更に〔数字不明〕秋とぞ知られ〔数字不明〕二た月を返〔数字不明〕ても悲し□□（二字不明）君が守りの人方〔数字不明〕身まかりし　こぬ世の主となりけると〔数字不明〕新聞を読みて〔数字不明〕蟬のもぬけのからを松〔数字不明〕何時しか名を〔数字不明〕きし人なる〔数字不明〕合して考ふれど絶て思ひ出でざれしヲ〔数字不明〕君が守りの人にてありしかな　常なきこそ浮世の常と云い〔数字不明〕昨日面の当り其のおもかげ見捨つゝ五十たらぬ〔数字不明〕の浜辺にさまよひて〔数字不明〕目に逢ひ〔数字不明〕者どもかな　されど〔数字不明〕まかす世なる故〔数字不明〕世のちぎりぞと思〔数字不明〕

読みとりにくい字が多いこの手紙であるが、わずか十八歳の山本良吉の老成ぶりがすでに充分に読みとれる文章である。紙を買う金さえなかった大拙は、この手紙の裏に返信を書いて送り返している。明治二十四年に大拙は上京し、東京専門学校（今の早稲田大学）に入学したのであるが、その翌年の四月の手紙で山本は、「墨堤（隅田川の堤防）之桜　上野之花如何、抑　芳原（吉原）之眉柳橋之花　君嘗テ一指ヲ染メザリシ乎」などといかにも思春期らしきことを話題にしている。後年米国にある大拙に「君孤独の生活に飽かれし様に覚ゆ、米国、君の意を充たすべき美人ありや否や」（明治三十七年十一月）などと書くところ一見堅物と見える山本にも、こうした一面が窺えるのも私信ならではのことであろう。もっともそういいながら米国婦人と結婚することを反対する山本であった。このことについてはいずれ後に述べる。

山本良吉より大拙への残された手紙は、一挙に明治三十六年（一九〇三）にまで飛ぶ。この年、大拙はすでにアメリカに渡って七年目である。大拙の鎌倉での参禅や、渡米のことについては後に詳しく述べることにしたいが、今ここで山本良吉との通信のことだけを述べるとすれば、山本はアメリカに在る大拙に対して、一方ではその自由奔放なる生活に自分も家族をつれて行きたいものとジェラシーを抱きつつ、しかし大拙の勉強のために日本で手に入る書物ならば、何でも送るから遠慮の必要なしと、再三にわたって応援、助力の文を書き送っている。

しかし、他方で山本は、日本の内で起こる文明開化の風潮を先取りしたいとする願望切なるものも強くあったらしく、特に子女の教育の上において、参考とすべき書物があれば送ってくれるようにと。西欧の教育方法の摂取のための、実に積極的な意欲を示している。「昨年より本年へかけての小生は、先づ身に対する不平、諸学に対する多きに過ぐる慾望、之を総括すべき中心の出来ぬ為に、何とやら自己に対する失望、是等の中に年を送り春を迎へたり」という明治三十六年一月三十日附書簡（『未公開書簡』別冊書簡三）には、山本の人生上の惑いが見える。「之を左右の友人に語れども、一人として解するなし。君は吾心中を五千里外にありても、よく読み得らるべく、願くは偏ねく無辺の衆生とはいはず、今の吾身を救へかし。人間会心の友会心の書なきより不快なるはなし」（同書簡）というように、甘えの気分の読みとれるものもある。そうかと思うと他方では、時代の風潮に敏感な山本は、子供のために大拙に洋服を買い求めて送ってくれと頼み、また、自転車さえも買い求めて欲しいと書き送っている。

自転車25ドルにてある由、帰朝する人にてもなきか。少額の運賃にて来るを得ば、一脚ほしき者なり。（もし25ドルにて最上あらば）、日本にても三都などにては最早下火なり。併し勉強せんと思へば時

間入用なり。時間ほしいと思へば自転車入用なり。小生の学校には自転車通勤五六人もあり。(同書簡)

この頃の山本の書簡を見て気になることが一つある。それは、在米年月もすでに十年を迎えようとする大拙の将来に対して、日本の友人たちが抱いたそれぞれに勝手な期待や意見である。鈴木大拙がアメリカでどのような生活をし、どのような考えを持っていたかは後にゆっくり考えるとし、ともかくも、日本にいた友人たちは、あまりにも長い鈴木の滞米に、それぞれ勝手な期待を寄せたものらしい。明治三十八年五月七日附の山本の手紙(『未公開書簡』別冊、書簡八)に次のように見える。

二君(筆者註・藤岡東圃と松本文三郎を指す)共に君が米国にあらば、日本を紹介する方に力を尽くされたる方如何と云われたり。小生が君に日本へ米国を紹介するを勧めたる旨話したれば、二君共に夫は不賛成なり。日本にて書を出したればとて、何程の金にもならず、夫よりは米国にて日本に関する書を御出版の方如何との事なりき。成程小生は日本の為を思ひて君に勧めたれども、君自身の財嚢よりいへば、寧ろ君の意見の方可なるべし。日本の現状はまだ著者に一万の金も一千の金をも払ひ得ぬなり。もし此方面にて材料を要せられなば、小生は喜んで送るべし。

この手紙を見ると、在米経験の長い鈴木のなすべきことは、米国を日本に紹介して近代日本のため教育文化の啓蒙を計って欲しいとする大拙に対する山本の期待にもかかわらず、友だちの一人としては、やはり大拙は日本のことを米国に紹介した方が金になるので有利であろう、という山本の心情が先行するのである。

山本良吉は他の書簡でも、しきりと米国における教育のあり方について知るところを教えてくれとか、教育に関する書物を送ってくれとか言いながら、しかし大拙にとってはそんなことよりも、日本のことを米国の人々に紹介した方が有利になるとして、これを薦めているのである。そのようなところに、鈴木が日本の思想や文化を紹介せんとした陰の力が働いていたのかも知れない。

日本を米国に紹介する書はいくらもあらん、されども向の専門の宗教其他道徳（Morals, Social Customs, their Principles）等の方面よりして日本の生活、動力を説きし書は中々一眼通過の客には六ケしかるべく、其等方面に御着手如何。一般婦女子の読み本とは成り難からんも、高尚なる参考物となるべし。元良博士の書さへ出版になりしと見え、時事新報寄贈書籍の中に見えたり。先づ共一部分として、謡曲又は脚本中に見はれたる日本人の特性などをも、一応御述に相成り。之と兼ねて日本の能又は芝居の御説明をも御つけにならば面白かるべきか。此方面の材料は書も画も相当に供給され得べしと思ふ如何。兎に角多くの著書もあらば、御帰朝後種々の便宜あるべしと思ふ。（明治三十八年七月一二日附、『未公開書簡』別冊、書一〇）

これらを読むと、初期の鈴木大拙が日本文化の紹介に力を尽して出版していく原動力が那辺にあったかの、本音を知ることができて何とも愉快ではないか。

3　初めての旅、そして上京

一

明治二十四年（一八九一）、二十一歳の青年鈴木貞太郎は、小学校の教師を止めて都会に出る気になった。「その時分、学校の先生をしてゐて給料を貯めた金がいくらか出来たから、田舎で小学校の先生をしてゐるより、都会に出たら何かまたいいこともあるだらうといふので、兄貴（次兄亨太郎）を頼つて神戸へ出て来たんだ。それから兄貴の世話で東京へ出て勉強をする機会が出来たのだ」（「私の履歴書」『全集』第三十巻、五九九―六〇〇頁）とあるから、次兄の亨太郎も大拙にとって、やはり人生に大きな道を拓いた恩人の一人である。

この人は、大拙自身が、「次兄亨太郎は上京して司法官の学校に受験して落第、その後は家に金がなかったためか再度受験せず、書生をしながら法律の勉強をしていた」（秋月龍珉「鈴木大拙先生の生涯」『鈴木禅学と西田哲学』春秋社、一四五頁）とか、「次兄亨太郎は早川の姓を冒《おか》して、東京に出て法律を学び、神戸に住んで執達吏を開業した。なんでも、不正な別人の差押《さしおさ》えを敢行《かんこう》して逆に訴訟に負け、志を立てて弁護士試験を受けること十年、とうとう七十歳で合格したという。このことは当時、神戸の新聞にも報道されたそうだ」（『同書』一四〇―一四一頁）というように語っている人で、さすがに貞太郎の兄だけあってなかなか気骨のあった人らしい。とにかく、この人のもっていた青雲の志というか野望というものが、石川の田舎にいた貞太郎を都会へ引っ張り出す力となったことは間違いない。そんな田舎にいて何になるものか、というような誘いの手紙が貞太郎のもとへ届いたことであろう。亨太郎から見れば、三男の利太郎は十一歳で早逝してしまっているから、貞太郎は一層可愛い弟であり、生家の事情もあって、自分が親代りに面倒を見てやりたい、自分の拓いた都会生活への道を弟にも歩ませたいという気持の強かったであろうことは想像に難くない。

貞太郎その人は、もともとあまり都会というものに憧れるタイプではなかった。とにかく静かな処の好きな人であったことは、友人山本良吉に宛てた手紙からも察せられる。

こうして、ともあれ石川から神戸への旅行は大拙にとっては生まれて初めての大旅行となった。かの山本良吉がその旅費はいくらかかったのか、と尋ねて書いたものへの返信（『未公開書簡』一三）によると、冬の旅行だったので日常時の三倍を要したと苦衷を漏らしている。一月十二日朝八時、餅五つを懐中に、兄元太郎の家を出発、道々餅を食いながら昼食抜きで徒歩と人力車を使って丸岡に行き、翌十三日は朝七時出発、丸岡から大良《だいら》まで行ったが、途中武生より大良までは雪の道を二人曳の車を使って行かねばならなかったから、一円十銭も費し、「甚だ高かりし」と思うほどの出費の旅程ということになった。十四日朝六時出発、こんどは雪なき山路を敦賀まで人力車に乗るが、通常五十銭のところ七十銭をボラれ、「予が初旅の失策」と嘆く。敦賀より神戸までの汽車は一円二十七銭であった。このようにして、貞太郎は丸三日がかりで総計四円六十四銭の大金を費したのち、やっとの思いで十四日の夕方、神戸の兄亨太郎宅に旅装を解いたのである。

「若し春などにて予も旅に習らひしならば　其三分の一にて沢山なりしならんと思ふ」とする田舎者貞太郎の述懐は、後年世界を舞台に東奔西走した大拙としては、いかにも田舎者らしい初々しい日の旅の記録と言うべきであろう。また同じ日の手紙に次のように見える。

　予は此四月より亨兄の輔助にて大学に入らんと思ひしが故　其由話せし処　到底も八円などは給せられぬ由申居候故　予は此念を断ち申候、愚兄が収入は月毎にかなりあるはあれども　此四月に妻を迎へる由に候故　其れに付き　色々費用も入る事なるべし、何にはさておき、三年間は月毎に六円を給与し得べき筈故　其積りで勉強せよとの事なり、一旦は失望せしかど、朧〔隴〕を得て蜀を望むは余りの事なるべし、斯の事あるは予に取りての最大なる僥倖なれば　是れにて向ふ三ケ年間は何か勉強せんと思ふ故に　必ず東京で（ママ）出るとも明言し難く　或は京都に行くも知れずと思ふ、其れ〔に〕付きても思ふは　三ケ年たちての後の事にて　どうなるものにや　未来は唯々神のみ知る所なれば　預め言ふべきものにはあらず、否　言ひ能はざる所なれば　尚々心苦しく覚ゆるなり、……

右の文中に特に興味を感じることが二、三ヵ所ある。一つは「予は此念を断ち申候」として、経済的理由によって、一旦は大学に入ることを断念しそうになったことである。先にも見たように、鈴木家は主人の死によって家産の処分までし、遺族の生活は困窮の極にあった。長兄は小学校の教師であったが、若くして結婚していたから、兄弟への援助の余裕はなかったであろう。次兄は執達吏として、まだ法曹界の裏街道を歩いている。ぜひ司法試験に合格せねばならぬというあせりもあり、しかも結婚を目前に控えて出費も多端であった。母は前年に他界してしまっている。貞太郎自身としても、教師の生活から残した僅かの貯えがある程度である。他者に依存しなければ、とうてい大学進学のことは高嶺の花であった。しかし幸いにも次兄の亨太郎は、苦しい中から、三年間毎月六円ずつ出してやろうと言うのだから、貞太郎にとっては「最大の僥倖」と感じたのも正直なところであったろう。

次に、「何か勉強せんと思ふ」と言っているところから見ると、学問領域についてはその目的意識はまだ甚だ不確かであったことになる。この時点の大拙に、英語であるとか、また哲学あるいは宗教を学ぶとかいうような明確な志向性もなかったのか、「東京に出るとも明言し難く　或は京都に行くも知れず」というように行く先さえも不確定というふらつきようであった。ともかく都会に出れば何かがある、ということであったに過ぎない。

この不確かこそがしかし、逆に見るとかえって後年の大拙に大きな可能性を残す重要なきっかけになったことは見逃せない。つまり、大拙は目先にちらつくような小賢しい立身栄達の道には関心がなかったのであり、霧の濃い秋の朝のように漠然とした都会への道は、かえってそれだけにより大きな未知の世界への可能性を含んでいたから、やがて東京に出てもいわゆる世間的な学問への関心はしだいに薄れていき、勢い人生上の問題と深くかかわる己事究明の道へと、関心が急速に傾斜して行ったのであろう。「其れ〔に〕付きても思ふは　三ケ年たちての後の事にて　どうなるものにや　未来は唯々神のみ知る所なれば　預め言ふべきものにはあらず、否　言ひ能はざる所なれば　尚々心苦しく覚ゆるなり」というくだりには、大器晩成の人にのみ起こりやすい、未知なるものへの不安が見えるであろう。この手紙の最後に貞太郎は、「山かくれ　人にしらせぬ一声を　君には聞けとなく杜鵑《ほととぎす》」というある人の歌を添えているが、血を吐くような苦悩の声を聞いてくれるのは心友山本だけだということであろうか、手紙の末尾の自署に「独頼生」とあることからしても、文字通りの孤独感が当時の彼をとりまいていた様子がありありと窺える。

明けて二十四年春三月十九日、兄の家から出て下宿し自炊生活をしている貞太郎は、山本に次のように書いた（『未公開書簡』一四）。

日麗かに風静かなるの日、出で、近処に遊行す、独立単行、語るに人なし、空しく思ひを胸中に蔵めて露はさず、人生誠に友なきより淋しきはなし、他郷に流寓するより心細きはなし、夢魂夜々飛むで白嶺を越ゆ、羈客の情憫れむべきかな、（中略）西田（幾多郎）氏は大学へ入る覚悟今なほありや、僕も東京など余り人の繁き熱鬧の裡へ出入するは好ましく思はねども　貴兄の言もあり愚兄の勧もあるにより　資金の少なきを構はず　どうかかうかして出京の運びをなさむと思ふ、さらば或は其後糊口の途に取りつき易き事もあらむか、よりて僕は先頃東京専門学校（早稲田大学の前身）文学部の課程表をとりにやりし処、到着の上一覧するに　英文学は一通り修め得べく　又外に和漢文学をも窺ひ得べく、哲学の一端——心理、論理、純粋哲学、審美学等——及び政治学の一部——国家学、社会学等をも学び得るの都合になりおれり、月謝一円八十銭、寄宿は三円四十銭にて、六円の資金ならば五六十銭の小使金を取り除き得る勘定なり、僕は元来哲学修業の心算なれども　此く文学を修めまく思ふは　唯餓死の苦みもあらむかと慮ぱかるにあるなり、……

右の手紙になると、東上して英文学を学びたいという貞太郎の希望が、ややはっきりしてきているのが分かる。上京を勧めたのはやはり山本良吉であったようであり、その学問の勧めも石川県専門学校から第四高等中学校へと接続して一貫していたあの英文学への関心を、中央において本格的に深めることにあったようである。兄亨太郎も月六円の仕送りを約束してこれを後援しようというわけである。貞太郎は他国での友なき淋しさはもうこりごりであったが、西田でも上京すれば自分もという気持をもっていたのであろう。

貞太郎が東京専門学校を選んだ理由が、やはり英文学の勉強ができるからであったことは、この手紙ではっきりする。しかし貞太郎の関心はもともと「哲学修業」にあったが、哲学では飯が食えない。英文学ならば餓死を逃がれることができようということであった。これも恐らく山本良吉の強い意見に動かされたものと思われる。

同年四月十八日の『未公開書簡』一五には、貞太郎が朝五時半より夜の十時頃まで毎日、兄の手伝いで休む暇もないことが書かれている。学資の支給を約束してくれた兄への、せめてものお返しとの考えであったか。

金沢ニアル元愚兄（長兄元太郎）近日ノ中ニ来神スル筈ナレバ、予ハ来月上旬ヲ以テ東遊スベシ、東京ニ在ルトテモ友トスベキ人ノナキハ予メ覚悟スルトコロ、アルトモ君ガ所謂ル阿世ノ辞ヲ為シテ交ル如キモノナラムカ、厭世家トシテ予ヲ譏ル人アラムモ、予ハ実ニ都会ノ生活ヲ嫌ヘリ、暮シニ余裕アルヤウニナリサヘスレバ、予ハ早ク閑野ニ退キテ飽クマデ道楽セムト欲ス、閑境ノ生活ホド愉快ナルハナカルベシ、……

貞太郎は都会の喧噪を嫌っている。にもかかわらず上京するのは、生活の糧を得んためである。学業成り、就職の見込みが立ちしだい、閑境の故郷石川へ戻るつもりであった。それが何と逆に世界への方向を拓くきっかけとなったことは、あまりにも人生の皮肉であったと言わざるを得ないであろう。

二

明治二十四年五月二十三日、貞太郎は山本宛てに東京よりの第一信を書いた（『未公開書簡』一六）。「着京以来ハ何トナクマダ落付カヌ心持ニテ　閑ナルガ如ク繁ナルガ如ク　閑忙両間ニ彷徨シ罷在候　何分未ダ地理ヲ諳ンゼザルガ為メ　近処ニ往キテモ帰途ニ迷フガ如キノ事アルニハ困却仕候」と、大袈裟な東京通信である。

貞太郎は石川県人の寮「久徴館」に入る。この寮は、明治十五年、早川千吉郎、北條時敬《ほうじょうときゆき》、土岐僙など金沢出身の東都遊学者が創《はじ》めた自治寮であった。場所は本郷区西片町（『未公開書簡』一六、註②参照）。寮では先輩の内田雄太郎（東京帝大理科大学数学科在学中）が在寮生として迎えてくれたし、次兄亨太郎の嫁の兄にあたる岡三治郎（東京帝大理科大学物理学科在学中）もわざわざ面会に来てくれた。また旧友の松本文三郎、横山正誠、長谷川貞一郎、松寺竹雄などとも再会ができて、いろいろと大学の様子を話してくれた。

大学（東京帝大のこと）ノ有様ヲ聞クニ　サシタルコトモナキヤウナリ、矢張リ心掛次第ニテ　唯一通リ日課ヲ学ビテ試検ノ間ニ合ハサムコトヲ務ムルノ輩ハ　卒業シタトテ名バカリハ好キヤウナレドモ　其実ハ一束三文ノ価値アルコトナラム、サラバ穴勝《あながち》私立ニオルトテ地方ニアルトテ何ノ差別カアラム、其ノ見ル所ハ唯学ブモノ、立志如何ニアルナルベシ、……（『同書簡』）

帝大といっても、学生の質が立身出世のためだけならば何をか言わんや、問題は向学の志にあるのであって、その意味では私立であれ田舎の学校であれ何ら差別のあるわけはないということが、上京早々に明らかとなったのであり、この事実だけでも貞太郎にとって大きな開眼になったであろう。彼は「鶴九皋《きゅうこう》ニ鳴キテ声天ニ聞ユ」（『詩経』）の語を引き、真の君子ならば世間のうちに隠れていようとも、その一声は天に届くのであり、烏が枯木の上でカアカアと鳴き騒ぐような真似をする必要はないと自負している。

そういう貞太郎の悲憤慷慨も聞こえぬかのように、故郷の友人たちはこぞって東京帝大の門をくぐって行くのであった。この年の九月、西田幾多郎は東京帝大文科大学哲学科選科に、藤岡作太郎は国文科に、福島淳吉は法科大学政治学科に踵を接して入学している。そのようなわけで、鈴木貞太郎は上京してかえって友に恵まれ、逆に山本良吉は金沢に一人取り残される形となった。大拙が山本との交友を生涯つづけることになった一つの理由も、このあたりに窺われるように思われる。

ともあれ、貞太郎は東京専門学校に入学し、坪内逍遥の英文学講義の席に列することになった。故郷石川の飯田小学校や美川小学校の教師として英語を教えていた貞太郎は、教えることを通して、英文学への造詣を深めていたに違いないから、世間に名立たる英文学者坪内の講義を聴いて大いに昂奮したことであろう。しかし後年大拙は当時を回想して次のように言っている。

坪内先生の英語はおかしな発音であまり上手なほうではなかったようだ。スコットの『レディ・オブ・ザ・レイク』（「湖上の美人」というのかな）を習った。試験のとき、わしは逐語訳をしないで、詩をまねたような訳をして出した。そうしたら、あとで先生に、あの訳もいいが一語一句について訳すように、あれでは文法が分かっているのかどうか分からぬので、採点に困るといわれたことがあった（秋月『前掲書』一五九―一六〇頁）。

大拙はつづいて、次のような興味深い想い出を語っている。

直訳で思い出すが十三か四で初めて英語を習った頃に、ア・ドック・ハズ・フォア・レッグスという文章を読んで、犬が四本の足を持つ、なんと妙なことをいうものだなと思ったことがある。その頃は一語一語ていねいに直訳して読んだものだ。日本語では、わたしに手があるというだろう。かばんを持つとはいうが、わたしは二本の手を持つとはいわんだろう。自分から離れたものなら持つというが、おのずからそこにちゃんとあるものにはもつといわずにあるという。しかし西洋ではそんな時にもつにあたるハヴという言葉を使うのだな。西洋の人は、まず個人があって、それが物を持つと、こう考えるのだ。そこに自我の自覚ということもあり、近代史の発展ということもおこったと考えられる。科学というのも、これまでのところでは、そこからだろう。しかし物をまず〝実体〟化して、そうしたのちにその〝属性〟を考えるというと、そしてそれを人間に及ぼすというと、個人が主となって、個人的所有欲の強いところ、すなわち力――権力――の支配する世界となるだろう。

言うまでもなく大拙のこのような英文構造の批判的分析は、大拙一流の西洋文明批判につながっていくわけであるが、十三、四歳という少年期における英語の表現法についてのこのような深い疑問には、後年の鈴木禅学の思想形成の萌芽を見る思いがする。よく似た話を大森曹玄老師から聞いたことがある。老師が小学校の頃、夏休みの宿題として金魚を飼うことが課せられた。受持の女の先生が「魚は水槽に水を入れただけでは生きられません。必ず石や水草を入れてやりなさい。そうすればみんなで助け合って生きられるのです」と注意されたことが、老師にとって大きな示唆となり、老師の人生観・世界観はこのとき、確固たるものを得たというのである。

ところで、私は青年貞太郎が、坪内逍遥の英語を上手と思わなかったという話に、何となく鈴木の英語に対する自負のようなものが見えると思う。英語を文法的に見るという分析的方法を超えて全体把握しようとする態度は、やはり石川時代に感じ取った英文の構造に対する反撥とつながっているように思われるのである。後年に大拙が英語を駆使してする思想表現を見ていると、彼は英語に使われたのではなく、逆に英語を自家薬籠中のものとしているところがある。要するに英語を恐がっていないのである。

そう言えば四高において大拙らはベントンという外人教師と本間六郎なる教師から英語を習ったが、その二人は無能ぶりを批判され、やがて山本良吉や西田幾多郎らによって排斥運動を起こされ、二人とも千葉県の方へ転校するというような事件があった（『未公開書簡』二、註②参照）ことから見ても、大拙らの英語に対する厳しい眼は、少年時代より培われていたもののようである。

三

明治二十四年七月十九日附山本宛書簡に、「予も亦来月初より鎌倉に行き洪川《こうせん》坊主につきて説教を聞かむとす」と見える。洪川坊主とは当時の鎌倉円覚寺の管長今北洪川のことである。貞太郎を洪川老師に相見させてくれたのは、やはり金沢出身で三井銀行の頭取までになった早川千吉郎である。

　東京へ出て間もなく、三井の頭取をしてゐた早川千吉郎さんに会つて、かねて坐禅をしたいしたいと思つてゐたものだから、鎌倉円覚寺に行くやう紹介されて、行くやうになつたわけだが、鎌倉へ行くには、わしは歩いて行つたな。夜八時ごろ東京の西片町を出ると、翌朝鎌倉へ著くんだ。

　円覚寺で今北洪川老師に初めて相見、お目にかかつたわけだが、お目にかかる前の晩、円覚寺の居士寮に落ち著いたものの、その時は妙な心持がしたな。どうしたらよいのかわからんしね。（中略）洪川老師のゐられる隠寮に行くと、老師は奥から出て来られ、その時何かをいはれたが、よく覚えてゐないね。生国を問はれた時、金沢ですとお答へしたら、北国の者は根気がよいといはれたことだけ、ただ覚えてゐる。（「私の履歴書」『全集』第三十巻、六〇四―六〇五頁）

と後年大拙は述懐している。六月に上京して八月の初めにもう鎌倉の方に足が向いている。恐らく貞太郎の胸の裡には、自分が四高を中退して蛸島に引きさがった後、北條時敬を中心に学内に禅会が始まり、自分一人取り残された思いになって単身富山の国泰寺に雪門老師を訪ねて大目玉を食らったことの恨めしき記憶が去りがたく残っていたのであろう。聞けば北條先生は、鎌倉の今北洪川老師について参禅をした人ということであったから、ここは一番直接鎌倉に出て、自己の眼で老師の活面目に触れてみるに如かじとの考えであったのであろう。

西田が生涯を通じて影響を受けた明治教育界の標、北條時敬。

思えば蛸島から高岡の国泰寺を訪ねたときのみじめさは、あまりにも貞太郎の脳裡に鮮明であった。

とにかく高岡から国泰寺へ著いて、さうしてそこで参禅をしたいと、紹介も何もなしに、無闇に、藪から棒といふやうな塩梅に申し出たんだが、どういふわけからか、参禅したいなら此処にをれといふことになつて、国泰寺にをることになつた。（中略）坐禅するならかういふ具合にして坐禅するんだといふて教はつて、さうして一晩教はつたのか何かして、まあその通りに坐つた。（中略）

その次の日だつたか、また次の日だつたかに和尚さんが帰つて来られた。どこかへ行つてゐられたのだらう。帰つて来られると、坊さんが来て、和尚さんに会ふなら会へといふので、和尚さんのところへ行つたわけだ。（中略）その時のことを今考へてみるとむちやくちやで、とにかく『遠羅天釜』を一冊持つていたから、それを持つて行つて質問したわけだ（中略）さうしたら雪門和尚が大いに怒つて、そんな馬鹿なことを聞いてどうするんだといふやうなことで、一遍に叱られた。

（中略）折角行つたものの、さういふ具合に馬鹿に叱られて追ひ返された。（中略）雲水の坊さんだつて何も教へてはくれないし、極めて無愛想であるし、うつちやらかしにして、説明といふか、禅宗はどうしてかうしてといふやうなことも何も教へてくれないんだし、どうしやうもなくて、一週間とはゐなかつたな、四、五日ぐらゐだつたらうか、帰つてしまつた。
（中略）それが、わしの坐禅する初めといへば初めなんだ。（「私

の履歴書」『全集』第二十巻、五九五―五九七頁）

国泰寺の経験は貞太郎にとって、わけの分からぬ、しかし何かがその背後に隠されているらしく思われるような印象を残したままになっていたのであろう。それが今、偶然にも北條先生の師である今北洪川老師に直接に相見できることになったのだから、貞太郎にとっては夜陰を辞せずに急ぐ鎌倉への道であったのも無理はない。

今北洪川や釈宗演《しゃくそうえん》のことについては、次章に詳しく見ることにして、今の貞太郎は全く禅の虜になってしまったのである。初めて円覚寺を訪ねたときの記録が「蒼龍窟会上居士禅子名刺」に残っている。そこには「加賀国金沢市鱗町百拾二番地　鈴木貞太郎」と明記され、上欄の註記に「卅四年七月廿七日入門」とあるから、入門の日もはっきりしている。また『未公開書簡』一九に「昨夕帰京仕候」とあり、これの日附は九月六日であるから、七月末から九月初めまでの一ヵ月余をともかくもどっぷり円覚寺の居士寮で過したことになる。同日の手紙で貞太郎は山本良吉に次のように書いた。

余ハ鎌倉行ニヨリテ　大ナリトハ云ヒ難ク候得共　少シ得ル所アリシト自思仕候　固ヨリ禅学本部ノ悟入ニハアラネドモ　平生ノ所行ニ関シ一二ノ新注意ヲ得申候、坐禅ハ益ナキヤウニ見ユレドモ其実大得ナモノト被考候、君若意アラバ国泰寺ノ雪門師ニ就キテ学ベヨ　君ガ患フル所ノ病根ハ　日ヲ逐フテ快癒ニ赴ムクコトアラムト存候　殊ニ脳病ノ如キニハ最モ効能アルベキ筈ニ有之候、物事ノ皮相ニ執セズ　直チニ其真面目ニ透徹セムコトヲ要ス　一二ノ挫折アリテ其処ヨリ退キ去ルハ賞スベキ事ニアラズト存候　禅ヲ学ブノ門口ハ一寸見テ馬鹿ラシク思ハルレド　之ヲ過グレバ面白味モアルコトト思フ、余ハ固ヨリ禅ノ片端モ知ラズト雖ドモ　余ノ知リ得ル限リニテモ　慥ニ著シキ効力アルモノト信中候、……

上京してまだ四ヵ月あまりしかならない貞太郎の内部に、大きな変化が起こりつつあった。一つは右の手紙に見える禅に対するフレッシュな関心の深まりであり、それは今や山本良吉のそれに追いつき、更に追い越して、かえってそれを誘導するまでになっている。この急激な禅心の深まりは尋常のものではなく、確かに貞太郎の渇望と、禅が確かにそれを癒やすに足りる天の水であったことを示している。もう一つの変化というのは、東京専門学校への入学が失敗であったという反省の気持から、早くもここを退学してしまったことである。上京の年の十月七日附山本良吉宛の手紙（『未公開書簡』二一）で、

私　今度専門学校を退き申候、ちと大早計の話し、軽卒の挙動に有之候得共、□〔一字不明〕は又故なき事にしもあらざるは　君も御承知の筈と存候、元来予の目的は大学に入りたき願心なるが、学費の都合によりて斯く一時のくるひを生じて心ならずも彼の学校に足をとめし次第なるが　近頃に至り好き方法を思ひ付きしまゝ　早速退校に決し申候、若し来年力足りなば撰科を修めたく存候、かくして学校の業を了へたらば　□〔都〕下にて少々の金儲し　其傍ら文学を研究し　我邦人及我世界の一分の利益なりとも成しとげたき考に候、我は別に赫々の名を望まず、猗頓の富を願はず、一日の必需品の外、書籍を求めうるの余裕だにあらば　其れにて十分なりと存候、功は俄かに収め難し、果は一夜に結ばず、遅々として而かも決然として進まば、或は到り達することなきし〔ママ〕にもあらざるか、成らずして死なば其は命ならむのみ、我何をか憾みむ、まづ余は以上の如き覚悟にて進み行く考にて候、……

と書き送っている。この手紙を読んでいて、僅か二十一歳の大拙には青年らしい惑いと、禅を少しかじった老成くさい諦念とが混じっていて、何とも不可解な気持になるのは筆者のみではあるまい。貞太郎の胸の裡に栄達の心があるのか、あると見ればそれはすでに世界の方向に向いているが、他方では命の短さを見据えている向きもある。

文中「好き方法を思い付きしまゝ」とあるのは、恐らく鎌倉の方のどこかの寺に寓居して坐禅に専念すれば、生活費を節約できるということであろうか。事実この後貞太郎は、暇さえあれば鎌倉に出て、ここを生活の本拠とするようになっていったのである。「予は先日御報知申上候通り　去ぬる（十一月）八日より当処（円覚寺正伝庵）にまゐりて　専ら禅学を修業致し居候　境静かに気清き山の内の事に候得者健康も随つて悪しき方には之れなく　悪衣悪食ながら身心共に快活に有之候」（『未公開書簡』二二）の一文がそんなことを想像させる。

大拙は、この頃から東京の図書館に通って東京帝大選科に入るための独学を始め、かたわら、浪人の利を貪って禅会に参加したらしく、「此頃は荻野独園師当地（東京谷中の全生庵）にあり　予は日々講席に列す　越中雪門師（独園の法嗣・富山国泰寺の師家）も亦在り　臨済録の提唱中々ありがたし」（『未公開書簡』二六）と見える。

明治二十五年九月、貞太郎は石川から病身を押して上京してきた山本良吉とともに、東京帝大文科大学哲学科選科に入学したのである。そして居は久徴館を出て都内を二転（小石川上富坂町三番地および本郷区台町羽陽館）した後、鎌倉円覚寺内仏日庵へと移されていく。

4　禅僧とはこういうものか

一

二十歳の鈴木貞太郎が五月頃上京して、七月十九日附山本良吉宛の手紙は、炎天下における山本の脳病の様子をたずね、四高の同窓で先に退学していた川越宗孝が割腹自殺したことを嘆き、その原因は何であったかと問うものであった。

　彼が性は活潑勇壮の気なく　寧ろ幽欝沈静の質なりしを以て　何事も之を別に露はすことなく　自ら思ひ自ら慮りて机前孤坐せる時　忽然浮世の無常を観じ人生の不幸勝なるを悟りて　斯くは墓なき最後を遂げたるにや、人生、命より大なるものなし、終日営々として倦まざる所以は　只此の一命を繋がむとするにあるのみ、三寸息絶ゆれば人間万事休す、（中略）

　君は能登行をするとや　甚だ愉快なるものあらむ、能登は実に山水の景にとめり、君もし此間に逍遥して神を養ひ心を修めなば　積月の欝も散じぬべし　帰り来らば亦得意の筆を奮はることゝならむ幸に山水に反《そ》むく勿れ、君は幾日間の隙を用ヰて此に行かむとするや、予も亦来月初より鎌倉に行き洪川坊主につきて説教を聞かむとす、多分九月の上旬ならでは帰京せざるべし、……（『未公開書簡』

今北洪川老師

一八）

右の手紙を見ると、貞太郎は、病弱の山本や自害せし川越らの鬱々たる生き方に同調できず、逆に「人生、命より大なるものなし」とする生への意欲が旺盛に芽生え始めている様子が伝わってくる。「洪川坊主につきて説教を聞かむとす」の勢いや、「多分九月の上旬ならでは帰京せざるべし」という参禅の決意にもそれがよく現われている。

貞太郎が今北洪川の炉鞴《ろはい》に投じその鉗鎚《けんつい》を蒙った期間は、わずか五ヵ月余りでしかなかった。洪川老師は翌年一月十六日、七十七歳の天寿を全うして化を鬼籍に遷してしまったのである。たとえその期間は短かったにしても、貞太郎のその後の生涯にとって、洪川老師はいわゆる近代の洗礼を受けずに育った本色の禅僧という意味で、貞太郎にとってようやく間に合った近世最後の禅者と見えたであろう。

つまり青年鈴木貞太郎は、今北洪川なる禅僧から、当時の近代的風潮とはおよそ波長の合わぬ、前近代的人間の与える強烈な印象を得たことは想像に難くない。後になって鈴木大拙は『今北洪川』（春秋社刊『鈴木大拙・続禅選集』4参照）なる一著を物するほどに、その印象は強く刻み込まれたのである。貞太郎は洪川の死後円覚寺を襲った釈宗演について参禅を続けることになるが、釈宗演のもつあまりにも近代人的禅者の風を見るにつけても、今北洪川の思い出は、貞太郎に「禅者」の何たるかをズバリ提示した人として、後々にまで深く焼きついたのであろう。

洪川老師は堂堂とした体軀の人であり、今も円覚寺の隠寮には老師の油絵がかかつてゐるだろうが、あの油絵そつくりの人だつたな、さうして飾り気のない人で……。参禅をしたいつかの時であつたか、老師が隠寮の縁側で粗末な椅子にかけて丁度朝餉を召し上がつてゐた時に行つて、その簡素極まる食事に驚いたな、土鍋から手もりの粥をすすつておられて……。

洪川老師にわしが初めてお目にかかつた翌年（明治二十五年）の一月十六日の朝、老師は亡くなるのだが、その亡くなつた時に、わたしは老師のゐられる隠寮に居合はせた。侍者であつた加藤東幸和尚と何か話をしてゐたら、奥の方の三畳の老師の居間で何か物の倒れる大きな音がした。東幸和尚が、それといつて駆けつけたが、老師は便所から帰られてその三畳に入られようとして倒れられたのである。すぐに門前の医者小林玄梯を呼び、床を敷いて老師をお寝かせして診察を請うたが、もう事切れてゐた。七十年の昔を思ふにつけ、この時のことが今も目に浮ぶ。鎌倉のことを話すと、何かにつけ隔世の感があるな。

右は昭和三十六年『日本経済新聞』紙上「私の履歴書」のために大拙博士が口述されたものであるから、すでに博士は九十一歳になるが、その思い出の鮮明さに驚かされる。同じ三十六年にＮＨＫラジオ放送「私の自叙伝」でも、洪川老師の思い出が次のように語られている。

この今北洪川和尚といふのは、こりやなかなか偉い人でしたなあ、近世の禅宗の方から見たら、まあ大宗匠でせうね。で、この人、まあわしらはその時さういふことは何も知らんのだから、ただ禅宗の坊さんちふので、初めて参禅するやうになつたんだが、その洪川老師といふ人の禅宗の提唱などといふものは、今に記憶に残つてをるが、そのころは何もわからずにをつたが。その風采つていふかですね、まあからだが大きい人で、中風でもあつたか、三拝などせられる時にや、足がうまく動かないので、畳の上でも、ガタンガタンと音のするぐらゐに膝をつかれた覚えがあるですね。如何にも素朴な禅宗坊さんで、今日の禅宗坊さんから見るちふとまあ、雲泥の違ひですね。あれで、わしが二十一歳とあるから、今から見るちふと、ほとんど七十年ほど前になりますね。七十年の間に大分……大分ぢやない、まあ大違ひに違つたわけですね。

二

さて、この今北洪川という人が若い頃の鈴木貞太郎にこれほどの印象と評価を得せしめたとなると、たとえ貞太郎がその後も禅に深く関わっていったとしても、それは時間の経過に過ぎないのであって、やはり禅というものに初めて参じた貞太郎にとって、今北洪川との初相見と半年たらずの参禅こそ、禅の何たるかの原型を決定的に会得せしめるに充分であったし、これが鈴木大拙にとっての生涯の禅者の標として揺るぎなきものとなったことは間違いなかろう。

逆に、もし若き日の貞太郎に今北洪川との邂逅がなかったとしたならば、あるいはあっても失望を伴うものであったなら、貞太郎の中の禅的実践への関心はやがて薄れて、むしろ禅の学問的方向へと傾いて行ったかも知れない。実際問題として貞太郎の心のうちには、東京専門学校からさらに東京帝大文科大学へ再入学という哲学志向も、同時に強く蠢いていたのであるから。しかし洪川老師によって確固たる形で与えられた参禅の道は貞太郎に、引続き釈宗演への参禅へと駆り立てる力を与えてしまっていたのである。そこに今北洪川という人の、貞太郎の生涯にとっての計り知れぬ意味があったといえよう。貞太郎は幸運にもこうして文字通りの「正師」にめぐり合ったのである。

昭和十九年（一九四四）の夏、その年の三月に安宅彌吉の喜捨によって新築になったばかりの松ヶ岡文庫の室で、也風流庵主人と号して、大拙は先師洪川の伝『今北洪川』を書き上げた。その序文にいう。

洪川老師は学と徳との禅僧であつた。それは至誠の一心で貫通せられている。老師に性誠の説あるは固よりその所であるが、これは普通に「学者」の云ふところと違つて、師自らの体験を叙したものに外ならぬ。ここにその特色がある。

老師の如き型の禅僧は、日本ではもはや過去のものとなつた。固より已むを得ない事実でもあらうが、何だか物寂しいやうな気がしてならぬ。永遠にこれは復帰しないものであらうか。今日の社会的環境は別な型の禅僧を要求することは云ふまでもないが、どこかに「出世間」的風格を具へて居て欲しい。実際生活の上に個人として不便なことも多からうが、始めからさうと極めてかかれば、そして、それが集団的生活全体の上に、何かの意味を持ち得るとすれば、必ずしも個人的犠牲と云ふ感じもいるまい。本書を編むに当つて、老師の遺稿をなにくれとなく読んで見ると、その間に流れて居る一種崇高な志操に触れるのである。俗人にも――出家は云ふまでもなく、――これが欲しい。

老師を叙するにはその法嗣《はっす》の釈宗演師をもまた叙しなくてはならぬのである。本書の始めの計画ではさうするのであつたが、本伝そのものが図らずも長くなつたので、已むを得ず放棄した。第一篇の末尾に少しく宗演師に触れるより外なかつた。洪川老師よりも宗演師に親炙《しんしゃ》したことの永かつた著者は、これを遺憾とする。

この序文を見るだけでも、鈴木大拙が今北洪川に対して、釈宗演とは別なものを見ていたことが感じられる。つまり、洪川を老師と呼び、宗演の方は宗演師で片づけている、その区別のあたりである。ふつう、禅門の常識からいえば、自分が参じた師は老師あるいは老漢と呼ぶことが適しく、単に宗演師と呼ぶにはかなり抵抗を伴うはずである。それをあえてしている何かが、筆者には感じられる。

「至誠」とか「志操」とか「出世間的」風格とかいうことばで大拙が表現しようとする洪川の像は、やはり「学者」とか、「今日の社会的環境が要求する別な型の禅僧」というような釈宗演的イメージと区別されているものがある。

大拙は、はじめ洪川と宗演を同列に扱うつもりで書き始めたにも拘らず、いつしか洪川伝に熱が入って、長い間親炙した師としてもっと叙さねばならないはずの宗演の方を叙すことを「已むを得ず放棄」してしまったというが、真に書こうと思えば、書けたはずであるから、やはり大拙の脳裡にある「禅僧」のイメージとしては、洪川があまりにも大きかったのではあるまいか。結局、あれほどに健筆であった大拙も「釈宗演」その人については一著をも物することなしに終わってしまったのである。残念といえば残念なことである。

釈宗演のことについては次章に述べるつもりであるが、ある意味で鈴木大拙を世界へつれ出したのは他ならぬ宗演であったのは事実であるから、大拙にとっては大恩人である。大拙もそのことは充分認めるわけであろうが、「(洪川) 老師の如き型の禅僧は、日本ではもはや過去のものとなつた」、「何だか物寂しい」、「永遠にこれは復帰しないものであらうか」というような言い方には、教えを受けた人に対する畏敬というよりも、土の匂いの懐しさというか、血の通いというか、そういう思いでつながれている人への熱い思慕が一杯に現われているように見える。

三

さて、今北洪川というこの人生の明師に初めて相見したときの思い出を、大拙は『今北洪川』の冒頭で「五十年前の思い出」と題して書いている(『続禅選集4』一〇頁以下)。それをここに転記させていただく。この一文は洪川その人のことというよりも、青年貞太郎の眼に映った洪川の実像であり、半世紀も前の思い出にして、よくこれほど鮮明にと驚かされるほどに、貞太郎のまなざしは洪川の一挙手一投足に集中されている。万事を放擲《ほうてき》して箇の一事に関わろうとする貞太郎の発心が、いかに純粋に洪川に向けられていたかの証拠にもなるであろう。そういう貞太郎の要求にとって申し分のない禅者が洪川であったわけだが、それは貞太郎にとっての幸運であったにほかならない。だから、大拙にとって五十年後の今の禅界の現状が一層悔やまれ、そこから若き日に自分が邂逅することのできた真正の禅者洪川の熱い思い出へとつながっていくのである。

洪川老師は日本における近代禅匠の最も傑出したものの一人である。老師逝かれてから今年は五十二年になる。その間における日本禅界の変化は誠に激甚であった。禅僧の型はもう昔のものでない、その道徳も学問も志操も矜持も亦昔のものでない。その生活様式に至りては、ただお寺と云ふところに居住して居ると云ふことだけで、世間一般と何もかはらぬ。これが、よいとも、わるいとも云ふのでないが、禅僧としては何か考へなくてはならぬことであらう。自分の後継者を養成すると云ふ一点だけでも、現状を肯定するわけに行くまい。こんなことは禅界自身だけできまるものでは勿論ない。社会的環境と云ふものから加はつて来る圧力は中々に大きい。禅界の将来はどうなるかにつきては、色々の方面から考へなくてはならぬが、最後の解決は、当面の禅僧その人が自らの宗旨に対して十分の覚悟のあるところで、つくものと信ぜられる。この覚悟が十分でなかつたら、環境の推移に対して指導的立場を取るわけに行かない。これが出来なければ、外来の諸条件に圧せられて自滅の一途をたどることになる。こんなやうな事を考へて見ると、洪川老師の為人《ひととなり》・志向・矜持などについて、何かを思ひ出すことも、決して無益ではあるまいかと信ずる。

鈴木をしてかく云わしめる力を与えたのは洪川であり、洪川は大拙において生き続けている。禅が時代の進展に伴って型を変えることは当然であるし、その点において敏感なのはむしろ釈宗演であったといえる。宗演はその意味で新しい型の禅者であったし、貞太郎自身が宗演から受けた新しい時代の感覚というものには、少なからぬものがあったに違いない。しかしまた、それだけに、新しい時代の社会的圧力を受け入れ、これを自家薬籠中のものとするだけの「自分の宗旨に対する十分な覚悟」というものが要求されるわけであるが、宗演の場合にはその条件は満たされていたであろう。しかし、鈴木から見れば洪川逝きて五十年もたった今の禅界には、そういう覚悟というものもなく、「ただお寺というところに居住しているだけ」と見え、せめて洪川老師の目撃者として、老師の思い出を語ることによって、現今の禅僧たちを鞭撻せんものと考えての一文であったように見える。大拙は洪川の思い出を次のように語る。

著者が老師にお目にかかったのは、確かに老師示寂の前年であつた。自分は二十を越えたばかりの書生であつたのみならず、世間のことなどについては全くの無経験者であつたので、円覚寺の居士《こじ》寮に落著いたときなどは、妙な心持であつた。

老師に相見《しょうけん》すると云つて、知客寮《しかりょう》（応待係）の広田天真師に伴はれ、十銭の相見香料（始めて師となる人にお目にかかるときに捧げる香代）と云ふやうなものを包んで、三応寮（老師の秘書係の居住する部屋）に行つた。この天真師と云ふのは、後に円覚寺の管長にも東福寺のにもなられた人であるが、知客寮でお目にかかつたとき、雲水坊さんと云ふものはこんなものかと思はされた。一寸達摩さんを想像されるやうな顔付きやら態度であつた。何年かの間、禅堂生活で鍛へ上げると、あんなふうに一人前の禅坊さんが出来るのであらう。薫習《くんじゅう》の力は二、三年では浸透しない、どうしても六、七年はかかるであらう。意識することなくして、自らに四囲の空気を吸ひ込むところに教育の効力があるのである。二年や三年で間に合はせようとしてもだめだ、それではいかいかもの以上には出ない、鍍金《めっき》は直ぐはげる。禅堂教育と云ふものを考へる上においても、この無意識の薫染《くんぜん》に意を注がなければいけない。

さてこの達摩さんを偲ばせる天真師に伴はれて隠寮（老師の居室）に出かけた。洪川老師は奥から出て来られた。今日もそこに懸けられてある油絵の額でもわかるやうに、老師は堂堂たる体軀の持主であつた。自分は何を云つて、老師は何と云はれたか、今全く忘れて居るが、唯々一事あつて記憶に残る。それは、老師が自分の生国を尋ねられて、加賀の金沢だと答へたとき、老師は「北国のものは根気がよい」と云はれた。「大いにやれ」と励まされたかどうかは、今覚えて居ない。そのとき老師の人格からどんな印象を受けたか、それも今覚えがない。今覚えて居るのは、いつかの朝、参禅（個人で老師の室に入って禅を問うこと）と云ふものをやつたとき、老師は隠寮の妙香池に臨んで居る縁側で麤末《そまつ》な机に向はれ、簡素な椅子に腰かけて、今や朝餉《あさげ》をお上りになるところであつた。それが簡素極まるもの。自ら土鍋のお粥をよそつて、お椀に移し、何か香《こう》のものであつたか、それは覚えて居ないが、とに角、土鍋だけはあつた。そして如何にも無造作に、その机の向う側に在つた椅子を指して、それに坐れと云はれた。そのときの問答も亦、今全く記憶せぬ。只々老師の風貌の、如何にも飾り気なく、如何にも誠実そのもののやうなのが、深く吾が心に銘じたのである。或る点では西田君に似通ふところがあるやうに、今考へる。虎頭巌（隠寮は、妙香池の畔、虎頭巌の上に在つて、老樹で掩はれて居る）で、白衣の老僧が長方形の白木造りの机に向つて、夏の朝早く、土鍋から手盛りのお粥を啜る……、禅僧と云ふものはこんなものかと、そのとき受けた印象、深く胸底に潜んで、今に忘れられず。

先頃、秋月穀堂居士（秋月佐都夫、後にベルギー大使となった人）を世田ヶ谷に尋ねて、居士が老師に関する記憶を聞いた。居士は今八十五歳（?）だと云はれたが、書生時代に鹿山《ろくさん》（円覚寺の山号瑞鹿山の略）を訪はれたときを回顧して、老師との初対面を話された。居士も明治初年頃の書生時代であつたので、老師との会見にも、進止に粗放なところもあつたであらう。老師はそれを咎めて、「長者に対して頭を下げるに膝を過ぎないのは礼でない」と云はれたとのことである。居士は始めから一棒を喰はせられたので、こはい和尚さんだと思つた。が、それから段段と接触して見ると、如何にも無邪気で正直で子供らしく親しみ易いので、大いに敬仰の念を加へたと云つて居られた。

　不思議にも、自分は老師の御遷化のときに、丁度隠寮に居合はせた。一月十六日の朝、そのときの侍者であつた加藤東幸師と何か話して居たとき、奥の三畳――これは老師の居間、机の外に何か箪笥のやうなものもあつて狭くるしい部屋――、そこから何か物の倒れるやうな音がした。東幸師は「そりや」と云つて奥へ飛んで行つた。此の音は、老師が便所から帰られて其の三畳へお這入りにならんとして、倒れられたときのものであつた。そのとき箪笥の角かで額の一方を打たれたと見え、少し疵があつた。老師はそれ切り此世と絶縁せられたのである。侍者は早速門前のお医者さんの小林玄梯を呼んだ。座敷に床を敷いて老師をお寝かし申し上げ、玄梯さんの診察を乞ふたが、彼は脈を取り、胸へ聴診器を当てて見たが、「もう事切れた」と宣告した。肥えておいでた老師には、こんな御臨終は予期せられたことであつたらう。著者が始めて相見の頃、既にどちらかの脚が御不自由であつて、三拝のときなど、床へどしんと音がした位であつた。（以下略）

　この序文は大拙自身の筆になるものであろう。先に引用した口述自伝の内容とほとんど重なっているが、やや詳しい部分もあるので、重複を厭わず転写してみた。後年の大拙に残った洪川の印象は、ただこれだけであり、それはあちこちの機会に繰り返し述べられたが、それだけにいよいよ鮮明さと懐しさを増していったのであろう。忘れがたい印象というものは常に断片的であり、かつ鮮烈である。それが印象というものの性格であり、ゆえに「心に刻み込まれる」類いのものである。印象に冗長を求める必要はなく、かつ無意味である。

昔から真に契当し合うもの（これを「知音底《ちいんてい》」といい、ゆえにまた「天下知音稀なり」ともいう）の出会いには、一挙性というべきようなものがある。時間を経て次第に、分かっていくということもなくはないが、特に禅門における師と弟子との真の伝達は、その出合い頭において決せられてしまうのが常である。この人こそと直感する弟子の意志決定と、この男ならばとする師の期待がぴたりと契当するのは、すでにその初相見の刹那においてである。

南嶽懐譲がまだ若い頃、初めて六祖慧能の道場を訪ねてきた。六祖がたずねた。「どこの道場からやってきたのか」、「嵩山からわざわざ老師に遇いたくてやって来ました」。「一体、何ものがそのようにやって来たのだ」、「説明しようとするとすぐ外れてしまいます（説似一物即不中）」。「そいつには修行したり、悟ったりする必要があるのかね」、「修や証は必要ですが、それに捉われることもありません」。「その捉われないところ（不汚染）こそ、仏祖の大事にされてきたところだ。お前はそれができている。このわしもそうだ……」。懐譲はとたんに豁然大悟し、その後十五年間六祖のもとにあってさらに修行を続けたという（『伝灯録』巻五、南嶽懐譲伝）。出合い頭の嗣法の一例である。

わが国の近世の曹洞宗に面山瑞方《めんざんずいほう》なる学僧があるが、この人が卍山道白《まんざんどうはく》禅師に初めて参見したときの話を昔どこかで読んだことがある。面山が袈裟を著け、威儀を正して卍山老師のお出ましを待っているところへ、卍山が現われた。見ると耄碌《もうろく》のせいか、左腕に掛けるべき坐具を右腕に掛けているではないか。これを見て弟子の礼をとる面山は、即座に坐具を右手に移し変え、師の誤った式に従ったのである。威儀作法を宗旨とする曹洞宗において、この「捉われ」のない面山の間髪を容れぬ対応は、直ちに卍山によって看破せられ、法はその場において面授されたというのである。

明治の頃、岡山曹源寺に儀山善来という臨済宗の禅匠があった。ある夏の夕方、彼は開浴《かいよく》（入浴）しようとしたが湯が熱いので、小僧の宜牧に水を運ばせた。宜牧が水を持ってくると、師の儀山は素裸のままで雷を落とした。「手桶の残り水をどうした」、「はい、川へ捨てました」。「この不注意者！　水一滴も生かして使えぬ人間が、修行して何になるものか」。この一言によって宜牧は撃発せられ、この師こそわが生涯の師と決めた。この宜牧こそ後の天龍寺管長となった滴水禅師の若き日の姿であった。

筆者が、今このような例話まで持ち出す理由は、やはり後の世界的禅思想家、鈴木大拙が生み出されることになったのは、その根源のところに、今北洪川という「至誠にして飾り気なき」禅僧との邂逅があったればこそ、という気持が強くするからである。

鈴木大拙があのような思想家になった理由は、彼が徐々として積み重ねていった知的作業によるものではあったに違いないが、その原動力となったものは今北洪川という一人の活きた禅匠との出会いという根本的体験、彼の人生を決定づけるに充分な衝撃によるものであった、と断じてはばからないからである。

四

ここで、今北洪川その人のことについて、簡単に触れておかねばなるまい。つまり、青年鈴木貞太郎が闇雲にぶち当たっていった燻し銀のような人物今北洪川和尚、貞太郎にとっていわば田舎から上京して始めてその胸を借りた横綱・親方ともいうべき存在の「洪川坊主」、その山のような人物が、かつてどのような道を歩んできた人か、いかにしてこのように錬り出された大丈夫児となったのかについては、貞太郎は全く未知であったし、そのような過去の経歴は、若い貞太郎にとっては、直接の関心事ではなかったという点から、筆者は洪川その人について語ることをしなかった。そういうわけで、ここではごくその一端を紹介するにとどめる。

洪川老師は文化十三年（一八一六）七月十日、摂津の儒家確乎斎今北忠久の第三子として出生。九歳にしてすでに四書五経の句読を了わったという。諱を宗温といい、二十五歳のとき京都相国寺に鬼大拙ありと知られた大拙承演の下に参じて出家し、守拙と称した。大拙について己事《こじ》を究明すること七年ののち、師の命によって、先に述べた岡山曹源寺の儀山善来の下に走り、遂に大悟徹底の大歓喜を得たのである。三十九歳のとき、京都鹿王院に住し、翌年瑞応院に移るが、さらに安政五年、岩国の永興寺に迎えられ、雲水の指導をすることになる。名著『禅海一瀾』を著すのはここ永興寺においてである。この寺に建てた方丈を「蒼龍窟」と称したが、これが洪川生涯の室号となったのである。

あたかも幕府が長州征伐の軍を起こしたのはこの頃で、ために永興寺住持たる洪川は大いにこの政争に捲き込まれたが、やがて戦火は収まり、洪川は、明治政府の設けた教部省の令に従って、天龍寺の大講義職となり、特に山口中教院の教導取締を委任されるまでになった。今北洪川の名が天下に知れわたることになるのはこの頃からである。

明治八年五月、洪川は大教院の命により、東京十山総黌大教師となり、十一月教部省の任命によって鎌倉円覚寺に住することになった。洪川は円覚寺に入山するや、塔頭正続院に選仏場（専門道場）を開単し、また同じ山内の正伝庵に「択木園」と称する一般在家居士のための参禅道場を開設した。その徳望は遠くに聞こえ、明治十四年頃には、雲衲（修行僧）の数は百余名を数え、ために十五年にはさらに僧堂を再建したという。同十七年正続院に「一撃斎」を再建し、扁して「蒼龍窟」と題した。洪川は同二十五年一月十六日、七十七歳で示寂するまで、ここを起居の場として東奔西走し、臨済宗の宣揚を行ったのである。自らを号して、「虚舟」あるいは「案山子」ともいう。洪川の法を嗣いだ人に、釈宗演、峰尾大休、広田天真、菅原時保などの英傑がある。在家の居士としては、北條時敬（数学者）、早川千吉郎（三井銀行頭取）、秋月佐都夫（ベルギー大使）、鈴木左馬也（秋月の弟・銀行家）、川村善益（大審院判事）、鳥尾得庵（陸軍中将・枢密顧問官）、山岡鉄舟（明治天皇侍従）、元良勇次郎（東大教授・心理学）といった人々の名が挙げられる（「也風流庵自伝」参照）。山岡鉄舟、中島長城、北代嬴州、鳥尾得庵、川尻宝岑、河野雲窩らの諸氏は、特に資金面において洪川を支援した居士たちと伝えられる（禅文化研究所編『明治の禅匠』九三頁、古田紹欽氏「洪川宗温」参照）。

なお大拙の『今北洪川』には「老師の為人《ひととなり》」の一節があり、洪川の人物を髣髴させるが、ここには紹介する紙幅がないので、読者諸氏の一読にまかせたい。

5　近代の禅者釈宗演との邂逅

一

鈴木貞太郎が心から畏敬して止まなかった禅者今北洪川《いまきたこうせん》は、貞太郎が参禅し始めてわずか半年の後に遷化してしまった。貞太郎にとってみれば、不運というよりも薄縁というべきであったであろう。円覚僧堂の後席は新進の釈宗演《しゃくそうえん》が襲うところとなった。こんどの老師は貞太郎にとって、ただならぬ深い縁の人となった。東慶寺には「衣の綻《ほころ》び」と題する釈宗演自筆和紙二十枚綴の自叙伝があるという。しかしこの自伝は二十歳の春で中絶している（前出『明治の禅匠』三二五頁）。宗演は若狭（福井県）高浜の人で、貞太郎の故郷と隣接の人であった。若狭は不思議にも明治の禅匠が輩出したところで、大拙承演、儀山善来、越渓守謙（宗演の肉縁）といった錚々《そうそう》たる連中は、みなこの国の産である。貞太郎が初めて相見するまでの釈宗演の経歴は次の通りである。

安政六年（一八五九）十二月十八日生。

明治三年（一八七〇）京都妙心寺の越渓守謙につき得度。

明治六年（一八七三）より八年まで京都建仁寺群玉林の千葉俊崖につき修学。

明治九年（一八七六）愛媛大法寺の禾山玄鼓《かさんげんく》に参禅、十日で下山して帰京、直ちに江州三井寺の中川大宝律師につき倶舎論を研究。

明治十年（一八七七）岡山曹源寺の儀山善来につき参禅。

明治十一年（一八七八）より十六年まで、鎌倉円覚寺の今北洪川につき参禅、その法を嗣ぐ。

明治十七年（一八八四）円覚寺塔頭仏日庵住職となる。

明治十八年（一八八五）より二十年まで慶応義塾に学ぶ。

明治二十年（一八八七）インド・セイロンに渡り、パンニヤ・セイクワラ師について梵語を学び、二十二年帰国。

明治二十三年（一八九〇）より二十四年頃、島地黙雷、芦津実全、土宜法龍などと『仏教各宗綱要』を編纂。

明治二十五年（一八九二）三月、仏日庵住職を辞し、三十四歳という記録的若さで円覚寺の管長兼僧堂師家となる。

円覚寺管長時代の釈宗演。聡明な面影に近代禅者の知性が光る。

宗演は四十七歳の時（明治三十八年四月）、建長、円覚両本山の管長を辞し、以後山内東慶寺の住職となり、全く一人の自由人として、欧米諸国、インド、朝鮮、満州、中国本土、台湾等に杖を曳き、また大正四年（一九一五）

より六年まで臨済宗大学（花園大学の前身）並びに花園学院の長を務めるなどして、国内外の布教伝道に身を挺して大正八年（一九一九）十一月一日、世寿六十一歳でその活生涯を閉じた。

ところで右のような宗演の経歴を見ると、そこには従来の禅僧伝には見られなかった近代日本の禅者の面目がはっきりと顕われているのに気づく。第一、二十七歳の若さで今北洪川の印記を得たということは、禅というものが単に長年にわたって錬り上げる愚鈍性のみをよき材とする傾向とは逆に、禅にも何か煌めく知性ということが要求される時代が来ていたのではないか、ということが感じられる。近世徳川の仏教にしてすでに廃仏論の嵐の前で仏教教学、各宗教理の学問的説明が必要となっていたのであり、不立文字の禅といえども、教理研究の素地なきものに道は開かれなかった。この点において宗演の師洪川は儒学を基礎にもっていた禅者であり、『禅海一瀾』は洪川の深い学識の所産であった。

宗演も若き日、建仁の学僧俊崖《しゅんがい》について、その鋭利な知性は充分な刺戟を得ていたに違いない。宗演は自伝（『釈宗演全集』第十巻、二六八頁）で次のように書いている。

建仁寺といへば、誰れ知らぬ者もない。千光栄西禅師の道場である。此《この》日本最初の禅林は、吾が禅宗の歴史に取つては、頗《すこぶ》る大切な関係がある。此本山の塔頭《たっちゅう》に両足院と云つた寺があつて、其住持が千葉俊崖和尚、此御方が行業純一で、内外の学問に老《た》けて、而《し》かも教育思想の深い方であつた。学問の教へ方が実践躬《きゅうこう》行と云ふ風で、講釈等は大体を会得させて、章句に拘《かかわ》らぬと云ふ質《たち》で、詩文を作らせるのに、其題は作務《さむ》とか、夜坐とか、咏史《えいし》とか、観《(ママ)》経とか、斯《こ》う云ふ実地の題を専らとして、花に酔ふとか、月に吟ずるとか、酒盛りをするとか何とか、世俗逸楽的の事は余り択ばぬ風であつた。

此辺の注意も今から思へば忝《かたじけな》い事である。私が此《この》俊崖和尚に預けられたのが、慥《たし》か十五歳の時であつたと思ふ。始めて茲《ここ》へ掛搭《かとう》した時は、老師の弟子が三、四人、其外雲州の要《よう》そと云ふ人、而《そ》して私位の人数であつた。其れが一年経ち二年経ち三年経ち、即ち私が十七歳の時迄に、一人殖え、二人殖え、直々《すぐすぐ》と大衆になつて、遂に四十人内外の員になつた。

祇園から聞こえてくる絲竹肉声《しちくにくせい》が風に吹かれて宗演らの耳を掠《かす》めるなか、群玉林《ぐんぎょくりん》と名づけられた学林は護国院を寄舎とし、両足院の本堂を教室にして勉強に励んだという。明治六年という早い時代の禅宗大本山建仁寺における青年僧たちの、学問に向ける熱情が伝わってくる一文ではある。因みに十五歳の宗演は建仁寺の臘八接心《ろうはつせっしん》の折、寒夜徹宵《かんやてっしょう》の末、見性したともいう。

二十七歳で大事を了畢《りょうひつ》して仏日庵の住職になると、宗演の関心は西欧の学問へと向けられる。後藤亮一は次のように書いている。

師（宗演）が円覚寺、洪川老漢のもとで痛棒を喫し印可をうけたのは二十七歳の若さであった。これだけでもめったにないことなのに、師はその後、福沢氏の塾に入った。……当時、師はつくづく考えたのだ。将来の禅僧はただ旧習を守っているだけではだめだ。殊に社会を指導し国民に信仰を確立させる責任をもつ宗教家は、宗乗《しゅうじょう》の見地に確固となると共に、時代思潮を解さねばならぬと。……

元来、昔の禅僧は学問の素養は勿論、社会的知識においても国民を指導できる優れた教養をもっていた。然《しか》るに最近は不立文字や教外別伝の金看板にかかずらわって、学問や常識に乏しいのは甚《はなは》だ遺憾である。……こうした人に比較して、師は実に先見に富んだ、時代の潮流を解する人で、当時の禅

界における天才であった。（西村惠信編『臨済宗』小学館、二五八―二五九頁）

宗演が慶応義塾への入学を志したについては、師の洪川は初め反対したが、鳥尾得庵などの説得によってようやく賛成に変わったという。そのあたりの洪川と宗演との心情のずれや同意については、大拙が次のように書いている。

宗演師は老師（洪川）と、性格において、才能において、出処において、素養において、また体質において殆んど正反対であつたと云へる。老師の敦厚なるに対して師は俊発である。老師の威容堂々たるに対して師はむしろ敏捷頴利である。（中略）

宗演師の生活は、いつも必ずしも伝統に因はれなかつた。禅への修行を了へてから、慶応義塾へ入学し、それから錫蘭《セイロン》へ行つて南方仏教を実地に生活せられた。帰国せられてからは、禅堂で雲水を接得することにのみ没頭せられなかつた。適当な後継者を得られてからは、東慶寺へ隠退して、諸方の摂化《せつけ》に維《こ》れ日も足らずと云ふほどであつた。（中略）

此書で特に記述したいと思ふのは、洪川老師が宗演師の近代化とでも云ふべき傾向に対して、反対の意見を有して居られたと云ふ一事である。それは左の手紙でわかる。（中略）老師の手紙に曰はく、

丈夫の事業は第一に先天の眼を具すべし。松本順（一八三二―一九〇七、西洋医学者、軍医頭）の如き、洋学を以て発達せしも、彼れ洋学厳禁の時分に、衆中に抽《ぬき》んで志を立て、命を的にして煆煉せしが故也。福澤諭吉の如き、西洋人を夷狄禽視する最中に洋行して、専ら外国の学派を見尽して、吾国文明の先導者となりし為め、今慶応義塾の盛大を致せし也。皆先天の才を具する明匠と謂ふべ

し。今洋学の流行する時分の人情に雷同して、洋学に志すは、是後天の遅八刻（遅すぎること）と謂ふべし。衲《やつがれ》（私）を以て是を論ぜば、即今漢学無用視せらるゝ時節に向つて、漢学に志を立てゝ、蘊奥を究むる者は、後屹度《きっと》成功あるべし。何となれば吾宗漢学に密着して拡充すれば、最極微妙の拈弄著語《ねんろうじゃくご》（禅心を示す語）も、工夫次第に随分、五百年間出（五百年に一度）と謂はれる明言も吐き出さるる者なる事、衲此頃『槐安国語《かいあんこくご》』の欄《らん》に入り研究するに、見性学は天下無等の第一学なる味ひを咬出せり。（中略）誠に漢才禅識は、実に天地大道の府にして、人生永遠欠廃すべからざる王学なれば也。仮令《たとひ》和尚（宗演）今洋学を励精すとも、十分に学成る時分は、時流の学は衰替して、今時の如く賞翫なき事必定也。究竟《くぎょう》勝妙の学にあらざれば也。和尚若《もし》丈夫の気概あって、先天の眼を潤開せば、洋臭の後塵に立たず、志を改良して、純粋に漢学か教学かを深く修めば、後来我国比類なき宗師の英声轟於天下《てんかにとどろく》に至るべし。（中略）唯当節世間の時流でもてはやす人情に附て廻るは、至て望の浅き事なり。熟考ありたし。且《かつ》護法諸天の法楽も少なければ、冥報も如何と存煩《ぞんじ》ひ候。

併し和尚の所業で仏天の冥福もあり、且つ難報の四恩を報ずる事に足るとの意見ならば、衲が知る所に非ず。和尚の将来を思ふの余り、婆心を吐露すること如此《かくのごとし》。（以下略）（鈴木大拙著『今北洪川』春秋社『続禅選集4』、六一頁以下）

長々と引用したこの洪川の手紙は要するに慶応義塾への入学に対する洪川の反対意見であるが、結論のところで洪川も勝手たるべしの言を吐いている点、やはり時代の流れはいかんともしがたいと見た、前近代人洪川の諦めであろうか。

二

慶応義塾時代の釈宗演については資料が乏しい。それで今は、かつて文芸評論家（元関東学院大学教授）の兵藤正之助氏が調査して書いた「釈宗演」（前出『臨済宗』小学館、二四九頁以下）によってその消息を伺うことにしよう。

二十七歳の彼は、「晩学者の為に設けられた別科」に入ったと思われるが、四年を卒業年限とするこの科では、万国史講義、コルネルの地文学講義をはじめ、ベンサムの道法原理講義やスペンサーの社会学講義、ミルの科学論等々、泰西《たいせい》（ヨーロッパ）の学問の基礎的な修学を、いずれもみな「英書訳読」を通して学生に勉強させていた。

つまり「欧州語学校」と洪川をして言わせたように、「今の情勢に在て、語学の心得なきは又不都合なるを知り」、とくに英語学習に力こぶを入れていた義塾は、それ故、「英書を読み其意味の微細なる所までも之を解して不審を遺《のこ》さざる」ことを「本塾の最も長ずる所」としていた。（中略）さらにこの学規（『慶応義塾百年史』所収「学規の事」）に著しく表明されているのは、「本塾の学風は一に西洋近時の文明学を旨」とするというような、あるいはまた、「我国の洋学は日尚《なお》浅くして、少小の時より教育の順序を経ざる者甚《はなは》だ少なからず」、それ故、丁年《ていねん》以上で始めて就学する者のために別科が必要であるというような、福沢の創設精神である。二十七歳にして新しい洋学を学ぼうと志した宗演にとって、まことに願ってもない就学の機関であったと言えるようだ。（『同書』二六一―二六二頁）

禅坊主として一応の自信をもっている宗演であるが、慶応義塾の「俗風」の中でのカルチュアショックは、われわれの想像以上であったと思われる。在学中の彼は勉学の余暇に「花柳界にも堂々と僧依のままで発展し、相当の豪傑ぶりを発揮した」といい、それを福沢諭吉が「見どころのある坊主」といって愛した（芳賀幸四郎）とか、宗演は自分の「覇気勃勃」たるを抑えがたく、いっそ還俗して別個の人生に転換するか、あるいはインドへ行って仏教の本源を究めるかというところまでになり、それを福沢が「汝道に志す、よろしくセイロンに渡航して、仏の源流に遡るべく、志や復翻すべからず」の一言でセイロン行きを決意せしめた（中岡宏夫）というような話は、福沢の肚の太さと、それが宗演に与えた影響の大きさを知るに足る逸話として信じうるであろう。

還俗かインド行かという一見矛盾するかに見える苦悩には、そのもとにやっぱり宗演の眼に映った現実の僧侶たちの堕落と、その隙に乗じて教線を拡げてくる外教《げきょう》（キリスト教）に対する危機感があったことは、妙心寺僧堂時代の道友で、なお修行に励む長谷川恵徳に宛てた次のような手紙に伺うことができる。

本塾の雇《やとい》教師キッチンといいロイドといい、皆外教宣教師であり、文明国と称する英米の大学を卒業した厳然たる一大博士だ。彼らは宗旨と学術とをかね備え、遠く東洋の一隅に来て、学術を売る傍《かたわ》ら、宗旨を知らず知らずのうちに布教している。その手段の功妙で胆力《たんりょく》の坐っていることは、まことに吾輩の憤怒《ふんど》するところだ。……

ただ願うのは、兄が天資の英才をふるい、功成り名とげてのち、法鼓《ほっく》を打ち法螺《ほら》を吹きながら、こうした無辺の魔民無量の邪軍をみな殺しにされんことである。弟である私は才知に乏しいものだが、

他日何らかなす所あらんと期している。（明治十八年〔一八八五〕十月九日付）

関東に坊子《ぼうず》なし。全く無しとは言わず。ただこれ坊子なし。師兄よ、宗教現在のありさまをどう見るか。憤《いきどお》る以外にないではないか。京浜間にはキリスト教が次第にひろがっている。仏教では北畠（道龍）の法話がやや評判良い。しかし彼は老人だ。彼の志をつぐのは誰か。恐らくは釈の大和尚か（ヒヤヒヤ）、長谷川のドクトルか（喝采）。京都の仏法はどのようか。敢えていえば、それは無気無力無学無徳だ。

師兄よ、つとめてくれ。早く大事を決着して帰ってくれ。私は円覚寺ですべての準備をととのえて師兄の来るのを待っている。……（明治十九年〔一八八六〕一月十二日付）

キリスト教宣教師に対する憎悪にも似た反感と、関東の坊子（主）の無気力、わけても無学徳への義憤についての呵責なき心情吐露であるが、宗演自身はすでに洪川の室内を究め、仏陀の心印を伝授されていながら、なに故に妙心の道友長谷川に円覚寺の将来を任せようとしたのであろうか。

仏教の根源に触れるべくインドに憧れることはよく分かるし、それはわが国初期の禅者たち、たとえば栄西にしてすでに志したところである。にもかかわらず宗演が円覚寺の仏法を京都仕込の長谷川恵徳に肩代りしてもらおうとしたのはなぜであろうか。筆者には、それは鎌倉円覚寺の山内にある禅の雰囲気が、あまりにも眼に余るものであったかのように思われる。実際に、このような手紙を洪川が見たとしたら、おそらく洪川は激怒したに違いない。「だから言ったことではない。宗演の深めるべき道は漢学の習得でこそあれ、時流の洋学であってはならないのだ」、と。宗演も今にして師洪川の説諭の真意が分かるように思ったこともあろう。しかしもしそうならば、なぜさらにもっと洪川の膝下において悟後の修行を続けようとしなかったのか。なぜ自分はインドに赴き、円覚を妙心寺にある恵徳に任せようとしたのか。やはり、宗演は自分が円覚の後任になるのはいささか不満であった。むしろここは一番自分が去って京都妙心寺越渓守謙の下で育った力量底を連れてきて、一山に喝を入れるに如かじと考えたのではあるまいか。つまり宗演自身は、円覚寺山内の状況を知っていて、とてもここにはおれぬ、自分には自分にもっと適《ふさ》わしい生き方があるはずだ、とそう考えて、無気力、無学徳としか映らない人の多い現状の禅を粛清するには無縁の逸材に限ると考えていたのではなかろうか。

筆者がそういう乱暴な考え方をする理由の一つには、宗演が円覚寺の中でいわゆる知音底《ちいんてい》を得ず孤立していたのではないかという憶測がある。あたかも、宗演が長谷川恵徳に手紙を書いた明治十九年（一八八六）一月頃、円覚僧堂の内部は、洪川老師が宗演を偏愛していると考える人々の不満が募《つの》っていた。

明治十九年に洪川の語録『蒼龍広録』の刊行が企画され、洪川は慶応在学中の宗演にこれの推進役となるよう依頼する手紙を送っている。これは洪川門下の山岡鉄舟や川尻宝岑などの居士たちの強い意見によるものであったらしい。しかし同門の中にはこれを好しとしない人々がいる。この明治十九年の春、遂に円覚僧堂に分散事件が起こった。僧堂の大衆が一斉に袈裟文庫を担いで僧堂を出て行ってしまうという徒《ただ》ならぬ大事件である。井上禅定師は次のように書いている。

この十九年春、円覚僧堂に分散事件が起こった。洪川の会下には後の妙心管長大休宗悦、円覚東福管長天真慈教、建長管長寿仙時保、永田宝林師家円通宜聞、円覚管長函応宗海等天下の龍象が多数修道中であったが、洪川が宗演の得法に際して「十年空此対雲烟」とよんだのに心平らかでない者が出た。ここにあげた大休、天真、円通は洪川に、寿仙は建仁黙雷に嗣法したが、函応は、「一樹春風有両般、南枝向暖北枝寒」の一句を書いて典座寮の戸に糊して起単した。宗海は宗演より三年の兄であり、明治十三年春以来洪川に参じた。（中略）僧堂と垣根一つへだてた仏日庵の若老師宗演は春陽をうけた梅花、正続の海ッは徹骨の寒苦、宗海は十九年春ついに起単し独園に投じ、その法を嗣ぎ後円覚管長となる。（中略）要は洪川の宗演への偏愛が因であろうが、宗演にはそれだけの器量があったのであるし、発憤成道した宗海も雲烟ではなかった。（前出『明治の禅匠』、三三二―三三三頁）

結果的に宗演は洪川の遷化によってその後席を補すことになったのであるが、それには宗演が、明治二十年（一八八七）三月より二十二年十二月までのセイロン行によって、仏教者の使命を身をもって再確認し、さらにまた円覚寺山内の状況もよほど変化していたためであろう。

セイロンで般若尊者についてパーリ語を学び、まる二年余の戒律の厳しい南方比丘の生活を送った宗演にとって、もはや一宗一派の内部的確執はとるに足らぬ蝸牛の争いでしかなかった。そして今の宗演にとっては、セイロン行の途上ドイツ船で受けた西洋人の東洋人に対する差別の屈辱と、セイロンで得た根本仏教への復帰への必要性とによって生まれた、仏教界統一への関心の方が抑えがたいものになっていた。

明治二十三年（一八九〇）に円覚寺派管長代理となっていた宗演は、横浜永田の宝林寺に住し師家として参禅を聴いていたが、明治二十三年、東京で開かれた仏教各宗管長会議を通して発展した仏教各宗協会に参画し、協会の事業である『仏教各宗綱要』の編纂の委員となり、島地默雷（浄土真宗）、芦津実全（天台宗）、土宜法龍（真言宗）らとともにこの事業を推進した。これがやがて宗演らに明治二十六年（一八九三）の万国宗教会議への道を拓いていったのである。

三

明治二十五年（一八九二）四月、円覚寺僧堂は新しく釈宗演を師家に迎えて、新体制に入った。六ヵ月前から洪川に参じていた鈴木貞太郎も、新老師の登場に気分を新たにしたことであろう。

もちろん貞太郎は仏日庵の住職が釈宗演で、彼はセイロンから帰ってきて、仏教各宗協会に出入りして活躍していることは人づてに聞いていたであろう。しかしその人柄に直接に触れたことはない。自分の前にいるのは、この人こそ禅僧の標だと確信して参じている今北洪川老師であって、貞太郎にとって他の坊さんはいわばどうでもよい人たちであった。釈宗演といわれる人が、どんなに偉いか知らないが、貞太郎に直接関係のない山内の和尚に過ぎなかった。だから山本良吉宛の手紙にも釈宗演のことは何も書いていない。むしろ円覚山内では、変わりものの和尚くらいのところであったであろう。朝比奈宗源の思い出に、次のようにある。

私が雲水生活に入った当時（明治三十六年）、宗内の老師に対する評判は是非相半ばしていた。老師が卓越した力量の人であることは大抵の人が認めていたが、漫然とハイカラであるとか、新しがり屋だとか、若いときはバラ（素行がよくないという叢林の通用語）であったとかいう評が相当高かった。

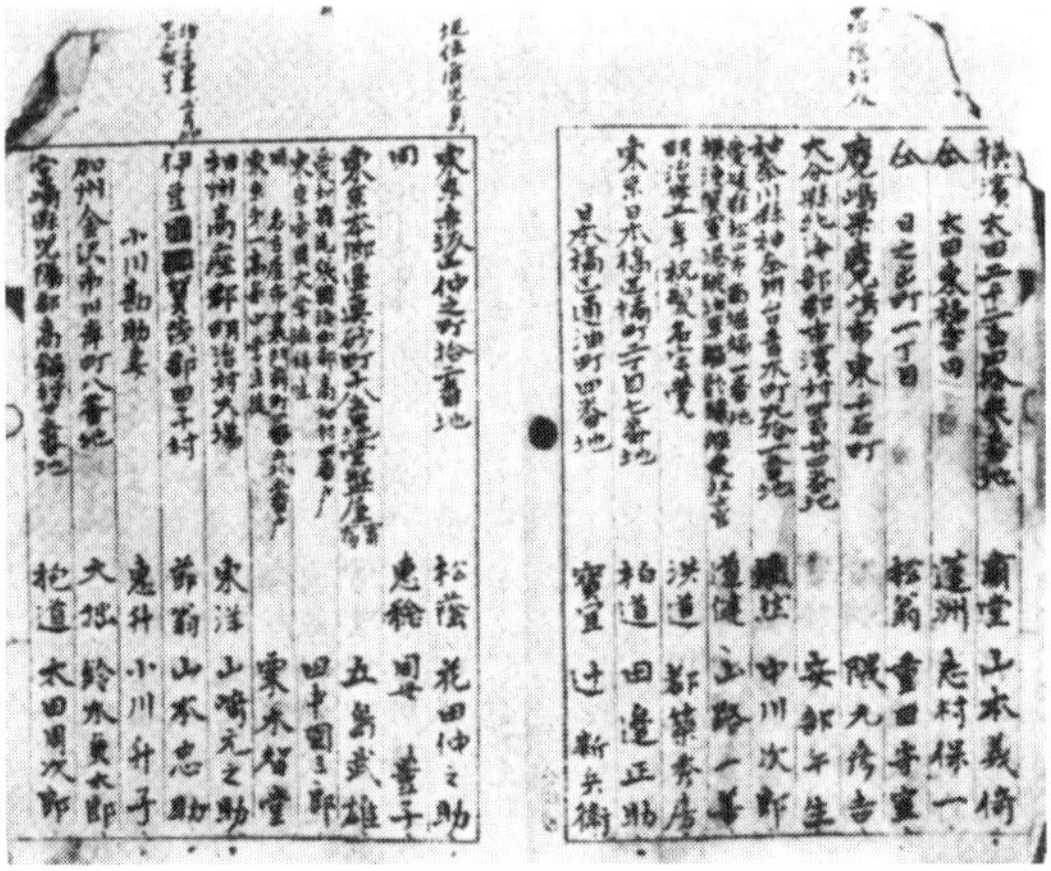

円覚寺居士林にある参禅者名簿。左二行目に鈴木貞太郎の名前が見える。この時すでに「大拙」という居士号が与えられている。

もちろん、老師も若い時は酒もたしなみ、相当放恣な行ないもあったかも知れないが、四十七歳、再度の渡米からは酒も烟草も断っておられた。ただ食事だけは根本仏教の僧団が肉食を禁じていない現状を知って問題にされなかった。これも保守的な人々には不快であったかと思われる。（前出『明治の禅匠』三〇二頁）

釈宗演についての山内の評価はこのように彼が管長を辞する二年前にしてこの有様であるから、管長職就任前までは山内の人々は宗演に見向きもしなかったのかも知れない。

貞太郎はともあれ四月より、新しい老師に参禅することになった。彼は明治二十五年（一八九二）九月東京帝大文科大学哲学科選科に入学した。新しい宗演老師は先の洪川老師とはすっかり様子の違う老師であり、貞太郎が抱いた禅僧のイメージは完全に崩れた。いろんな禅僧があるものだなアということが分かった時、貞太郎の禅は始めて伝統の陋習《ろうしゅう》を超えて「世界性」を得たと言えるであろう。

貞太郎は宗演と出遇った頃を回想して次のように書いている。

予の初めて老漢に接したのは、二十数年前すなわち老漢が円覚に視篆《してん》したその時からである。その頃は書生で参禅する者は余りいなかった。もしあったとしても、いずれも一癖あるような男ばかりで、予のごとき弱虫はただ小さくなって、その放言にただ胸を驚かすのみである。随分いろいろなことをやって老漢を悩ましたものだが、老漢には一種の愛があったことを今でも忘れぬ。この愛を何かにつけて予は感じた。予が米国に行くようになったのも、老漢の厚情であった。海外に流浪すること十数年、随分さびしい生活をやったが、どうやらその間の悩みを切り抜けたのも、老漢のこの精神的鍛練からきたと見てよい。（中略）

顧りみれば、虎頭巌辺一撃亭裡で、初めて相見して、それから松ヶ岡の門をくぐったことが、なんぺんあったか。その折々の心持ちが今でも思い出される。ある冬の休みに山へきて、新年の七日というものを参禅に過した。夜もろくろく休まれず、朝もうつつに床を出て、少し薄暗い山を下りて道の彼方の東慶寺へ行くと、段の上に門がある。この門をくぐるのが大難関であった。幾度か躊躇して、ついに思い切って踏み進んだ。奥の方からお経の声がする。侍者は忙しそうに朝の仕事をしている。廊下を渡って老漢の居間へ行く。今度こそはと、力みかえってきたその甲斐もなく、看灯の中から〝フフン〟とやられて、それきりとなる。その時の心持ち。もときた道をどう帰ったか分からずに、もとの庵へ落ちつく。身は落ち着くかも知れぬが、心は遠くなっている。その日のその晩も、それで暮れる。こんなことは一冬二冬でなかったように思う。（秋月龍珉「鈴木大拙先生の生涯」『鈴木禅学と西田哲学』春秋社、二一〇頁）

貞太郎にとっては、洪川老師から続いている己事究明の日々の連続であったことが、右の追想からよく伺われる。その頃の貞太郎から山本良吉宛の手紙には、その参禅の模様についてはほとんど語られていない。明治二十五年（一八九二）の四月二十日附の山本宛の手紙は、宗演が新しく円覚僧堂に入った直後であるに拘らずそのことに一切触れず、むしろ「此頃は荻野独園師当地にあり　予は日々講席に列す　越中雪門師も亦在り　臨済録の提唱中々ありがたし」（『未公開書簡』二六）と書いている。貞太郎にとって、宗演の新しい師家交替など眼中になく、ただ、一貫した参禅弁道の場が亡き洪川の室であるほか、何の変化も感じられなかったのであろうか。

この頃の手紙の差出人住所を見ると、上京してしばらく（明治二十四年頃）は東京本郷の久徴館発であるが、やがてその年末には鎌倉円覚寺正伝庵発（明治二十四年十一月二十五日）となり、それが二十五年の三月まで続いて、再び東京に帰って久徴館発となり、明治二十六年七月一日のものは、こんどは鎌倉円覚寺仏日庵発となる。貞太郎にとって仏日庵に世話になった思い出は特に深いらしく、「（仏日庵の高畠眉山和尚の）師なる福泉東洋和尚と云ふのは、今は故人になられたが、わが学生時代によくお世話になつたものだ」（『禅とは何ぞや』の序、昭和五年五月）とか、「仏日は代々円覚の住職のおられた所で、格の高い寺だ。本が随分あったわい。わしはここで夢中になって仏書や禅書を読んだ」（秋月『前掲書』二二七頁）と述べている。ともかく、青年鈴木貞太郎にとって参禅弁道が第一で、師は誰でもよかったのであり、特に宗演が自分の将来を決定する人になるとは考えてもいなかったことは確かである。

明治二十六年（一八九三）七月一日附、山本良吉宛書簡に、

在鎌中に重もに読書せんと思ひしに　来着の当日より仕事を頼まれ　今日に至るまで其のみに従事せり、仕事とは老師より頼まれたるにて、仏教大意の英訳なり、之れには予も大閉口なれども　他に急に人もなきもの故、不得止《やむをえず》着手仕候　南条文雄にでも訂正して貰ふと老師は言はるれども、元来の不得手、失態百出、自分ながら自分の手際に呆れたり、参考書なく、字書なく、殊に難解の仏語を訳するときては　予《われ》ながら大胆なる哉……

と見え、すでに宗演が貞太郎に英訳の仕事を依頼していることが知られる。続く同年七月二十日附の手紙には、

　先日老師より色々親切に予が境遇を憐まれ、（英）訳の賃にとて、金子《きんす》幾何《いくばく》か下されたり、予は元来報恩の為めと思ひ　露ばかりも報を望むことなく、只力の足らぬことを憂へしのみなりしに　計らざりき慈師の恵に遭ひて恰も再生の父を獲たらんが如く、予は思はず感涙に咽《むせ》びたり、実際感涙に咽びたり、之れ実に不思議なり、元来涙を流すべき程の事にもあらざるが如く後より思はれたるに　当時は実に自ら禁ずる能ざりき、不幸　轗軻《かんか》不遇の身を以て、異郷に此の知に遇ふ、人情は無意識の間に働き出だして以上の始末となれり、寔《まこと》に人は情の動物なる哉、金子《きんす》は固《もと》より受くべからざるが故に予は之を辞せり。天下真に古人に愧《は》ぢぬ人と云ふは誠に少なきものなるかな、予当地に来りて色々の人に遇へり、多くは凡の凡なりと見えたり、因て自ら顧みて又大に愧づ、志堅ならず、行厳ならず、飽食安逸、徒らに時を過ごすのみ、衣架飯嚢《えかはんのう》と古人が笑ひしも固よりの事、窃《ひそ》かに大人《たいじん》の言行に顧みて此身の一粟粒《ぞくりゅう》にも如かざるを悲む、人生何事をなすべきか　固より分明ならず、されど徳を磨き行

を修さむるは万人の皆務むべき所なるに似たり、既に自ら利を獲たらば　又之を他に及ぼして衆をも
利すべきは君子のすべき道なるに似たり、予未だ安心立命の地を得ず、今は唯々自分を利するの道を
講ずるのみ。……

宗演の情愛が自然のうちに貞太郎の道心をかり立てているのは、さすがに父子投和の趣きである。とも
あれ宗演は、このようにして貞太郎の訳した講演原稿「仏教大意」（実際は、「仏教の要旨並びに因果法」）
を携えて、シカゴの万国宗教会議に出かけていったのである。

6　ポール・ケーラスの登場

一

一八九三年のシカゴ万国博覧会は、そもそもその計画の当初から、それまで、ロンドン、パリ、フィラデルフィア、ウィーンなどで開催された万国博とは一味違って、「単に人間の物質的、工業的な栄光以上の、何か高貴なものにすべきである」ということが、シカゴ全市民を代表する地位にあるチャールス・C・ボニーによって提案されていた。このボニーこそが博覧会の会長として、シカゴ万国博の歴史的意義を決定づけたといってよい。そういうわけで博覧会は、その展覧会場が二十部門にもふくれ上って、空前の規模のものになったが、そのなかでも宗教の部会が最も大きなものとなったのである。

宗教部門の委員長には、シカゴの第一長老派教会のジョン・ヘンリー・バローズが選ばれ、一八九一年六月一日附で全世界の宗教者に対して、一万通の招待状が発送された。「われわれは熱意をもってあらゆる信仰者の代表を招きたい。そして宗教的調和と人間性の統一を目指す一八九三年の博覧会において、われわれとともに世界のために寄与してもらいたい」とバローズ自身が書き、みずからも幅広く啓蒙のための講演をしてまわった。

その努力の結果、キリスト教、ユダヤ教、仏教、ヒンズー教、道教、イスラム教、儒教、神道、ゾロアスター教、ジャイナ教という多彩な宗教の代表者二百余名がシカゴに参集することになったのである。わが国の仏教界を代表して出かけたのは、釈宗演（臨済宗円覚寺派管長）、土宜法龍（真言宗僧侶）、芦津実全（天台宗僧正、後に臨済宗に転じて永源寺派管長となる）、八淵蟠龍（浄土真宗本願寺派布教師）の四名であり、神道からも柴田礼一が加わった。渡米団にはその他に、通訳として野口善四郎や野村洋三（円覚寺で参禅の居士）、平井金三（言語学者で、得度して僧名を龍華といった）の三名が加わっている。野口や平井は通訳として原稿の代読をするばかりでなく、みずからも日本仏教徒として聴衆に怯えず大演説をぶったことが記録されている。

九月十一日から二十七日までの十七日間、宗教会議の会場であるシカゴ美術館に集った参会者は、実に延べ十五万人余を数えたと伝える。ともかく、コロンブスのアメリカ大陸発見四百年を記念したこのシカゴ万国博は、こうして空前の規模のものとなった。その盛大ぶりを釈宗演は「万国宗教大会一覧」（『釈宗演全集』第十巻所収）で、次のように述べている。

試みに此博覧会の経費幾許《いくばく》と問へば、実に三千万弗《ドル》余の金額なりといふ。左《さ》もありなん。加之《しかのみならず》諸種の建築中、工芸館一棟を立つるにも、三百人の人命を損したりと聞かば、誰れか亦《また》物質的文明の高価なるに驚かざらん。（中略）若し閣龍翁《コロンブスおう》をして地下に霊あらしめば、此盛事に対して喜ばんか、悲まんか、蓋《けだ》し大喝一声以て此博覧会を祝するならん。

嗚呼《ああ》ミチガンの湖水は、纔《わずか》に三百里に過ぎず、然れども一たび此湖畔に立ちて之れを望めば、アルプスの巍峨《ぎが》たる、ヒレニースの突兀《とっこつ》たる、ヒマラヤの雪皚々《がいがい》たる、富士山の君子風なる、皆影を倒《さかしま》にして茲《ここ》に浸《ひた》し来れるかと想見せらる。シカゴ府百五十余万の人民は、主人役と為りて、拮据《きっきょ》経営、世界各国幾万の御客を相手に接待応答、維れ日を足らずとせり、足一たび博覧会場を踏まば、夜と昼との分界を忘れん。花と月とは同時に賞せられん。人に上下なく、唯働いて銭を取る者、是れ自由国の帝土ならんか。然れども吾が釈迦牟尼仏は宣《のたま》へり、『円覚伽藍に安住し、法喜禅悦を以て食となす』と。又他教の聖書にも之れ有り、『人は麵麭《パン》のみにて活《い》く可《べ》きにあらず』と、又曰く『形あり見るべきものに依りて生活す可きにあらず』と、嗚呼有難き金言にあらずや。凡《およ》そ人間として、只物質的文明にのみ心酔し、衣食住生活の程度を高むる許《ばか》りにして足ることを知ると云はゞ、是れ大なる謬《あやま》りならん。何んとなれば物質的文明は、唯人間の外部を粧飾《しょうそく》するに過ぎざればなり。肉体的快楽は、屢《しばしば》生住異滅の変動を免れざればなり。而《しか》して米人の慧眼《けいがん》なる、早く茲に感ぜるところありて、今回閣龍《コロンブス》博覧会の好時機を利用して、精神の宝珠庫、霊界の水晶宮なる即ち万国宗教大会なるものを啓建《けいけん》せり。此挙や実に歴史ありて以来、未曾有の出来事と謂《い》ふべし。（以下略）

ここで宗演はシカゴ万国博の規模の宏大なることと、本博覧会の機に万国宗教会議を開催したことの二つを賞讃しているが、そこに彼は産業革命以来の物質文明の華々しさと、それに伴って起こった精神希薄化の傾向という十九世紀末の矛盾を見るとともに、かかる時代を憂い、かつ克服する意図を象徴するかのように万国宗教会議の開催を決意した、アメリカ人ならではの慧眼に感動している。諸宗教相互の対話と理解が、二十世紀に於ける最大の歴史的出来事となっていることは今日の常識であるが、一八九三年のこの万国宗教会議こそは、まさにその先蹤となったのである（因みにこの会議を契機として創設された「世界自由宗教連盟〔ＩＡＲＦ〕」はすでに九十年の歴史を持つ。筆者は一九九〇年七月に、東西統一直後のドイツのハンブルグ市で開催された、第二十七回世界会議に招かれて基調講演を行ったが、その時、来たる一九九三年にはインドにおいて、この万国宗教博覧会の百周年の大会が開催されるということを聞いた）。

もちろん、こういう計画に対しては、保守派キリスト教指導者によるかなりの反対があった。『白鳥はいかにして湖に来たりしか』(How the Swans came to the Lake 1A Narrative History of Buddhism in America by Rick Fields; Shambhala,1981）によると、その反対理由は「宗教というものは、その本質からして陳列しうるようなものではない」のであり、「宗教会議などというものは、人類の過去において、歴史を苦いものにした怨恨を想い出させるだけだ」というものであった。

またカンタベリーの大僧正は、「キリスト教のみが唯一の宗教である」という理由で、協力を断ったのである。彼は、たとえキリスト教が他の諸宗教と同じだということを納得できなくても、宗教会議のメンバーになれるのだということが理解できなかったらしい。またある宣教師は、このような会議のアイデアそのものが神の冒瀆であるとさえ考えたのであった（『同書』一二〇頁）。

反対勢力は、今日われわれが想像する程度を遥かに超えて凄まじいものであったと思われるが、それにもかかわらず、会議推進派がこの大会の成功を収めたのは、時代の要求であったからに違いない。一万通を越える呼びかけ状に対して、世界の隅々から積極的協力の返事が集まった。「現代文明は統合の方向にある」というバローズの考えに対して、これに応えた他宗教からのもののほか、同じキリスト教からの応答のなかには、やはりキリスト教を最高の宗教と考え、この会議がキリスト教の素晴らしいよい宣伝の機会になるとか、他の信仰や哲学を学ぶことは、異国でキリスト教を宣教しようとするものがなさねばならない、努力の一つであるとするものもあった。（『同書』一二一頁）

ともかくこのようにして万国宗教会議は実現した。釈宗演は開会式の当日の模様を次のように書いている。

日本明治二十六年九月十一日は、即ち万国宗教大会開設の当日なり。余等一行四名、正服を着し、馬車二輛に乗じて、ミチガン湖畔レーキフロント園内の美術館に赴く。軈《やが》て導かれて設けの会場コロンビヤンホールへと、二人づゝ手を取り班列して進む。先鋒は峨帽《がぼう》を戴き、赤衣《せきい》を纏《まと》へるローマンカソリックのカーヂナル、ギツボン大僧正にして、会長ボンネー氏之れを擁護し、次に婦人館々長バーマー女史及び婦人会々長チヤーレス、ヘンローチン女相併《なら》んで進む。（中略）場に入るや拍手、喝采聴衆大凡《おおよそ》五千七八百名、余等宗教代表者が、一壇高き所に列を為すを俟《ま》ちて、盛粧せる貴婦人淑女の一隊は、洋々湧くが如きの楽声に伴ひて万福の源泉たる神を敬拝せよと讃美歌を唱ふ、此間聴衆及び代表者総起立、唯余等及びダンマパーラ氏等一行は起立せざりし。

二

さて、後になって青年鈴木貞太郎に渡米の道を拓くことになったポール・ケーラス（一八五二―一九一九）は、この宗教会議における会長秘書であった。このポール・ケーラスなる人は、当時月刊雑誌『オープンコート』あるいは季刊哲学雑誌『モニスト』の編集者として、すでに世間にその名を知られており、単にオープンコート出版社の編集人であるばかりでなく、みずから単著七十二冊を公刊するほどの哲学思想家であったのである。ここでは少しくこの人の背景を紹介しておこう。

筆者は去る一九八九年五月、単身イリノイ州ラサールに飛んで、若き日の鈴木大拙が九年間働いていたオープンコート社の旧蹟（ヘゲラー邸）、大拙の下宿していたラムジー家、そして現在のオープンコート社（隣接のペルー市に移転）などを訪ねた。ありし日の鈴木大拙の様子については別に稿を改めて報告する予定であるが、ここではその時入手した『オープンコート百年史』（英文）によって、いささかの紹介をしておきたい。

そもそも鈴木貞太郎が渡米し、事もあろうにアメリカ中西部のこの田舎街ラサールに行くことになるのは、そこに深く潜んでいる因縁というものがあってのことである。すべては「縁」というものによって成立することは仏陀の教えの根本であるわけだが、鈴木貞太郎に結びつけられていた宿縁が、釈宗演の渡米によって現成したことはよく知られていても、その釈宗演の存在に目をつけたポール・ケーラスという自由宗教学者、さらにそのポール・ケーラスの才能を見抜いた一人の実業家エドワード・カール・ヘゲラー（一八三五—一九一〇）、さらにはドイツ人のヘゲラーをして新大陸アメリカに赴かしめた時代の状況などに思いを至す時、一人の日本青年鈴木貞太郎を捕える網は、すでにそれに先立つ数十年先より張りめぐらされていたといわざるを得ないのである。

一八三五年、ドイツのブレーメンに一人の男子が出生する。彼はエドワード・C・ヘゲラーと名づけられた。彼の父ヘルマン・D・ヘゲラーは、技術家としてかなりの成功を収めると同時に、文化面においても深い関心を持っていた。そして十九世紀の初めにアメリカを訪れ、自分の息子の一人くらいはぜひともこの新世界へ送り込んで事業をさせたいものと考えていた。エドワード少年は小じんまりとして排他的な学校で、当時自由教育にとっての基本とされた宗教と古典の基礎教育を受けた。十六歳でハノーバーの工業学校へ、そしてさらにフライベルクの王室鉱山アカデミーへ進み、ユリウス・バイスバッハ教授（後にエドワードはその娘カミラと結婚する）の指導を受ける。

このアカデミーで、ヘゲラーはフレデリック・マッティーセンという個性豊かで野心に燃えるよき友を得たが、一八五六年になると二人はアメリカで金属の仕事をするためにボストンにやってきた。一人はペンシルベニアで自費を投じて実験をつづけ、遂にアメリカ産としては初の亜鉛（品名シュペルター）を発売するようになるが、満足できるような鉱山を求めて、ニューヨーク、ミズリー、ウィスコンシン、イリノイの各州を転々として、石炭資源、亜鉛の原石、輸送経路など、条件が合う場所を求め歩いた。

一トンの亜鉛を溶解するのに二トンの石炭を要する以上、石炭を運ぶより亜鉛を石炭のある所に運ぶほうが合理的であった。そして遂に最も理想的な場所、つまりウィスコンシンのミネラルポイントにある亜鉛を、

ポール・ケーラスは当時すでに諸宗教統一の思想家として知られていた。

イリノイ＝ミシガン運河で運んでラサールの街の東端の炭鉱に持ってくるということになって、ここにマッティーセン＝ヘゲラー亜鉛会社が創設されたのである。田舎の街に産業が盛んになることは街中の歓びであり、ラサール初代市長のキャンベルも大いに協力的で、土地の買収やイリノイ中央鉄道との契約にも便宜をはかったという。初めてシャベル一杯の土を掘り出したのは一八五八年十二月二十四日、クリスマス・イヴの日であった。

やがて南北戦争（一八六一―一八六五）が勃発、事業は一気に伸びて一八七七年頃には三百人の労働者を雇い、年間八百万ポンドの亜鉛を精製するほどになった。一八九三年、つまりシカゴ万国博の頃、この会社の労働者は千人を超し、当初一個であった溶鉱炉は四つに増え、またはじめ五、六エーカーであった工場敷地も八〇エーカーに拡がっていた。

ところでエドワード・ヘゲラーの関心は亜鉛の仕事だけにあるのではなく、若い時から、首尾一貫した世界観を手にすること、つまり実在というものを明晰かつ全体として見抜くことにあった。技術と商売の世界における思想家としての彼から見ると、科学は上昇し、伝統宗教の力は劣勢となるばかり、特に知識人たちはダーウィンの進化論によって動揺を起こし、特に聖書の解釈をめぐり、チュービンゲン学派独特の「高度な批判」といわれるものによって、伝統的に信じられてきたものの多くが疑問と化しつつあった。その上、この素晴らしい発展を遂げた科学は、また、宗教や倫理の面について考慮していないようにヘゲラーには思われた。

このような苦悶のうちに、ヘゲラーの「モニスト」（真実なるものは一元的である、科学も宗教も同じ真理に基づいているという考え）の思想が定着していった。そして一八八七年二月十七日、ヘゲラーはオープンコート出版社から雑誌『オープンコート』を創刊した（ヘゲラーは誌名を『モニスト』としたかったが、ベンジャミン・F・アンダーウッド（一八三九―一九一四、ダーウィン主義的無神論者、ボストン自由宗教協会機関誌『インデックス』副編集長）の薦めで『オープンコート』とした）。

一八八七年一月二十一日、エドワード・ヘゲラーは、当時ニューヨークで『ドイツ・アメリカン・ジャーナル』の編集をしていたポール・ケーラスに手紙を書いた。その内容は、ヘゲラーが親友のアンダーウッドを通じてケーラスの二冊の本（『詩集』と『モニズムと世界改善論』）を貰ったお礼であり、またその論文内容に大いに共鳴するところがあるので、自分が始めた『オープンコート』出版の編集長になって協力しつつ、自分の子供たちのためにドイツ語の家庭教師をしてくれないかというものであった。ポール・ケーラスは、直ちに二十四日にヘゲラーへ返信を書き、三月にはもうラサールにやってきた。ヘゲラーは一見弁見、ポールという男が、仕事に専念できる素晴らしい力量、該博なる知識、そして、自分と意気投合できるものをもっていることを見抜いたのである。

ポールの父はウィルヘルム・フリードリッヒ・グスタフ・ケーラスといい、一八一九年ドイツのブランデンブルグ生まれ、ベルリンとハレの両大学でルーテル派宣教師の教育を受けた。ポールが生まれた一八五二年頃、彼はイルセンブルグ・アム・ハルツで牧師をしていた。後年、彼は東西プルシヤ教会の初代総長となり、一八八九年の死の日までこれを務めたのであった。

若き日のポール・ケーラスは、ポーゼンやシュテッティンのギムナジウムで、ハーマン・グラスマンという秀れた学者のもとに数学を学び、またグライスバルトやシュトラスブルグの大学に進み、一八七六年にはチュービンゲン大学から哲学と言語学によって博士の学位を取得した。

兵役に服した後ポール・ケーラスはいくつかのギムナジウムの教師をし、やがてドレスデンの王室部隊士官学校で名誉教官を拝命していたが、彼の書いた『科学における形而上学――倫理と宗教』（一八八一年、ドレスデン）が、その自由思想のゆえに咎められ、以後は執筆禁止という処分を受けた。これを不服としたポール・ケーラスは永久就職の約束であったドレスデン士官学校に見切りをつけ、みずからイギリスへ亡命した。

イギリスで彼は数冊の著述をなすかたわら、学校の教師をし、英語の力をつけた。一八八四年、アメリカに渡り、教師を続けつつ、一八八五年に『モニズムと世界改善論《メリオリム》』を出版、これがヘゲラーの眼に止まったのである。このようにしてポール・ケーラスはラサールにやってきていたのであった。ポールはやがて、ヘゲラーの娘、メリー（一八六一―一九三六）と結婚した。メリーは後年ポールが死んだ後も十七年間『オープンコート』と『モニスト』の編集長を務めるほどの才媛であった。ポールは若い頃から宣教師を志していただけに、彼の宗教精神は以後四十年間衰えることがなかった。彼は数学、象徴学、倫理学、言語学、美学、法律学、政治学、神話学、東洋学と幅広い学問領域にわたって論文を執筆しつづけ、かくてポール・ケーラスの名は次第に人々の知るところとなって、やがて一八九三年の万国宗教会議における重要なポストへと結ばれていく。

三

ポール・ケーラスは、最初宗教会議の話が持ちかけられた時、別にそれを手伝うことに吝《やぶさ》かではなかったが、与えられた役割はごく限られたものであって、民族学部門と哲学部門の各委員会を少し手伝っただけであった。

会長のボニーとも決して親しい仲ではなかったのだが、ポールがヨーロッパでの各種の科学者との会合に出席するためにアメリカを出発して数週間したとき、ボニーはポール・ケーラスに対し旅行中に宗教会議の宣伝をしてくれるように、との手紙を書いた。別に、ポールは哲学部門の議長フォスターからの招待状を受けたがこれを断った。

一八九三年の七月三日、ポール・ケーラスはボニー会長（市長でもあった）から宗教会議の評議員となるようにとの公式招請状を受け取った。このようにして彼は宗教会議の方に参画し、またみずからも宗教会議の第九日目（九月十九日）に「自然科学との関係における宗教」と題して発表することになったのである。しかし、彼にとってこの会議はあまり快いものではなかったらしい（ハロルド・ヘンダーソン未公刊英文原稿『ポール・ケーラス』参照）

会議では各宗教の代表者が、それぞれ特有の衣装をつけて、それぞれの信仰を語った。日本からの代表者たちも、紫衣から黒衣といろいろな法衣をつけて講壇に立って話した。ヒンズー教のスワミ・ヴィーベカーナンダは長い黄色の衣をつけ、セイロン仏教のダンマパーラは白い衣を身に纏うて出た。こんな多くの非キリスト教徒が西欧人の聴衆を前に語るということは歴史上初めてのことであった。

ポール・ケーラスは「科学―宗教の革命」（テーマに二種類記録されているが、同じ一つの講演であろう）と題する個性豊かな内容の発表をした。それはかなりの反響を呼んだが、『シカゴ万国博の記録』全二巻には彼の発表内容はその半分以下しか掲載されていないし、ニーリーの『宗教博覧会史と宗教会議』には、ケーラスのものとしてはわずか二つの文章のみが記録され、W・B・コンケイの『世界宗教博覧会』（一八九三年、シカゴ）では、全く消されてしまっているという（ヘンダーソン、同原稿参照）。

宗教会議はあまりにも時間が足りなかったという、人々の反省と、必ず第二回の会議が開催されるべきだという人々の要望をもって終了した（Religious Parliament Extension という名称のもと、一八九四年六月三、四日、シカゴで開催されることになった第二回は、残念ながら開催されることなしに終った）。

ヘンリー・バローズ編の『世界宗教会議』（一八九三年、博覧会出版局）によると、日本代表者の発表日と演題は次のように記録されている。

第三日（九月十三日、水曜日）午後。野口善四郎「究極的宗教」、平井金三「日本人がキリスト教に対する実情」、柴田礼一「神道」

第四日（九月十四日、木曜日）午後。土宜法龍「仏教の歴史と日本の各宗」（平井代読）

第六日（九月十六日、土曜日）八淵蟠龍「仏教」（野口代読）

第八日（九月十八日、月曜日）午前。釈宗演「仏陀の教説としての縁起法」（英文タイトルの訳ならばこうなる。会長バローズ代読）

第十一日（九月二十一日、木曜日）午前。芦津実全「仏陀」

なお、第八日（九月十八日、月曜日）午後、セイロンのダンマパーラが「仏陀に対するこの世の負い目」を、第九日目（九月十九日、火曜日）には、午前にオックスフォード大学のマックス・ミュラーが「ギリシア哲学とキリスト教」を、午後にボンベイのスワミ・ヴィーベカーナンダが「ヒンズー教」を、そして、この日、ポール・ケーラスも「自然科学との関係における宗教」を発表している。

記録にあるように釈宗演の発表は、第八日目の九月十八日午前の最後に行われた。この日、宗演の論文を同行の土屋が読むことになっていたが、風邪のため喉を痛め、結局会長のバローズがこれを朗読した。演題は「仏教の要旨併びに因果法」（釈宗演自身はこう題している）というものであった。その内容は宗演の『万国宗教大会一覧』（『釈宗演全集』第十巻一五二頁以下）に次のように報告されている。

諸君よ。無限の時間に相続して、無際の空間に羅列する所の総ての品物は、何から出来たでありませうか。私の見る所に拠れば、蓋《けだ》し心的二箇の原因から出来上りたるものと思ふ。而《しか》して心的二箇の原因とは性《しょう》と情との二でありますが、性は吾人《ごじん》が本覚の真性《しんしょう》でありまして、一切万物が住み家としてゐる理体《りたい》であります。之れを大智度論には、一切の色法皆空分あり。諸法の中《うち》皆涅槃の性あり。之れを法性と名《なづ》くといふてあります。情は吾人が不覚の一念で、即ち妄想の異名であります。之れを大智度論には、五情の所欲と言ふてあります。其処《そこ》で此一念不覚の心が起りますると、自といひ、他といひ、能《のう》といひ、所《しょ》といひ、様々なるものが出来るので、所謂《いわゆる》内に既に生ずる所の識想紛然《ふんぜん》たれば、外《ほか》に成する所風輪あり、水輪あり、金輪《こんりん》あり、地輪あり、結んで山石と為り、抽《ぬきん》でゝ草木と為ると、経文に説いてあります。其処で又首楞厳経《しゅりょうごんきょう》には、迷妄にして虚空あり、空《くう》に依りて世界を立し、想《そう》の澄めるは、国土と為り、知覚は乃《すなわ》ち衆生と為る。空の大覚の中に生ずるは、猶《な》ほ海の一漚《おう》の生ずる如しといふてあります。之れを詳しく申せば、衆生の有情なるものが正報で、山河の無情なるものが依報であつて、情と情との二報が、取りも直さず性情なる心的二箇の原因から出来上がつたといふものであります。此通り法性が縁起して、万物が世界に現はれて来ると同時に古も今も、一物として生死の範囲を飛び越ゆることは能《で》きぬのであります。而《しか》して所謂死と生と性と情との四者は、毎《いつ》も主人と為り、客と為り、互に相関係して極まりないのであります。乃ち死は生あるに依りて死があり、生は情欲に依りて身命があり、情欲は覚性が動き出すに由りて、情欲が起るのであります。之れを約言すれば、万物をして生死の渦中に浮沈せしむる者は、実に不覚の妄念が係累を為すといふに外なりませぬ。其処で吾が大聖人釈迦牟尼世尊は、一切種智、三世洞観の眼《まなこ》を以て、無量無辺の衆生が、此処《ここ》に死んだり、彼処《かしこ》に生れたり、各々善と悪との二習慣に従つて、苦と楽との報酬を受け、行きつ戻りつ、輪廻極りなき有様を愍察《びんさつ》し給ふて、其出世五乗の道路を開拓して、以て一切衆生を導き、彼の汚染《おせん》の虚妄なる習慣を退《の》け、此清浄円満なる大帝都に到着せしめんと誓ひ、此世に出現せられたのであります。凡《およ》そ種々の心識真如の性より起動する所のものは、皆所謂《いわゆる》情といふ部類に属帯せられて、乃ち眼に色を見たり、耳に声を聞いたり、鼻に香を嗅《か》いだり、舌に味を味ふたり、身に細滑《さいこつ》を受けたり、意に識を生じたりする所のものが、情といふので、其情の感染やる上に、或は善きもあり、或は悪きもあり、十人十種《といろ》と分れてありて、若《も》しも吾人が、一期《き》の身命を謝還して、次期の身命を受取る段に至りて、知らず覚えず冥然《めいぜん》として、其前習慣なる善悪の種類と感じ合ひまして、正に受くべき所の結果報酬を受くるのであります。さて其情感にも、篤《あつ》きものもあり、薄きものもあり、機根にも大なるものもあり、小なるものもあります所から、大聖人釈迦牟尼仏は、天眼を以て其情感機根の善悪篤薄《とくはく》だけに、それだけに方便力を以て、良きに従ふて法を演べ、或は五乗とも、三乗とも、自由なる済度を試みられたる有様は、丁度名医が万病を診察して、万種の薬法を施すやうなもの故に、又経文には、釈迦仏身大医王と為り、一切の病を療《なお》すと掲げてあります。今其五乗の要領を示さば、一には大乗、これは此生に於て、能《よ》く五戒を以て、仏道を進修すれば、其結果当来に必ず人道《じんどう》に生れるといふのであります。二には天乗これは此生に於て、能く十善を以て仏道を進修すれば、其結果当来に必ず天道に生れるといふのであります。三には声聞乗、これは此生に於て、能く四諦《したい》十二因縁の法を以て、仏道を進修すれば、当来には即ち阿羅漢縁覚の果を証得するといふのであります。五には（四が脱落している）菩薩乗、これは能く一心源に徹底して、而《し》かも六度万行進修して、以て大究竟の仏果、即ち初めに所謂清浄円満の大帝都に到着するといふのであります。而して此五乗は、予《あらかじ》め備へつけたる法にあらずして、皆吾人が根機の優劣と、進修の利鈍とに因りて得る所の活法といふことを忘れてはなりませぬ。然《しか》り而《しか》して上《かみ》の五乗の中、声聞、縁覚、菩薩、此三乗は仏出世の法と申しまして、其法を以て超然として高く世俗の表に出で大いに其情累《じょうるい》の汚染を潔浄して、只唯真如実際の霊域に趨《すう》向《こう》せしむるといふ真諦的の法門でありますが、前の人天、此二乗は世情の迷妄を容易に除去することが難かしいから、暫《しばら》く世情其ものに就《つ》いて、漸次《ぜんじ》に之れを調御して、之れ又霊域に到達せしむるといふ俗諦的の法門であります。如是仏一代の提唱は、頓漸《とんぜん》半満、大小権実《ごんじつ》と分れ、或は八宗十二宗と分れ、二千数百年の長日日、欧亜幾億の民をして、且《か》つ信じ且つ謗《ぼう》し、且つ喜び且つ怒らしめ、順縁逆縁、驚くべきの活波瀾に、性海鼓動せしも、畢竟転迷開悟の彼岸に帰着せしむるといふが、吾が仏の大目的であります。此故に心外に法を見るを外道と名づくとの格言は、仏教が諸宗教、諸科学に対して、如何なる関係を有つてゐますかは、他日諸君と実地に商量せんことを希望す。

釈宗演のこの講演は、禅僧が西欧において行った最初のものとして歴史的意義をもつものである。その内容は今日から見れば極めて初歩的なものであり、また禅の宗旨標榜というよりは、仏教そのものの宣揚というべきものであるが、百年前の西欧から見れば、それは非常に新鮮な内容のものであったに違いない。宗演の報告によると、彼は講演の四日後、まだ大会の期間中の九月二十二日、ケーラスの家を訪ね、仏教について談話の一時を過している。

釈宗演をポール・ケーラスに紹介したのはマーウィン＝マリー・シュネルという人であった。シュネルは宗演に対し、仏教に理解のあるケーラス氏を説得することができれば、千人の俗物を相手に説法するよりよほど効果的に違いないと語ったのである。ポール・ケーラスはこのよき人を得て、大会のことを打ち忘れて、宗演その人との出遇いに陶酔してしまった感がある。確かに宗演の禅僧独特の風格は日本宗教代表団のなかでも際立っていたであろう。ダンマパーラの流暢で魅惑的な語り口は人々を喜ばせたが、宗演は英語が話せなかった。おそらく終始沈黙を守っていたことであろうが、かえってそれがケーラスにとっての魅力となったのであろう。

宗教会議の閉会式が済むと、宗演はポール・ケーラスに連れられてヘゲラー翁の賓客として招かれ、シカゴからわざわざ汽車に乗って田舎街のラサールにやってきて、一週間滞在した。この間、彼らがどのような話をしたかについて詳しいことは分からないが、お互いに深いところで意気投合したことは確かである。帰国した宗演はケーラスに宛て、「先の博覧会こそは将来の世界中に起こる科学的宗教の先蹤になると私は思います。あのような会がもっと開かれれば、それによってお互いに話し合ったような理想的宗教が生れてくる結果を見ること間違いなしと存じます。取るに足らぬ私でありますが、真理の潮流を貴殿と共に大いに吹嘘《すいきょ》したいものと存じます」（一八九三年十二月十六日附書簡）と書いている。

ケーラスにとって見れば、このような視野の広い革命的な精神をもった仏教の僧侶（reform-minded Buddhist monk）と意気投合することができたことは、今まで彼が一人で暖めてきた理念が、本当に正しい革命的な軌道の上を進んでいることの証しにほかならないと思われたことであろう。そういう意味で、宗教会議はケーラス個人にとっても大いに有意義な出来事となった。

このようにして、宗教会議の後も帰国した宗演のもとへ、ポール・ケーラスの遥かなる思いは届けられ、その都度近侍していた鈴木貞太郎が翻訳の役目を引き受けたと思われる。貞太郎渡米の機縁はもうそこまで熟してきていた。やがて二十世紀を迎えようとする世界の潮流は、「統一」のために不可欠な普遍的精神と、それを伝える能力としての共通語を共有する人を求めていた。青年鈴木貞太郎は、思いもかけぬままに、そういう歴史の必然の方向へ手繰り寄せられていたのである。

7　『仏陀の福音』

一

明治二十六年（一八九三）、円覚寺は釈宗演老師がシカゴ万国宗教会議に出席するため、管長不在であった。今と違って船での太平洋横断であるから、米国中西部にあるシカゴまでの旅程には、少なくとも二十日を要したであろう。釈宗演は九月十一日より二十七日までの宗教会議に出席するため、八月四日に出立、十月二十九日に帰山している。三ヵ月近く自坊を離れての遠つ国への旅であるから、宗演自身は不安であったであろうし、見送る一山の僧俗も、心より老師の一路平安を祈ったことであろう。宗演出発の一ヵ月前の七月一日に、貞太郎が鎌倉円覚寺塔頭仏日庵から山本良吉に宛てた手紙（『未公開書簡』二八）に、

在鎌中に重もに読書せんと思ひしに、来着の当日より仕事を頼まれ、今日に至るまで其のみに従事せり。仕事とは老師より頼まれたるにて、仏教大意の英訳なり。之れには予も大閉口なれども、他に急に人もなきもの故、不得止着手仕候。南条文雄にでも訂正して貰ふと老師は言はるれども、元来の不得手、失態百出、自分ながら自分の手際に呆れたり。参考書なく、字書《（ママ）》なく、殊に難解の仏語を訳するときては、予ながら大胆なる哉

とある。宗演は仏日庵の隠寮でひとり、来たるべき宗教会議での演説原稿を草し、これを何度も推敲し、夏休みに貞太郎が東京の下宿から円覚寺にやってくるのを待ちかまえていたのであろう。宗演は貞太郎が到着したその日に、草稿の英訳を頼んだのである。

貞太郎にしてみれば、「閑静にして読書沈思に適する」鎌倉（同日附書簡）、「幸ひ此処に来てのちは毎日天気、そうして風もあり、影もあり終日汗せず甚快心」（同）であり、東京の下宿（本郷真砂町二九）の四畳半、西向き窓の不愉快さに比べると、甚だ広々とした心地のする避暑地であり、ここで大いに読書をして過ごそうと思ってやってきたのに、思いがけない仕事を頼まれ、大いに迷惑に思ったに違いない。

七月二十日附の山本宛書簡（『未公開書簡』二九）にも、「老師の用　猶未済、頃日は大覚禅師坐禅論を訳せり、不文の余、窮又窮。之れが為め未だ何処へも出掛くる隙なし、漸く先日は八幡前まで為替を取りに行きしのみ」と、その苦労の様子が偲ばれる。そのような悪戦苦闘の末に完成した英文講演原稿を携えて、今、横浜の港を出帆されていく老師を送行する貞太郎には、淋しさや不安よりも人知れぬ満足感や解放感があったであろう。

そしてまた前に書いたように、宗演老師は英訳の謝金を喜捨してくださり、その人情に感動している貞太郎であった。出帆のドラは、貞太郎に複雑な涙を誘ったことであろう。

人は情の動物なること　我愈々之を知れり、先日老師より色々親切に予が境遇を憐まれ、（飜）訳の賃にとて、金子幾何か下されたり、予は元来報恩の為めと思ひ　露ばかりも報を望むことなく、只力の足らぬことを憂へしのみなりしに　計らざりき慈師の恵に遭ひて恰も再生の父を獲たらんが如く、予は思はず感涙に咽びたり、実際感涙に咽びたり、之れ実に不思議なり、元来涙を流すべき程の事にもあらざるが如く後より思はれたるに　当時は実に自ら禁ずる能ざりき、不幸　輙輙不遇の身を以て、異郷に此の知に遇ふ、人情は無意識の間に働き出だして以上の始末となれり、寔に人は情の動物なる哉（『未公開書簡』二九）

死んだ父の再生かとさえ思われる宗演老師とのひとときの別れ、淋しさも募ったことであろう。特に明治二十六年頃の手紙には、貞太郎の孤独感が目立つ。七月一日附の山本良吉宛の封筒の裏に和歌が三首書いてある。

ほとゝぎす　不如帰《ふにょき》〳〵と　なきつれど　かへらん里の　なきぞかなしき
誰が為に　鳴き渡るらん　杜鵑《ほととぎす》　故郷もなき　身とは知らずや
ちりの世を　よそにてらしてなつのよも　秋より清き　鎌くらのつき

七月二十日附の手紙にも、

去年九月の初頃、当地にありて早や虫の切々たるを聞き、心中愁に堪えず、君を懐ふて止まざりしに、頃日又晩頃に至れば、天地何となく愁然たり、去年を想ひ起して　又自ら愁然たり

とあり、かなりの感傷的気分に襲われている。ともあれ、慈師宗演老師は十月二十九日無事米国より帰錫された。

二

翌明治二十七年（一八九四）、オープンコート社のポール・ケーラスより宗演のもとへ、自著"THE GOSPEL OF BUDDHA"の校正刷が送られてきた。本書はケーラスが前年、ラサールに釈宗演を招き、一週間の旅舎を提供して、深く仏教教理に請益したことが機縁となって、従来より暖めてきた仏陀の人間性とその教説に対する情熱的関心が、一気に噴出して書きあげられたかと思われるようなものであった。

ケーラスはそれまでに仏教関係の書物を著したことはなく、オープンコートより刊行していた彼の論文や著作は、西洋哲学やキリスト教を幅広く渉猟しつつ、科学の宗教（Religion of Science）という新しい思想を構築することに専念していた。しかし仏教に関しても全く無関心であったわけでなく『オープンコート』第一号（一八八七年）三八二―三八四頁に、J・フォールロングの「初期キリスト教に与えた仏教の影響」を、また『オープンコート』第二六七号（一八九二年）三四二〇頁以下に、H・ウイリアムスの論文「仏教心理学」を載せている。ウイリアムスは、仏教が個人ということに注目した最も早い思想である、と書いて仏教を評価している。ケーラス自身は『オープンコート』第一六二号（一八九〇年）で、「忍辱の宗教」と題して仏教を紹介し、他の宗教が羊など動物の犠牲を強いるが、仏教とキリスト教は献身という点で似ていると述べる（『同書』二〇五一―二〇五二頁）。ケーラスは、「将来の宗教は、仏教のことに触れることもしないキリスト教的教条主義のままではありえない」と考え、宗教会議のための、仏教についての予備勉強会においても、発表題目を「キリストの先駆者の宗教」（The Religion of Forerunner of Christ）としている（『同書』第一七三号（一八九〇年）二六三五―二六三六頁）。そして同時に、仏教というものが単に悲観主義と受け取られるならば、「涅槃」の思想などは極めて危険なものであるとか、仏教が優勢になると社会を弱体にするから「危険」であるなどと、いささか怪しげな批評もしている。『オープンコート』が発刊されてより最初の七年、あるいは『モニスト』の最初の四年という時期におけるポール・ケーラスの仏教理解は、およそこのような程度のものであったらしい（H・ヘソダーソン英文未刊原稿「東方への眼差し」参照）。

宗演はほとんど英語を話せなかったから、他の日本の代表者ほどに一般受けはしなかった。しかしケーラスは宗演が因果法を仏教の立場から説いたことに、大いに関心を抱いたらしい。「法というものは仏陀の意志とは無関係に、永遠に存在するのだ」とか、「仏教道徳というものが知りたいのなら、道徳の根源は因果の法にあると私は答える」というような宗演の言辞が、大いにケーラスの琴線に触れたのであろう。

宗教会議の後にケーラスが宗演をラサールに招いたことを見ても、大勢の宗教会議参会者の中で、いかにケーラスが仏教者としての宗演に注目したかが分かる。宗演がラサールを訪ねた時の記録が、『渡米紀程』として今も鎌倉の東慶寺に残されているという。井上禅定師の「アメリカ遊学中における大拙先生の書簡」（『鈴木大拙禅選集別巻・鈴木大拙の人と学問』一三五頁以下）によると次のようにある。

その一部分は老師自筆、一部分は通訳を兼ねて随行された現横浜ニュー・グランド会長九十一翁野村洋三氏の手記であり、日米文化交流史上貴重な史料の一つであるといえよう。その九月二十一日の条に、

（中略）……この日午後ケーラス氏に誘はれて本市より百哩を隔て西の方なるラセールに到る。博士もと独逸の人、ショッペンハーワード《（ママ）》氏に教育され、ハルトマン及びマッキス《（ママ）》シュラー《（ママ）》氏等と

親交あり。自今専らモニスト及びオープンコートなる雑誌を刊行して、科学教主義拡張に従事す。氏の生父は独逸に於て有名にして、勢力ある博士説教士なりしが、三年前物故せしと云ふ。氏七年前当州に来り、今やその外舅の家に同居す。

外舅又独人。五十年前飄然として来りしが、今や当イリノイス州屈指たる豪族の一人として知られ、当米国需用の大半を供給するブリッキ製造所の社長にして、其長女は即ちケーラス氏の令閨なり。五時三十五分シカゴを発す。市を出づれば一望万頃の沃野相連り、牧場に非らずんば田畝、インデヤコルン秀でて青々たり。耕畑あらずんばこれ繁茂せる緑林、実に天福の地たるを知る。土宜氏詩あり。（詩略ス）

野村直に訳してケーラス氏に渡し、余（宗演）にも一吟を促す。余も亦賦す。

人有紅黄又黒白　道無北南与西東

不信請看天上月　清光透徹大虚空

野村此を訳して示す。ケーラス氏大に喜び頗る我意を得たるものとなし余及び土宜氏と握手す。八時半到す。この夜大雨車軸を流し余等着米以来初めての雨なりし。到れば馬車先づあり。……着家す。石造にして四階あり。……戸口に立てる白髪温顔の長老は問はずして当家の主人ヘッグラー氏なり。余輩を導て応接室に入る。ヘッグラー氏の老夫人、二息三嬢交々握手初対面の挨拶す。挙措温厚自ら豪家貴公子嬢娘たるを表す。それより夕飯を喫す。悉く野菜料理にして米を炊て備ふ。注意ノ周密見るべし。

九月二十二日の条に、

……余七絶を賦してヘッグラー老台に送る。

可知積善存余慶　家有桂児有蘭孫

我是天涯水雲客　亦湿一日千秋恩

蓋し氏二息四嬢二孫男あり。長男家にありて製造場を監督し、次男今やミチガン大学にあり、長女ケーラス氏の令閨にして蘭児二あり。次女同じくミチガン大学にあり、余は家にありて膝下に孝養す。家に在りては日用の語みな独語を以てす。三歳の幼児亦た能く英仏独三国語を話す。午後より夜十二時頃まで心理上の話をなす。老人は所謂無宗教家にして深くダーウイン学派に心酔す。抱く所の意見頗る見るべきものあれども惜しむべし、未だ安心立命の地を得る能はず。もし彼をして百尺竿頭一歩を進めしめば必ず膝を打て大笑するものあらん。然るに博士の抱く所の説は全く仏陀の教に符合し、……万里の異域に於てこの知己を得て同じ真理の月を見る。其楽何を以てかこれに如かんや、夜十一時頃迄談論を続く。

宗演はこの時ケーラスに、友情の証拠として古い銅の仏像を贈ったという（H・ヘンダーソン草稿）。R・フィールドによると、この時ケーラスは宗演に東洋文献翻訳の仕事の新しいシリーズの手伝いをしてくれるように依頼したが、宗演はこれを断ったという（『白鳥はいかにして湖に来たりしか』一二八頁）。

ケーラスは宗教会議が終ると、直ちに“THE GOSPEL OF BUDDHA”のまとめを急ぐとともに、『モニスト』誌の次号に釈宗演の漢詩とその英訳、および芦津実全の「仏教の根本教義」（宗教会議での発表講演原稿）を掲載した。『モニスト』の読者たちは、一八九四年一月号の開巻第一頁に、釈宗演の筆蹟になる漢字の偈頌を見たわけで、それは彼らにとって東洋開眼への大きな機縁となったことであろう。

宗教会議後の五年間（一八九四―一八九八）に、ケーラスは今までの著作とは全く異質とも思われるような内容の七冊の本を刊行したが、そのうちの五冊が仏教関係、あとの二冊が中国哲学に関するものであるから、これを見てもケーラスの東洋志向が、宗教会議を通じて並のものでなくなったことが分かる。

三

明治二十七年（一八九四）四月十八日、釈宗演はケーラスに宛てて次のように書いた。

宗教会議はかつてなかった最も素晴しい精神的な出来事でありました。この会議の延長こそ旧態然として迷信に満ちた信仰に対しての宗教戦争としての戦いでなくてはならないでしょう。それには科学と哲学の精神を楯とし、ユニバーサルな兄弟愛が力として用いられることでしょう。……私は貴殿の協力が、一つの完全な宗教体系のもとに世界のあらゆる宗教を結びつけることと、同じく成功することを心から祈っております。

ケーラスは宗演のこの手紙に多少の手直しをして、一八九五年四月の『モニスト』（第五号、三四七―三四八頁）に掲載している。ケーラスは宗教会議の行われる前からすでにGOSPEL OF BUDDHAをまとめる素案は持っていたらしいが、宗教会議が一つの機縁となって、仏語・独語・英語に訳されている仏典の章句を四十五集めて一本としたらしく、同書の二六〇―二七〇頁に参照一覧として出拠を掲げている。

つまり本書の百章中の序にあたる第一章―第三章、および結語にあたる第九八章―第一〇〇章のケーラス自身の文章を除くと、あとは仏典の翻訳であるから、読者にとっては直接に仏陀の福音を知ることができる好個の書であった。

ケーラスが本書やその後の仏教関係の著作で意図したことは、キリスト教のなかにある迷信的なものを洗い去るために仏教を利用し、逆に仏教の中にある迷信的部分をキリスト教によって清浄すること、そして終局的には、仏教とかキリスト教とかを超えるところの、普遍の真理を教えるような宇宙宗教というものを導き出すにあった（序文末尾）。ケーラスにとって仏典の文献考証とか歴史的実証性というものは問題ではなかったし、何よりも彼自身はサンスクリットやパーリ語が読めなかったので、二次資料に頼るほかないことを自分でもよく承知していた。じっさい学者たちの間ではこれらの点が本書の欠陥であるかのように評価をするものが多かった。オックスフォード大学のＪ・Ｅ・カーペンターの行った批判に対しては、ケーラスは自分は馬鹿にされるほどに仏教について無知ではないし、歴史的な正確さを判断するくらいの学問的訓練は充分身につけており、自分の立場こそは本当の意味で「歴史的」であり、仏教精神のポイントを外さないように心掛けつつも、仏教を今日的なものとしたいという目的によって、少しの変型さえ加えたのだと弁明をしている。そしてこの GOSPEL OF BUDDHA こそは、そのより尊い可能性に於いて今日の仏教（BUDDHISM UP TO DATE）を代表するものだと強調したのである。

ところで日本で GOSPEL OF BUDDHA の校正刷を受け取った釈宗演は、もちろん英語のままでは読みこなせなかったであろうが、ケーラスの考え方に強い賛意を持っていたから、早速、鈴木大拙（この当時大拙の道号が与えられている。以後大拙で統一することにする）らにこれを訳させて、何らかの形でケーラスの努力に報いたいと思ったのであろう。一八九四年十一月七日附書簡で、宗演はケーラスに、「貴書はすでに当地の帝国大学の学生たちの何人かによって訳されました」と書き、「仏教聖典は初学の人にとって、どこから手をつけてよいか分からないほどに多量でありますから、私たちは仏陀の教義をいかに平易かつ簡明にとり出すかに努力してきたのです。そして貴殿の書物はそのことを、見事にやってのけておりますす」と書いている。

日本語訳『仏陀の福音』には明治二十七年（一八九四）十二月と明記する宗演の序が付いている。

わが参学の居士鈴木大拙氏の手をやとい、もつとも平易なる国字をもつて本書を訳述せしめ、かつこれを公けにするものは、一には西人の仏教思想を採つて邦人に紹介せんがため、二には後進の学仏者をしてその捷径を示さんがため、三には釈尊の本行ならびに通仏教の大意をあまねく世間に伝播せんがためなり。読者幸にこれを諒せよ。維れ時、明治二十七年十二月、円覚二百七世法孫比丘、釈宗演識

明くる年、つまり明治二十八年（一八九五）三月十日、大拙は初めてポール・ケーラスに手紙を書いて自分こそは東京帝国大学の学生で、釈宗演老師の通訳であり、『仏陀の福音』の翻訳者であること、そしてどうかすると仏教をニヒリズムだとかペシミズムだとか誤解する人の多いなかに、西洋人として仏教の原理を正しく理解されていることは、大変嬉しいことだと伝えている。

ところで、この頃ケーラスの『仏陀の福音』をめぐってアメリカでは、ある種の仏教に対する誤解が生

じ、これが仏教批判につながるという事態が生じたのである。事の起こりは、宗教会議の議長であったシカゴ第一長老教会のジョン・ヘンリ・ー・バローズの有力な信徒であったキャロリン・ハスケルという人が、宗教会議を見て感動し、シカゴ大学へ当時の金で二万ドルを寄附し、それであの有名な比較宗教学のための「ハスケル・レクチャー基金」を発足せしめ、その第一回の講師としてバローズを招いたのである。

この講義は一八九五年から九八年にわたっての四回のシリーズ講義であったが、その第二年度のつまり一八九六年一月の第二回目の講義でバローズは、仏教は炎を消すことを意味する「涅槃」（ニルバーナ）ということを説くが、これでは燃える炎からこそ出てくる愛や生命というものまでを吹き消すことになるから、要するに仏教というものは怪しげな福音でしかない、ということを語ったのである。ケーラスはこれを聴いて大いに失意を催した。しかしこれに直接反論することは、再批判を招くことにもなり、またバローズに西洋人としての見識を疑われることになりかねないのを恐れて、自分は反論を避け、その代りに、バローズの講演の載ったシカゴ新聞を同封して釈宗演に手紙を書いた（一八九六年一月二十三日附）。

バローズともあろう人が、仏教のことを何も知らないようなキリスト教徒と同じ線にのって、こんな批判をするのですから困ったものです。それで宗教会議に仏教徒を代表して参加された老師から、直接バローズに反論して頂きたいのです。反論は早い方がよろしいので、一応バローズが誤りに気付くような文章を私が書いてみましたのでよろしく。

こう書いてケーラスは、タイプ用紙三枚半に、涅槃の説明をしたのである。吹き消すものは欲望であって愛ではない、悪であって存在ではない、我欲であって生命そのものではないこと、人間の心の中の悪を除くことは、そのまま彼のエネルギーを善行に向けるものであること、活潑に生きるために人生を送らぬ人、あるいは友人であれ見知らぬ人であれ、いな彼の敵であれ受け入れ愛していくような働きに身を捧げる人でなくては仏教徒ではない、ことなどについて書いている。ケーラスはご丁寧にも宗演に、日本人らしい特有の謙虚さでバローズへの手紙を書いてくれるようにとの注文さえつけている。

三月一日、宗演はケーラスに返事を書いて、バローズという人はもっと進歩的な人だと思ったが、そういう人だとは驚きだと言い、しかし、仏教徒の方にもやはりキリストについてそれに似た偏見をいだいているものがあると書き、貴氏の手紙こそ自分たちが言いたいことを書いてくれていると賛同した。

何度も考えてみました。そして貴殿の文章に私の意見も加えようと思いましたが、やはり止めることにしました。貴殿の美しい表現を、この不器用な手で変更してはならないと考えたからです。

当のバローズは四月十四日、ドイツのゲッチンゲンから、ごく簡単で丁重ながら文章のまずい返事の手紙をケーラスに宛てて書き、自分の涅槃の解釈は仏典を読んでいる友人たちの考えから得たものであるが、もし現代の仏教が死後個人の霊的生命のあることを教え、天にまします父なる神と愛の充実を信じるならば、仏教とキリスト教との相違は、われわれが考えているほどのものではないであろうと述べた。言うまでもなく仏教がそのようなものの存在を信じるわけはないし、宗演もケーラスもそのようなことを主張したのではなかったのである。

四

ケーラスは自分の書物や手紙を宗演に送ることで、宗演との友好をますます深めていった。そういういきさつの中で、ケーラスは大拙からの手紙を受け取り、それに対してケーラスも大拙に手紙や本を送ったのである。一八九六年一月十五日、ケーラスは宗演からの手紙を受け取った。

ところで、貴殿もご承知の『仏陀の福音』を訳した私の弟子の鈴木貞太郎という男とご交誼を願いたいと考えます。彼は貴殿のいろいろな書物を読みまして、そこに貴殿の素晴しい信仰が読みとれることで大いに触発を受け、ぜひ渡米して貴殿の指導で勉強したいものと熱望しております。もし貴殿が彼の願望に同情してやっていただき、貴殿の保護のもとに置くことを同意いただけるならば、彼は貴殿の命ぜられることなら、出来る限り何でも喜んで従うでありましょう。私は彼を得度させました。……もし貴殿が彼を受け入れ下さらば、貴殿を始めアメリカの有数の思想家の意見というものが、彼によって今までよりももっと日本へ紹介されるでありましょう。また貴国にとっても、日本の仏教徒の言わんとすることの何たるかを知られるよき機会になると信じます。彼はよく英語が分かります。もし彼がしばらくの間、英語を書いたり話したりしていれば、仕事らしきことも少しは出来るようになると思います。（一八九五年十二月十七日発信）

ケーラスは早速にヘゲラー翁と相談し、宗演に返事を書いた。

ヘゲラー氏から老師によろしくとのことです。そして彼は鈴木さんを歓迎すると申しております。私は渡米が彼にとって有益であるように、そして同時に宗教や日本の発展への彼の貢献がより効果的なものとなるように祈ります。私自身既に彼に出会える歓びを感じております。そして彼のために私

は出来ることならば、どこででも勉強を助けたいと存じております。（一八九六年一月十七日附）

大拙が渡米に至る経緯がおよそ右のようであったことは、これらの手紙によって分かるであろう。大拙は後年、渡米の動機について、ケーラスが『仏陀の福音』刊行のあと東洋的なものへの関心が止まず、老子の『道徳経』の翻訳を始めたところ、漢字の読める人の助けを必要とし、宗演に誰か推薦してくれるよう頼んだのだと語っているが、これはどうやら大拙の記憶違いのようである。ともあれ大拙渡米の動機が、翻訳の手伝いのためではなく、ケーラスの哲学思想に惹かれてであったことは興味深い事実である。

ところで実際に、ケーラスを通して希望した渡米によって大拙が目指していたことは、インドに渡って梵語の研究をするということにあったのである。禅文化研究所刊行の『禅僧留学事始』などを見ても、おおむね貧困であった明治の青年僧たちは、直接インドやヨーロッパに遊学することができないので、まず旅費等を稼ぎ易いアメリカに渡り、そこを踏み台として渡印・渡欧の目的を果たそうとしたことが分かる。大拙もまたその早い例であったわけである。明治二十八年（一八九五）五月二十六日附山本良吉宛（金田良吉はこの前年より山本と改姓したが、大拙は金田良吉と宛名し「わざわざ金田と云ふ」と添え書きしている）の手紙に、

予が宿痾（病名不詳）尚未だ癒えず、斯くの如くにては到底学業に従ふこと能はずと思ふ、依て学校は今年限りにて止め、今半年か一年ばかり保養して其成行を見、其れより印度に行きて梵語研究をやらんとの覚悟に候、学資はどうにかなるべしとの見込なり、されど今年にて学校を止めるとせば六月以後如何に暮し行くべきか、是れ疑問也、愚兄（神戸の兄亨太郎のこと）は六月以后送金せざる

べしと云ひをり、予も亦余り永く愚兄の世話になるを好まぬ故、此処は老師へも何とか相談して仕末をつけたきものと考へ居り候　もし印度へ行くとせば　死ぬまで帰らぬつもりなり、多分二三年のうちにて熱病にかゝるか或は脳病に侵さるゝか、何れにしても永き命にはあらざるべし、されど予は万一を僥倖せんつもりなり、内地にゐてぐづ〳〵何事をもなさず日を送るものなら　此世に生れた甲斐なかるべし、生れて世に益なくば寧ろ死して名を成さんのみ、幸に吾は独身なり（この時二十五歳）、微軀はた誰がためにか惜むべき、是れ予が当時の決心なり、如何　御意見承たく候

この手紙を見ると何らかの病によって学業を放棄する覚悟をし、そして事実その年の七月に東京帝大文科大学哲学科選科を退いたのである。学費について兄亭太郎の世話になることもこれ以上は気が重いし、思い切って宗演老師に頼んで旅費を工面し、死を覚悟でインドに渡ることしか考えられないというところまできていた。当時、大拙の苦しみはかなり深刻であったらしく、西田幾多郎が山本良吉に宛てた手紙（五月二十日附）によると、

鈴木兄非常に厭世的なる手紙を送り自殺をもほめ候故　小生大に反対の旨申送り候　元来同氏は何故左程厭世に入られ候や　大兄時に御面会のこともあらんと存じ候故何とか御慰めありて一生を誤らん様御注意の程くれ〴〵も奉願上候

と見える。このことからして大拙が宗演に対してもこの苦境を訴えていたとすると、宗演は大拙の心境を察し、かつ将来のためを思って、ケーラスへの依頼の手紙をしたためたもの、と考えることができるであろう。

8　渡航費をどうするか

一

大拙が国外脱出のことを思い立った直接の動機が、インドに渡って梵語の研究をすることにあったことは先に述べた。

明治二十八年（一八九五）五月二十六日附、山本良吉宛の手紙（『未公開書簡』三二）で、大拙はこの志を、心友山本（わざわざ旧姓で金田良吉と宛名して）に打ち明けたのである。

この手紙には二十四歳の大拙の、今後の進路を大きく左右する二つの事柄が含まれている。一つは宿痾、微軀、熱病、脳病、死、独身という語のうちに感じられる、大拙の身体に対するやや絶望的な覚悟とでもいえるような自覚であり、他は、にも拘らず「生れて世に益なくば寧ろ死して名を成さんのみ」という句に見られる精神的昂揚である。二度と日本へは帰らぬ覚悟に立ってのインド行きは、聖地巡拝や物見遊山ではなく、梵語の研究のためである。「永き命にはあらざるべし、されど予は万一を僥倖せんつもりなり」とする、賭けにも似た決意がある。

病軀をおしてインドに渡ることは、もとより個人の決意の問題であり、死の覚悟さえあれば不可能ではないが、そういう主体的決意だけではいかんともしがたい外的条件が、場合によってはその決意を拒み実現を不可能にする。それは渡天に必要な旅費の問題である。このあまりにも現実的な問題の前には、大拙のロマンも単なる夢となりかねない。ワーズワースの詩に「思いは高く、暮らしは低く」というのがあったが、現実となると厳しい分裂状況ではある。この点に関して、「学資はどうにかなるべし」とか、「老師へも何とか相談して始末をつけたきもの」と、大拙は楽観的なことを言っているが、後になると現実は厳しくなって行くばかりであった。

旅費のことばかり考えている暇はなかった。大拙のうちに燃えだした渡天の志は、もはや抑えがたいものとなっていた。いったい大拙をこのようにインドへと駆り立てた直接の原因には、やはり師の釈宗演の影響があったであろう。

大拙が参禅の師と仰ぐ釈宗演は、先師今北洪川のような徳川期禅者とは異質な国際的近代人であり、ひとたび禅の道において自己の蘊奥を究め尽すと、直ちに慶応義塾で洋学を修め、さらに三年間セイロンに留学して南方小乗仏教を実体験し、併せて語学の習得をした人であり、今またシカゴの万国宗教会議を通して直接西洋の宗教者との交流に幅広く活躍をされているところであった。大拙が、単に直接にアメリカへの渡航によって近代日本的な素養を身につけようとせず、インドに行ってかの地で骨を埋めてもよしとさえ考えるに至ったのは、間違いなく宗演の影響である。

いったい、釈宗演自身が留学中、セイロンから師の今北洪川に書いた次のような手紙を見ると、その内容にはまるで、大拙が今、山本良吉に書いた手紙の、原型とさえ言いうるものがある。

（前略）偖《さて》弟子（宗演自身のこと）学資の件に付き、勿体なく七十二上の老尊懐《ろうそんかい》を煩《わずら》はし奉り、猊《げい》下《か》（洪川のこと）をして進退維谷《しんたいこれきわまる》の哀教を発せしめ奉りしは、之れを何とか云はん。不孝不順不冥加の罪犯集めて弟子が一身に帰す。（中略）偖《さて》又教尊に云ふ、此五十枚の貨幣を旅費として、速に帰朝せよと、且つ尊意縷々《るる》、弟子が異郷の徒を責めらる、段、御老体の慈悲左《さ》こそと奉㆓恐察㆒候。然れども弟子が、今日自業の辛苦を忍んで、区々として三千里外に周旋するも、固《もと》より一身の名利を得るに非ず、亦声聞縁覚の窠窟《かくつ》に陥りて、敗種焦芽《しょうが》の小証果に魔魅されたるにも非ず。（中略）

小生は既に三年間旅行の允許《いんきょ》を猊下に得たれば、猊下及び本山に於て、大事あるに非ざれば、軽々に去々来々して、貴重の光陰と、貴重の鞋資《あいし》とを浪費することは、本意なく奉㆑存候。此段幾重にも御尊考を奉㆑仰候。若《も》し御慈教の如く、帰航の節旅費之れ無き場合に立ち到り候はゞ、小生は此土《このど》に止まりて、孤峰頂上を坐断して、彼《か》の大梅の常公を学び、死して後罷《や》むの心得に御座候。小生が命は天にあり、否な道にあり。一進一退道と始終する筈《はず》に御座候。（以下略）（明治二十一年十一月三十日附書簡『釈宗演全集』第十巻、八一―八四頁）

また、宛名不明の次の手紙にも、宗演がセイロンにあって、貧を極めつつ南方仏教を研鑽していた様子が知られる。

旧冬既に御逓送《ていそう》被㆓成下㆒候五十円の学資金は、何れに浮沈致居候哉、今以て拙僧の掌握中へ落着不㆑仕日々相待ち居候。此五十円の芳志金は、拙僧に取りて渡し場の船と思ふ難㆑有き扶助金に御座候得者、一日も早く相届き候様、御地郵便局へ御掛合被㆑下度願上候。……

偖《さて》拙僧事も、貧困の為めには、海外に於て非常の辛抱を致候得共、何の幸ひにや、色身のみは始終壮健にて、日本に在りし時の如く、十日に一臥《が》、五日に一薬と云ふ様な事は総て無く……（中略）就て内々兄へ申上否願上置候儀は、帰朝の旅費に御座候。此旅費は凡《およ》そ百五十円許《ばか》りも要る事と予算致候。此百五十円は、拙僧より旧知の僧侶へ依頼致候はゞ、多分都合出来候と存候得共、拙より直々に申送るは如何のものにや。（中略）

偖又拙向後《こうご》一年間は、兄等の高慮を煩はさず、土を喰ふてゞも辛抱致候間、学資の儀は御心配被レ下間敷候。（前出『釈宗演全集』第十巻、八七―八八頁）

帰国の旅費さえあれば、かの地において土を喰ってでも生活は可能だということは、このようにして釈宗演自身の経験が証明していた。

二

渡天の志を立てた明治二十八年（一八九五）の九月頃、東大選科を退いた大拙は、寓居を鎌倉円覚寺から神奈川県鳥山村（現在横浜市港北区鳥山町）の三会寺へ移した。この寺は高野山真言宗の寺で、住職の釈興然にパーリ語を学ぶために、この寺に来たのである。『未公開書簡』三三の註②に次のようにある。

インド行きの志を起こした貞太郎は、三会寺の釈興然のもとでパーリ語を学ぶべく、九月ころこの寺に移った。釈興然は釈雲照律師の甥で、その頃インドから帰朝した人である。興然がセイロンに渡ったのは明治十九年九月であるが、翌二十年三月には釈宗演がセイロンに渡り、四月二日、カルタ

真言宗三会寺。大拙はここに寓居し、住職の釈興然について
てパーリ語を学んだ。同学の先輩に河口慧海もいた。

ワ村で興然と相会し、以後、二人は互いに相扶け、相親しむ仲となった。宗演は明治二十二年十二月に帰朝、興然が帰国したのは明治二十六年、すなわち、この書簡（三三）の前々年である。貞太郎は宗演の紹介で、三会寺の釈興然のところへ行ったものと思われる。その頃三会寺には、インド・チベットへの同じ志をもった河口慧海が滞在しており、梵語を学んでいた。「（中略）河口君は自分よりも五六年上の方で、背の高いすらりとした人であった。何だか一癖あるやにも感ぜられた。が、自分はまだ世間知らずの青二才で、とにかく、師のもとで無暗にパーリ語の経典の暗誦をやった。自分は間もなく、渡米することになって、三会寺を去った」。（河口正『河口慧海』によせた大拙の序——『全集』未収録）

大拙が三会寺から京都にいる山本良吉に書いた手紙（明治二十八年九月十五日発、『未公開書簡』三三）に、

予は二十日前後に鎌倉へ行き　渡天旅費の事など老師と相談し、それより秋風に袂を吹かせて旅行を始めたいと思へり多分　今月末か来月始めより出立の都合にしたきものと思ひをり候、今春以来枯淡な□□（二字不明）を送りしためか、二三日以来の寒冷なるを感ずること甚だし、どうしても今秋は旅行なりして肉躰の健康を計らねばなるまいと存候、何れ暫く君の厄介となるべ

し。

とあり、この頃、大拙は先ず渡天旅費の工面について宗演に相談をするとともに、渡天のための身体づくりを始めたことがわかる。

大拙にとって旅費の工面は火急の問題であった。同月二十一日の手紙（『未公開書簡』三四）では山本に宛て、

先日御立替申置候金子入用となりたれば　御面倒ながら鎌倉へあて　今月二十八九日頃までに御送り被下まじくや　君の勝手も悪しかるべしと思ひし故　西田より借りるつもりで先日頼みやりたれど返事今になし、思ふに尚おくれるならん乎、太陽の原稿料もまだくれず、畢竟くれるのか、くれぬのか分明ならず、此の如き仕末故　已むを得ず君を煩はすに至りぬ　如何か御取計被下様奉願候

とあり、知友同士の金の貸借もかなり頻繁であったらしい。西田は前年七月金沢に帰り、職を探していたが、この年の四月より能登尋常中学校七尾分校に奉職し（月俸四十五円）、五月に得田寿美と結婚したばかりであった（『未公開書簡』三四、注①参照）。また太陽よりの原稿料とは、雑誌『太陽』第九号（明治二十八年九月）に、ポール・ケーラスの「基督教徒の仏陀論」を初めて大拙居士の名で翻訳したので、その稿料を期待しているのである（『未公開書簡』三四、註②）。『未公開書簡』三五（同年九月二十七日附）にも、「君の境遇に比すれば　予の如きは下の下なるものなり　相手にすべき人はなく書を買ふべき金はなく　不自由不愉快千万な境遇なり、是れも人生の定則なれば是非なき次第、只真一文字に思ふ所を為さんと思ふのみに候」と、いささか絶望的な述懐があることから、その赤貧ぶりが覗われるが、そのなかにおいて「只真一文字に思ふ所を為さん」という決意に変わりはなかったのである。この段階において大拙

の「思ふ所」とはインドに渡って梵語を研究することであり、ただそれのみであった。

三

渡天のための旅費の工面は、なかなかに深刻なものであった。大拙は明治二十八年十一月に神戸の次兄亨太郎の処に帰省し、旅費の無心をするが、結果は否と出たらしい。十一月七日附山本宛手紙（『未公開書簡』二六）に左のように見える。

三界無安のわれなれば、何処も安身の地にはあらず、神戸も住みあきたれば、其中御地へ又々行きたきものに候　当地へまゐり金子の才覚致したれど　一寸とまとまり兼ねて、閉口なり、舎兄も此頃は都合あしきよしにて困り居る次第なれば是非なし、君の手前も如何かと推察し奉れど、出来るなら今月五円来月五円　都合十円借用致度存候　佐藤（『仏陀の福音』発行者、佐藤茂信）より受取るべき十円のかねにて来春まで（四五月頃予のあちらに行くまで）の中に御返済致すとして、そんな都合にまゐり申すまじくや、当地の都合案外にて当惑す。

先にも見たように、明治の青年僧たちの多くはインドに仏蹟を訪ね、あるいはヨーロッパ文化の本場に遊学しようとする青雲の志が強いにもかかわらず、旅費の面で頭打ちになり、先ずはアメリカに渡って労働し、旅費を稼いでから本来の目的地に向かおうとするケースが普通であったらしい。

かつて禅文化研究所から公刊された『禅僧留学事始』（平成二年三月刊）はそういう人々の熱い記録である。筆者はかつて、これら明治の青年僧たちの青雲の志について、「明治青年僧たちの気骨」（『中外日報』

第二四二一三—二四二一五号）と題して書いたことがある。その中で紹介した二人の青年僧、三関玄要と金田仁邦は志半ばにして、ともにアメリカの地で客死したが、彼らがいかなる思いで渡米を敢行したかを語る友人水谷万嶽の追悼文から、二、三の下りをここに再録しておこう。

（三関玄要は）明治三十五年四月十五日、神戸から東洋汽船会社の日本丸に乗って渡米の航海中、病気に罹《かか》り——それが何の病気か今に分からぬ——途中の布哇《ハワイ》ホノルル港に上陸して、ホノルル病院に療養中、その翌五月の何日とかに死亡したのである。

金田仁邦君は、（中略）妙心寺派の海外留学生として渡米することになったが、仙遊寺（三重県波切）の住名を持っていたし、師匠も古稀の老体であるから、渡米を容《ゆる》さない。仕方がないから老僧の実印を盗み出して渡米の手続きをして、明治三十四年十二月、神戸から郵船会社の旅順丸に乗って渡米の途につき、翌年一月、シアトル港に上陸して桑港《サンフランシスコ》に転じ、同年九月スタンフォード大学文学科に入り、翌年四月七、八日ころよりタイフォード・フィーヴァー（腸窒扶斯《チフス》に似た熱病）に罹りて、桑港仏教会内に療養中、薬石効なく遂に同月二十八日午後四時三十五分、溘然《にわかに》永眠に就いたのである。

彼ら二人が渡米した動機を叙することになると、私は今から二十年前の東京における、焼芋書生時代のことがパッと眼の前にパノラマのように描写される。私ども三人は、極めて貧乏な自炊生活をして、哲学館（東洋大学の前身）の同窓に学んだものであるが、まだ私どもの外に文殊浩然、室義敬、角張東順、久山龍田、本田中邦などという同宗同窓の親友があった。揃いも揃った苦学生仲間で、臨時〔に〕一銭ずつ徴発して焼芋買うのですら容易でなかった。半麦飯に薩摩芋を汁の味にした味噌汁

を吸った連中である。（中略）

一夕、本郷の何とかいう割烹店で、三関と金田と私と三人、牛鍋をつつきながら、また例の問題が始まる。

「サア、いよいよどうする？」

「何とかして欧羅巴《ヨーロッパ》へ行きたいなア」

「欧米の大勢を実地に見て来ないと、見当がつかぬから何事にも手が出せないじゃないか」

「金が先に立つ」

「金ぐらいどうにかなる」

「なるもんか。ケチな哲学館でさえ、自炊してピーピー泣いているくせに」

「行くなら米国《アメリカ》じゃ。米国なら一文なしで学問もできるし、金が欲しけりゃ金も儲かる。米国を踏台にして欧羅巴へいく。十年計画ならきっと成功疑いなし、必ず国家有用の材になって帰ることができる」

「ナーニ、都合によったら強いて日本へ帰らずとも、どこかで日章旗を翻してみせる」

「それじゃ、米国に行くことと定《き》めた。三人は如何なる艱難を排しても、米国へ渡って素志を貫徹する。もし成らずんば生還を期さない」

など少々小説じみてはいるが、三人一緒に堅く握手をしたのであった。

これが明治三十一年七月、学校の試験が済んで二、三日目のかなり蒸し暑い晩であったと記憶している。

臨済の児孫たる我々には、わが宗的々相承の仏心印を修得して、人天の大導師となるの外、別に目的はないはず。しかし四（弘）句の誓願文を宏義にとって、下化衆生の本義に想到すれば、時勢の推移を無視するわけにはゆかぬ。ヨシ他は欧米熱に魘《うな》された軽薄児などと、笑えば笑え、譏《そし》らば譏れ。仏祖に対する宗盟の微衷《まごころ》にいたっては誰にか遜《ゆず》らん。我々三人は、気の向いた方に突進して、殉教の首途《かどで》に立つべく決心した。（中略）

今日のごとき日米間の来往の頻繁なる時にあっては、太平洋四千浬《カイリ》もわずかに一葦〔衣〕帯水の感なるが、今より二十年前における私どもとしては、容易ではない想いをした。ことに一銭ずつ出し合って買う焼芋代にすら窮する苦学生として企図するには、あまりに大胆であった。もちろん渡航費さえ調えば、三人一緒に行きたいが、とてもそのようなことは望みなし。それに三関は、モウ一年学校をやらねばならず、どうせ渡航費の調達に二三年はかかるじゃろうという予定。金田は郷里の実兄に、渡航費を相談してみるといって国へ帰り、三関はあと一年間定《き》まってくれるはずの学資を一文も使わずに渡米費の足しにするというて牛乳配達を始めた。実際に於いて彼は、その一年間、牛乳配達をして、郷里から月々送ってくる学資金の全部を貯蓄したのであった。私はその年の八月、一旦授業寺へ帰り、同年十二月再び東京に出て、藩給の腰弁《かいしゃづとめ》をやった。それから三人思い思いに準備して、前叙のごとく四年目の十二月に、金田が先発、三関がその次、私は最後で、明治三十五年六月十七日、横浜解纜《かいらん》の旅順丸に搭じて、翌七月三日シアトルに上陸をした。

四

大拙の渡航の決意は明治二十八年であるから、右の三人に先立つこと三年ということになる。それだけにいろんな面において、かの地の様子にも不案内であり、未知の点が多かったであろう。師の釈宗演はそういう点でも、大拙にとって頼りとすべき貴重な存在であった。

先にも書いたように、大拙の渡航先はインドであったし、そのための梵語の研究も始めていたのである。しかし渡航費の問題が大きく頭打ちになって、前途には暗雲がたちこめていた。それでこの費用の問題について宗演老師に相談することにしたのである（『未公開書簡』三三二）。ところが、そういう大拙に、宗演はにわかにインド行よりもアメリカのポール・ケーラスのもとへ行くように薦めたのである。そのことが明治二十八年十二月五日附の山本良吉宛書簡に見える（『未公開書簡』三七）。

予は当分当地（鎌倉円覚寺）に滞在するつもりにて　三会寺の方は先づ取纏めて来たりたり、印度行のことは今だ何とも相わからざれど、或は都合によりて米国に行くやうにするかも知れず、老師は俄に思ひかへしたるが如く米国行をすゝめられ候、私も印度よりは其方面白かるべしと思ふ、米国ならばケーラス博士も居る事なり、又パーリやサンスクリットを研究するにも都合よかるべし、其れより機を見て西倫《セイロン》なり西蔵《チベット》なりへ行くこと　さして困難ならぬわざなるべし、依て予もあらかた米国行の決心なれども　来年二月頃ならざれば　実行の如何は判然せぬわけ也、就ては旅費として二百円斗《ばかり》必要ならんと思ふ、老師も金子に乏しき方なれば　余計は出せぬなるべく、四五十円も出ればよき方なるべし、依て予も愈々と云ふ暁には　彼是奔走して見ねばならんと思ふ、君は此挙に対して如何な御意見にや、印度よりも米国は勉強にも都合よかるべしと思ふ、老師の考も時々変遷しやすくて困るなり、然れども実を言へば金なきがためなるべし、嘗ては予を何処《ドコ》かへ養子に世話して、其より資金を出さんとの考も老師の胸中にはありしなり、御親切の程有りがたしと申すべし　是れほど御世話して下さるゝこと故何とかなるべしと思ふ、今明日の中に米国へ手紙を出すつもりなり、併し予が米国行の事は他に御洩し下され間敷（以下略）

さらに、十二月二十日附の山本宛書簡（『未公開書簡』三八）に、

　貴書拝見　御意見の次第難有　委曲承知仕候　されど予が米国行の義に付きては　万事をケーラス氏に依托するつもりにて　先頃老師より当方の事情を詳述したる依頼書を　彼へあて発送し了りたり、思ふに返翰は来月の末か来々月の初位に到着するならん、其時予が望も初めて実行せらるゝ次第なれば　当時の処では何とも未定なり、或は再び変じて印度行となるかも知れず、とに角二月まではたゞ茫然と暮す訳なり、右様の次第なれば愈々渡米するとなるも　在米中の学費は一切ケーラス氏を煩はす覚悟故、諸君子の御恵みには預らざるも可なるべきかと思ふ、但し旅費の一点に至りては少し心配なれども　老師五十円宗活氏（宗演の法嗣、後の釈宗活老師）四五十円（尽力すべしと云ひをれり、何とも今は不分明なれども）　併せて百円位は何《ド》うかして集まるべし、併し此上五十円斗もあらば結構なりと思ふ、されど慾には限りなし、又其時とあらば、何とか老師を動して　金子調達の見込も之れあるべき乎、神戸の兄にも少し相談したしと思へども　今尚未定の事とて何とも云ひやらず、とに角愈々

と云ふ暁までは秘しおき下されたし、又尚此上にも御尽力を願ひたしと思へども　何も決行の期までは判然せず　御諒察を乞ふ、骨肉に優れる御忠告の程　只感涙を催すより外此なし、これにつけても吾身の今に至るまでぶら〳〵と致しをること、誠に云ひ甲斐なき次第、されど是とて天の致さん所と思へば　是非なしと云ふべき乎、返す〳〵も我儘に生れたる身の不幸こそ怨なれ、泣言はさておき予は今度米国に行くにつけ僧侶とならんかと思ふ　僧侶になれば万事費用の倹約も出来、又彼地に在るにも都合よかるべしと察す（以下略）

さらに次の明治二十九年（一八九六）二月二十五日附の山本宛書簡（『未公開書簡』四〇）には渡航費の工面について一層の進展が見られる。

渡米を前にした大拙。未知の世界に挑む決意が見える。

御送金難有慥に受取申候　予が隠寮に移りたるは（大拙は宗活の住む帰源院から宗演の住む正続院に移る）一は金の都合にもよりしとは云へ、一は宗活氏と意気相合せざるに由るなり、さりとて喧嘩をしたるとにあらざれど　只何となく面白なき上、拙者に金なきもの故　到頭活子（宗活）に見限られたりと申すべき乎、併し別居してをれば交情旧の如きなり、どうも東京にて育ちたる人は表裡（裏）ありて困り入り候。そは兎に角、米国よりは一昨日手紙参り Carus 博士より其義父なる Hegeler（金持ちの由は平生御話申したりしと思ふ）に話したらば Welcome するよし、又 Carus 自らも之を喜ぶよし申来りぬ、依而可成早く出発したしとは思へども　何分旅費、仕度《〔用意〕》料、小使金など至極安直に見積りても三四百円位は入用ならんと思ふに、今俄に之を手に入るゝこと成り難く、何れ夏過ぎて秋きにけらしの頃とならねば、実行し難きかと被存候　就ては頃日一小著述（大拙が処女出版として書いた『新宗教論』）を始めて　何かのたしに致したきものと存居候、来月中には何とかして完成し、完成したらば老師との共著として世に出したなら、多少旅費の補助となるならんかと思ふ。其上禅学も少し修行しおきたなら、面白かるべきかと存候故、何れ夏《ナツ》は日本にて過したりとの考なり。

　このようにして大拙はインド行きの希望を断念し、むしろ先ずは宗演の薦めに従ってアメリカに渡り、それを基礎としてセイロンやインドに渡ることを決心したのである。渡行費のことは各方面の援助に加えて、『新宗教論』が同年十二月に京都の貝葉書院から出版されたから、それの原稿料もあって、どうにかアメリカ行きは実現の運びになったのである。大拙は渡航費の問題に直面して、思わぬ人情の機微に触れたらしい。「渡米一件につき世話してくれるならんと思ひたる人の世話せずして、意外の人が厚情を表しくれたるにて　人情の反覆も奇なるものと思ふより外無之候、とに角平時親交あるが如くに見ゆる人とて決して安心すること出来ぬものなるにか」（『未公開書簡』四四）と甚だしき人間不信の様子を伝えている。兎も角も、大拙の渡米は現実となった。

　予は大抵月末に出発するならんと存候　日本船より米国船の方然るべしと云ふ人あるにより、それに仕様かと存候、Occidental & Oriental Steamship Co. と云ふ会社の船　此二十八日に桑港へ向け行くはづ故　或はそれにて参るかも図れず、Vancouver 線は極寒の時節　船路のみならずロッキー山

を越ゆることなどは頗る烈しき寒さなるべしとの事故、南方の桑港の方に変へて見んと思ひをり候
併し又何《どう》なるか分明ならず候　暫くなりとも故国をはなれるかと思ふときは　何となく心寂しきもの
に候（『未公開書簡』四三）

9　ラサールの印象

一

雑誌『禅宗』二四号（明治三十年〈一八九七〉二月）に「鈴木大拙居士は愈々本月六日（午後四時）米国遊学の途に就かれたり、米国に於ける教界の消息は氏の紹介によりて続々本誌に上るべし。諸君刮目して俟て」とあり、大拙が離日の正確な日時を伝える。

この年の一月十一日、明治天皇の嫡母英照皇太后の崩御があったから、国内は服喪のうちにあり、港の賑わいも平素のようではなかったであろう。釈宗演が見送りに出た様子はないが、居士林の道友たちの何人かは岸壁に立ったと思われる。「その頃の太平洋航路はイギリスの船だけで、ゲーリック号という小さな船の特別三等というのに乗って行った」（秋月龍珉「鈴木大拙先生の生涯」『鈴木禅学と西田哲学』春秋社、二三六頁）という。筆者も三十年前（昭和三十五年）、横浜の港から出て大同海運の高東丸という貨物船で単身太平洋を横断して米国へ渡ったが、時速十六・〇九ノットで走ってかの地の港サンディエゴに着くまで十四日間を空と海だけを眺めて暮らしたことを思い出す。百年前とはいえ、さすがにイギリスの客船であるだけに予定より二日早い二月十八日の晩にサンフランシスコに着いた。わずか十二日間の航海であった。客船の中には、さまざまな国の人がいて、大拙は大いに国際的ムードに滲ったことであろう。なかには旅券なしの密航者も多く混じっていたと思われる。

明治二十五年（一九〇二）渡米した臨済宗永源寺の僧、水谷万嶽の渡米日記によると、「（横浜出帆して）船が五六海里も馳せたと思うころ、三艘の小蒸気船の追い馳け来たりて、ここに本船は進行を止めぬ。これ例の密航者詮議のため水上警察の来たりたるにて、十五六人の警官が厳重に取り調べたる結果、あるいは荷物の間より、あるいは石炭の中より、二十一名の密航者を見出し、右の小蒸気船に収容して去りぬ」（禅文化研究所編『禅僧留学事始』二〇五頁）とあるから、当時密航が流行っていたことが知られる。

いよいよサンフランシスコに上陸という時に、同船の中国人の中に疱瘡患者が出て上陸禁止となり、エンゼル・アイランド（天使島）という所に隔離せられた。当時はまだ移民の制度はなく、中国人が盛んにアメリカに渡ったものという。一ヵ月ほどその島に滞在して、サンフランシスコに上陸し目的のラサールに向ったわけだが、直接ラサールに行かずシカゴのオープン・コート社の店の事務主任の家にしばらくいて、それからいよいよラサールに落ち着いた。（秋月『前掲書』二三六頁）。

『禅宗』二七号によると、大拙がシカゴに到着したのは三月十三日とあり、日本を出てから旅装を解くまで実に、三十七日を要したことになる。

四年おくれて渡米した臨済宗の青年僧天岫接三の『渡米雑記』には、その頃の客船の様子やかの地の有様が詳しい。左に写してみよう。

余は（明治三十四年（一九〇一））九月六日午前八時、米船シチー・オブ・ピュブク号にて（シアトルより）桑港《サンフランシスコ》に向かえり。乗客は一二等の二級に分かたれ、二等客のうち欧州人と亜細亜《アジア》人とは明らかに、いな、むしろ残酷に区別せられ、食物までも区画せられたり。されど食物は日本の上等よりも価値あるものなり。もって米人の贅沢なるを知るべし。室《へや》は船底暗黒なるところにて欧州人の室に比すれば、目も当てられぬほどなり（されど普通日本汽船の三等室よりは窓こそなけれ構造は立派なり）。

余はここに於いて大いに日本人（支那人はもちろん）の蔑視さるるを感じたり。されど今日米国にある日本人の実状を知るものはこれ彼れにあらずして、むしろ此にあるを思うの悲しさよ。

この航海も非常に平穏なり。乗客について我が国と異なるは、一等客は非常に多くして二等客少なし。もって生活の度の高きを推知し得べし。ことに婦人の如きは二等客に一人もなかりき。九月九日午前八時、サンフランシスコ港に着し、税関にて荷物の検査を経、無事上陸せり。これにて余は仏天の冥加《おたすけ》により、何の障《さしさわ》りもなく五千三百余浬《カイリ》、横浜よりシャートルまで四千四百浬、シャートルより桑港まで九百九十浬の航海を終れり。

サンフランシスコはさすがの大市《とかい》にして、またとうていビクトリヤ、シャートルなどの比にあらず。現今人口約五十万を有すという。その人種たる、世界各国人種の聚合《よりあつまり》なり。建築の宏壮、市街《まち》の立派なる、目を驚かすばかりなり。家屋はすべて四五層が普通にして、高きは十八層くらいなり。いずれの市街もダウン・セラーとて地下室を有し、昼夜電気灯あるいは瓦斯《ガス》灯を点じて盛んに営業しおれり。市街は一般に非常に広くして、人道と車道と区別せられ、両側の一段高きところ（巾二間くらい）が人道なり。電車・汽車の鉄道は市の内外、縦横無尽に敷かれ、進行中に飛び乗り飛び下り自由なり。

白人《アメリカじん》ははなはだ巧みなれど、日本人の如き失敗する者多し。車馬の輻輳《こみあい》また驚くべく、既知《ごぞんじ》の如く人車《じんりき》は日本の独有（特）（本年始めて、目下開会中なる米国バッフェロー博覧会会場内を、見物人を牽《ひ》きまわすに用いられ好評あり）にて、当国《アメリカ》にはもちろんなし。当地にては、人を載《の》するにも、八百屋、紙屑拾い、磨き屋、牛乳新聞郵便などの配達などにも、ことごとく一頭ないし六頭の馬車にて、少しの荷物にても背に負い肩に担い、あるいは車にて人が挽《ひ》くなどのことは断じてなし。従って馬車と蝿の多きこと驚くべきなり。（前出『禅僧留学事始』一五一—一七頁）

大拙は米国に着くとサンフランシスコ湾沖のエンゼル島から二月二十一日付で早速鎌倉の釈宗演に第一信を書いた（『全集』第三十二巻、四五三頁所収）。続いて五月十八日附で山本良吉に書いた手紙が『未公開書簡』四五に見える。これは山本がポール・ケーラスに宛て、大拙の消息を問うて書いた手紙をケーラスに見せてもらって書いたものらしい。大拙の方からはすでに山本に対して三通の手紙を書いたのだが、それがまだ届いていないうちに山本から手紙を出したもので、遠い距離を隔てての交信に対するもどかしさが感じられる。先の三通は未見であるので、五月十八日附のものを米国からの初めての消息として略出してみよう。

（前略）此書の御手許に達する頃は是以前に発したる三通の手紙（二通は京都へ一通は静岡へ）共　既に御受取のことと存候、当地における事情は大抵御了得と思ふ、（中略）○当地此頃は毎日好天気に候、散歩するもよけれど、はきなれぬ靴にては足の先、殊の外いきりて甚不快を覚え候故、可成《なるべく》足を動かさぬやうに致居り候、愈々夏にならば大閉口ならんと今からの心配に候、夏日は時によりては日蔭ですら百度（華氏。摂氏約三十四度）になることありと申せば、嘸《さぞ》かしと察せられ候。〇田舎の事に候得者　施家谷（シカゴ）などの繁昌、変化多きに比して頗る長閑に候故これはと通信申上ぐべきことも無之候、（中略）〇当地　予が年頃（二十六歳）にて予が好める学問を好む友達のなきには、殊の外寂しく候、読書するもいやになり、筆を把るもいやになり、誰か話相手もがなと思ふとき、家内に一人の人間（皆留守にて）なきをりには　故国の友を追想するを禁ずる能はず候、予も可なりに孤独の生涯には馴れたる身なれども　異郷の新客心腸御推察あれ。

二

心友山本に対して孤独なる旅客の心を打ちあける大拙は、しかし恩師宗演に対してはいささか真実を秘していたようにも見える。同じころの五月二十六日附で釈宗演に書いた手紙は、師への感謝に満ちているからである。釈宗演はこれをよろこび、雑誌『禅宗』に転送し、これを掲載するよう指示したらしく、第二九号六四―六五頁に披露されている。長文ながら全文写してみよう。

四月二十六日月桂寺より御発の御手紙、今日午後到着仕り、取る手遅しと拝読仕候、不相替御健在に渡らせらるゝ由承及、何よりの喜に候、殊に御親切なる御訓戒、吾不肖の身何によりて斯の如く老師の眷顧を辱うし得るか、と只管感涙に咽ぶより外無之候、異郷に孤客たる拙に取りては、御手紙の一言一句肺肝に銘じて幾度か繰返し候、状袋に収めては又取出し、取出しては又収めつ、種々御面倒なること申上、何と御礼の申上様もこれなく候、甚だ失礼には候得共、何となく親父の如く思はれ候まゝ、不知不識勝手な事のみ申述、恐縮の外これなく候、御憐察被下度候、ヘグラー氏老夫婦及令嬢（季女）は、先頃欧州へ漫遊の途に上られ、博士（ケーラスのこと）も紐育《ニューヨーク》まで御見送遊ばされたり、八月には帰米せらるゝと申候、予は未だ面会致さず候、当大学の学期は九月か十月かに始まる由に候得者、博士はヘグラー氏帰国の上氏と相談して予を大学に入らしむるか、又は単に大学の講義を聴かしむるか、孰れかに決せらるゝやう申され候、兎に角博士が満腔の厚情を表せられ候には感謝の外無之候、（中略）去る日曜日には博士に伴はれて基教会堂に参り候（博士は予が当地に来ると間もなく東方に赴かれ三月余を経て今月中頃に帰宅せられたるなり）、昨日は博士が知己なる基教の長老を招かれて予に紹介せられ、共に晩餐を饗せられ、其夜は「オペラ」見物致候、あはれなる食客の拙に取りては分外の光栄に候、併し是も老大師の余徳と仰がれ一向感謝に候、又予は何時にても博士を訪ふの自由を与えられ、食時になれば食を進められ、共に外出すれば車にて宿まで送らるゝなど頗る親切なるもてなしに候、かくまでになかるべしと想い居たるに案外の幸福未来の報こそ畏ろしく候へ、斯の如き仕合に候得者当時の処何の不自由も之なく相暮らし候まゝ、何卒御安心下され度願上候、

食物の変化と気候の変化とは、最初より多少の影響を及ぼすに相違なしと覚悟致居候に、今日の処幸に別条なく健在に相暮候事、単に仏天の加護と喜入候、其上予が宿の主人は素と舟の医者なりし由に候得ば、病気の時も面倒は之なくと存候、

先日芦野君より親切なる書簡を辱うし、何とて斯くは人の同情を惹くかと身の不肖を顧みて赧然《たんぜん》た

らざるを得ず候、

博士は連りに我国に於ける僧侶の生活、儀式の模様、信者の僧侶寺院に対する仕打など尋ねられ候、予も是等の事に関しては余り精細なる知識を有せず候処、何か此等に関する書籍は之なく候が、予も其中には博士及当地の人々が知らんとする事柄を問答体に仕立て丶一篇を認め度候、先頃既に一文を草し候故、博士の手許迄差出置候、博士の閲を経たる後オープンコートに掲載せらる丶ならんと存候、此の如く追々に仏教の知識を当地の公衆に知らせたく候、予の力にて出来得るだけは万分の一なりとも勉め度候、

当地此頃は新緑滴らん許りにて、予が年中の好時節に候、ヘグラー氏の庭の如きも碧層々の景色頗る好望に候、夕方頃博士と共に庭を徘徊して彼是と談ずる時は、老師が嘗て此に宿せられたることを想ひ起して、懐郷の情やら懐古の感やら、取りまぜて一種異妙に覚え候、人情と申すものは面白きものに候、

日本に在りたる頃は寄席などに行きたることもなく、一切這般の行楽には絶えて注意せざりしに、当地に来りては宿の主人の好意やら博士の注意やらにて、度々諸種の興行を見物致候、婦人が鳥の羽を挟みたる高き帽子を被り、昂然として他の面前に立ち塞りて見物するには閉口に候、男子は不幸にも此の如き場所に在りては悉く帽子を脱せざるを得ざるに、婦人が殊更高き帽子を屹立させをるは如何にもおかしく候、

何事も外国人間に処ること丶て、注意を要するには寧ろ面倒に候、併し是も処世の修徳の術に候故、

触日の事物悉く利用せねばならぬと存候、

バローズ氏は既に当地に帰国せられ、処々にて演説するよしに候、併し未だ日本に関する報道は新聞に見えず候、其後新聞も之れあり候得者、訳して御送申上度存候、

博士は基教の音楽を日本に輸入しては如何と申され候、不幸にも予は音楽の知識なき故何とも判断致兼候得共、今日突然仏教の御寺にオルガンを響かせなば信者一驚を喫するならんと存候、併し日本の御寺に実際上耳官に訴へて宗教心を発揚すべき機関はかけをるかと存候、諷経の単調にして静粛なるは固より人心の擾乱を鎮静するに力ありとは申せ、唯これのみにて稍々不満足のやうに覚え候、和讃が他力宗に限りて用ゐられをるは自力宗が専ら智と意とに依りて人を救はんとするに由るか、兎に角音楽を普く仏教寺院に入るゝは一問題かと存候、

何かと取まぜ色々下らぬ事のみ申上候、余はまた次便に致度候、

五月二十六日午後　　大拙九拝

楞伽窟老大師

金貌座下

筆末〔ママ〕ながら色身の堅固は第二に大切と奉存候処、気候食物など御厭ひ遊ばされ御保養専一に奉存候、

ケーラス博士は来年若し好機会あらば日本に参りたしと申居られ候、其時は予も或は一旦帰国するやうになるかも計られず候、併し是は不分明に候、

当編輯局にて支那文を印刷するが頗ぶるおかしく候、先づ印刷せんとする文字を日本の雑誌などよ

り切り抜きて之を写真に取り、而して模型に入れ活字を製するものに候、されば今日老子道徳経を印刷するの労は一方ならずと存候、其上印刷者が支那文字を知らぬもの故機械的に働くさま中々込入りたるものと存候、

以上は渡米直後の大拙が日本の同朋に向けて発した通信で、いわば大拙の受けたアメリカ（西洋世界）の第一印象であり、それは異文化に対する極めて純粋な反応であり、それだけに彼が得た違和感（カルチュアショック）も想像を越えたものであったように見える。

大拙の得たアメリカ文明への憧れと違和感は、彼が十一年という長期の滞米中、時を逐って変質し、純粋な気持は日常的倦怠となり、憧れは批判へと移って行ったであろうことはいうまでもない。その感情や思考はやがて望郷的なものとなり、ふたたび「東洋的なるもの」、「日本的なるもの」の再評価の方向へと視線が移されていったであろう。

そういう大拙の中での一回転が、つまり第一の直接的生活（儒教・禅）が、西洋生活体験（キリスト教的世界生活）を通ってふたたび止揚されて、第二の直接性へと本来化せられたものが、大拙の帰国後の思想となって開華したのである。大拙のうちに内包されていた「日本的霊性」は、彼の異質なる風土の縁を藉ることによって、日本的霊性的「自覚」となって結果したのである。不思議なことにあれだけの長い期間の西洋滞在にもかかわらず、大拙の後年の思想体系のうちに、スウェーデンボルグの思想紹介を除いては何一つ西洋の伝統につながる思想の影響が見られない。この点は同時代の思想家である西田幾多郎（実は西洋の地さえ踏んでいない）や田辺元、あるいは久松真一などの思想に、西洋的色彩の濃いのと対照的であ

る。このような見地から筆者が、大拙は西洋の土壌を肥として自己本来の霊性的自覚を開華せしめた、と断じることは無謀に過ぎるであろうか。

実際、大拙は渡米直後に感じたポール・ケーラスへの尊敬の念さえも、やがてこれが批判的になり、西洋に伝統的なキリスト教にも、決して人類社会を指導する原理としての価値を見出さず、なかんずくそこから産み出された近代合理主義的科学に対しては、極度に懐疑的となっていったのである。これらのことについては後にゆっくりと論じてみたい。

三

ところで大拙が旅装を解いて苦難の異国生活を続けることになったイリノイ州の片田舎ラサールの街とはいったいどのような地方であったのだろうか。これは筆者自身が多年、一度は実地に見聞することを夢見ていた地球上の一隅であった。ところが幸いにも一九八九年の春、十八年ぶりにイリノイ州に近い中西部ミネソタ州のカールトン大学に出講する機会があり、遂にラサール行の夢は実現した。そして、帰国して感激冷めぬうちにと「ラサール探訪記」と題して『中外日報』に一文を投じた。それらを幾分改めて書くと次のようになる。

五月二十一日の午後三時十五分、新緑の樹海をかすめるように飛行機がミシシッピー河畔に広がるモリーン空港に舞い降りると、ケーラス協会の副社長ポール・ケーラス二世がみずから出迎えてくれていた。

彼は大拙をアメリカに迎えたあのポール・ケーラス博士の孫、つまり博士の次男の息子である。よく肥って頭の禿げた柔和で好々爺らしきロイド眼鏡の紳士であるが、外国からの訪問者である筆者などに少しも気を遣う気配なく、とても追いつけないような早口英語で話されるので、これには甚だ閉口した。大切な探訪なので間違いなくレポートしたいと思い、再三にわたってもう少しゆっくり話して欲しいと頼んだが、すぐまた一人しゃべりになってしまうという按配。文化交流というようなことにはまるで馴れていない田舎街ビジネスマンの典型である。筆者はただもう全身を耳にして説明を聴くほかはなかった。

車はミシシッピーの支流でロックリバーという河の流れに沿って広がる田園を南下している様子で、前方地平線にすでに太陽が傾いている。ここは古くからインディアン（正しくはネイティヴ・アメリカン）の人々が住んでいた地に、フランスからの開拓者が入って来て拓いた土地ということで、田舎も田舎というべき辺地である。お百姓は今、二百から九百エーカー（一エーカーは〇・四ヘクタール）ほどの先祖の土地を耕して、とうもろこしや麦や大豆を生産しているという見渡すかぎりの田園である。

空港からラサールまで八〇マイルの高速道路を約一時間走ると、やがて昔石炭を掘り出してできたという小高い丘が点々と見えてくる。そのあたりがラサールで、このあたりはイリノイ河を水路として発達した有名なイリノイ・バレーといわれる一帯である。このあたりにヨーロッパ人が入ってきたのが一八三二年、つまり百五十年前のことで、水位がミシガン湖よりも五〇メートルも低いので、早くからミシガン・イリノイ運河が掘られ、それによってラサールも急速に発展したと郷土史に書いてある。したがって、若き大拙がやってきたのはこの土地が拓かれてから、わずか七十年経ったばかりの頃ということになるから、その未開ぶりが想像されるというもの。運河に船を浮かべ、両岸から馬に曳かせて上り下りした当時の風景を知っている人がまだ生きている。

もちろんここからシカゴの街に出るための鉄道も早くから敷かれ、それはシカゴ・ロックアイランド・パシフィック・レールロードという複線の鉄道と、シカゴ・オタワ・ペオリア・アーバン・レールロード（単線・電気機関車）の二つであったという。

ラサールの街はずれに、今はスーパーマーケットに模様替えした昔のラサール駅が、運河の堰と並んで残っている。百年前、口ひげをつけた青年大拙もここで何度か汽車の時間待ちをしていたことであろうと往時を偲ぶと感慨胸に迫り、側を流れる静かな運河の水の流れに時の経過が重なる。

ラサールの街は、かつて人口一万二千。ひと頃はここにもいわゆる過疎化現象が起こって一万になったが、近年またUターンが始まっているという。ラサールは隣のペルー市と境の分からぬほどに接している。大拙が働いていたオープンコート社は、もとラサールの地にあったが、今はペルーにあるアメリカ最大の時計会社ウエスト・クロックスの前に移っている。

一八二〇年に始まったというペルーの街は、スペインの抑圧から独立して新天地を求めた南アメリカのペルーの人々の住んだ土地である。街にはメソジスト派、組合派、ルーテル派、バプティスト派などの教会が天を競っている。この街は昔、氷を作ってシカゴへ運ぶことを主産業としたと聞いた。今はラサールよりも発展している。

ラサールの方は、五十年前に大火があったといい、街の雰囲気も完全に住宅の多い消費の街に見える。

美しく整理された街路の両側に、もみじや樫の大樹が陰をつくり、その下に瀟洒な家が見えかくれする。大拙が下宿していたラムジー家もその一つ。ただし、大拙が働いたオープンコート出版社だけは、今も街のはずれの一角を大きく一人占めにしているヘゲラー邸の地階にあり、屋敷の一部にはヘゲラー翁の経営した亜鉛の工場もまだ残っている。

ともかくヘゲラー家というのは、百年前の古地図を見ると、大変な長者であったことは一見弁見である。その当時の街の四分の一ほどを占めている。大拙はエドワード・ヘゲラーという大実業家とそのパートナーであるポール・ケーラス博士、そして彼らと偶然知友となって日本へ帰った釈宗演の三人の結んだ絆によって、こともあろうに、アメリカの中西部のこの田舎街にやってきたのである。

ヘゲラーやケーラスのことについては、すでに本書「6　ポール・ケーラスの登場」の項で詳しく紹介した通りである。

ところで、筆者は今回のラサール探訪において幸いにも若き日の大拙を、今も「貞さん」と呼んで覚えている三人の生きた証人に遇うことができたのである。ラサールに到着した日の夕刻、まず大拙が下宿していたというラムジー家の前を素通りして、ヘゲラー家やケーラス家の人々の眠る墓地にお詣りした。広大な公園墓地で、大拙も後年ここへたびたび脚を運んだことであろう。ヘゲラー夫妻の碑はさすがに目立って大きな建碑であるが、他の一族のものはみな地面に埋め込んだ碑である。

ポール・ケーラスの夫人メリー・ケーラス（一八六一―一九三六）が、実はヘゲラー翁の長女であることはすでに述べた。ケーラス夫婦には七人の子供があったが、長男ロバートは生後間もなく死んだので、二男のエドワード（一八九〇―一九七五）が家系を嗣ぐことになる。現在のポール・ケーラス二世（筆者を空港に迎えた人）は二男エドワードの息子である。三男グスタフ（一八九二―一九六二）につづいて長女パウラ（生没年不詳）、二女エリザベス（一八九六―）、四男ハーマン（一八九九―）、五男アルウィン（一九〇一―）という面々である。

エリザベスさんは私の出遇った時九十二歳で、身体が相当に弱り車椅子の生活であったが、記憶力は抜群で、二人の弟たちよりも大拙のことをよく憶えていた。母メリーの後を継いで数十年、雑誌『オープンコート』の編集をしてきたくらいの女傑である。

四男のハーマン氏は、五年前に八十五歳で現在の夫人と再婚して静かに余生を楽しんでいる（この夫人の先夫は秋田高専で多年にわたって鉱山学を講じたハーバート・グレーガー博士）。五男のアルウィン氏は生涯独身で、今日も姉エリザベスと三度の食事を共にし、ヘゲラー邸の自室で身体を労りながら、ケーラス協会の重役として現役である。この三人が今も生存するポール・ケーラスの実子である。

四

筆者はラサール到着の夜九時頃、もう薄暗くあたりが夕闇に沈む頃と、そしてそれから三日目の正午と二度にわたってヘゲラー邸を訪ねた。

最初の夜、森の中にある人気のないヘゲラーの豪邸を訪ねた時、一種不気味な霊気を感じ、これがゴースト・ハウスというものかと背筋が寒くなった。ポーチのある玄関の重いドアを押すと、そこから真っ直ぐに幅五メートルほどもある木製の階段が二階に通じ、眼を透かしてみると、二階の廊下に薄暗いシャンデリアの灯がともり、二十五、六歳ぐらいの化粧気のない女性がシルエットのように突っ立って、筆者らを迎えてくれていた。

階段の両側や二階の廊下の両側には、ありし日のヘゲラー家の栄光を物語るかのような豪華な家具や装飾が、塵埃とともに積みあげられたままになっている。止まったままの大時計、廊下の壁一杯もあるくもった鏡や天井のシャンデリア、積みあげられた書物の山の間から首だけ見えるショウペンハウエルの胸像など、いかにも斜陽の風景であるが、廊下の隅に古い仏壇が放置され、ケーラス氏が扉を開くと、内に小さな金仏と鈴がころがっていて、それはさすがに気持のよいものではなかった。この家に今、九十二歳のエリザベスと五男のアルウィン氏が同居し、三人の女性ヘルパーと男の老人が庭掃除にやってきていた。

現在のヘゲラー邸

二回目の訪問は、三日目にヘゲラー邸でお昼を招待されたので、今度はアルウィン氏の案内で明るい邸の内外を見せてもらった。大拙が編集の仕事を手伝っていたオープンコート社の部屋は地下室である。地下室といっても、窓は地面より高いので光は充分入る。薄暗い階段を降り扉を押し開けると、湿っぽい廊下一杯に書棚や家具が所狭しと置かれている。「オープンコート」と金文字を刻り込んだ巨大なロッカーがあり、それは往時貴重書類をシカゴ＝ラサール運河によって運んだ、今でいうコンテナである。今は埃がつもっている。

廊下の闇を奥へ進むと両側に部屋がある。右側のドアを開けると、そこが編集室であった。部屋中一杯に書棚と机が散在し、足の踏み入れ場もない。しかし、『ジ・オープンコート』や『ザ・モニスト』という、世界的に知られた雑誌の初期の売れ残りだけは、行儀よく並んで日に焼けている。

現在のオープンコート社編集室内部

「貞さん」（大拙）の机はたしかこの辺にあったと、アルウィン翁がわざわざ窓際の机の前に坐って見せてくれた。

廊下の向こう側にある大部屋は何と地下と一階を吹き抜けにしたジム（体育室）で、別の入口からそこへ入ってみると、ここも雑誌の山である。ここはヘゲラーが子供のために作った雨天体操場。

アルウィン氏やエリザベスさんたちによると、「貞さん」は毎朝下宿から自転車でここにやってきて、庭の裏の木戸から入って邸内の小径を通り、自転車を置いて勝手口から入る。入った所の右側に写真を現像する暗室があり、写真の好きな貞さんはいつも現像や焼付をしていたという。勝手口からそのまま階段を降りれば編集室だから、普段は家族のいるところを通らなくて済むのだが、ケーラス氏の子供たちは貞さんによく懐《なつ》いて遊んでもらったという。貞さんはよくキャンディーを帽子の中に隠していて、これを見付けたものにやるというので、みんなで貞さんに飛び付いたものだと、老人たちは顔を見合わせて笑った。なるほど大拙の宗演宛書簡（明治三十二年七月三日附、『全集』第三十一巻、二〇九頁所収）に、「近頃近所の子供と親しくなり、折々キャンディーなど買ひ与ふるもの故外に出づるときは予のほとりに群がり来りて菓子を請求す、独逸人の家族の多き大抵一家に三、四人の子供あり、一寸群がれば直に拾人余となる」とあるのと符号し、この老人たちの記憶に間違いはないことが分かる。

貞さんは体操が好きでこのジムで鉄棒に登ったり、跳び箱を何段も積んで跳んだりしたという。晩年の鈴木大拙しか知らない筆者にとって、とても想像の及ばない若き日の大拙の姿である。

ケーラス博士は、よく貞さんをイリノイ運河に誘い、自家用のモーターボートで遊んだが、二人は暇さえあれば船の上でも仏教や道教の話に夢中になった。これはという話を耳にすると、ケーラスは腕をまくって白いワイシャツの上に鉛筆でメモをじか書きしたと聞いていたので、その真偽を質すと、それが父の癖であったと老人たちは認めた。

ヘゲラー翁の自室は今も昔のままに保存されている。エドワード・ヘゲラーと金文字の記された大きな肖像画と、同じ大きさのポール・ケーラスの肖像画が向かい合って掛かっている。彼らが使った机や椅子、アンチークな電気スタンドもそのままにしてある。

大拙はこのヘゲラー邸から自転車で約十分の所にあるラムジー家に下宿していた。ラムジー家の主人ジョン（一八四一年生まれ）はヘゲラー家のガードマン。夜になると窓の戸締まりをして歩き、よくヘゲラー家に泊まっていった。彼はケーラスの代役として南北戦争に出たが、平和主義者《パシフィスト》であったため看護兵となり、退役後は見真似で覚えた医術で、近所の人を診察したらしい。先に引いた宗演宛の手紙に、「予が宿の主人は素と舟の医者なりし由」とあったのがそれである。

ラサール訪問の二日目に筆者はラムジー家を訪ねたが、現在そこに住んでいる三十代のモーク氏夫妻は筆者らが内に入るのを固辞されたので、残念ながら内部を見ることができず、外から数枚の写真を撮った。後になって気がついたが、その一枚のアングルは全く偶然にも百年前に大拙が撮ったものと同じであり、ただ異なるのは家の周りの樹木が百年の歳月を数えて、今は大きく成長していることであった。

大拙が下宿していた頃のラムジー邸

筆者が写したラムジー邸

樫の大樹の元に、一九七七年七月十八日、シカゴ仏教会、日本協会、日本領事などが協力して建てた「鈴木大拙博士記念碑」がある。それによると大拙はここに一八九七年から一九〇八年まで下宿したとある。満十一年間の起居の跡である。

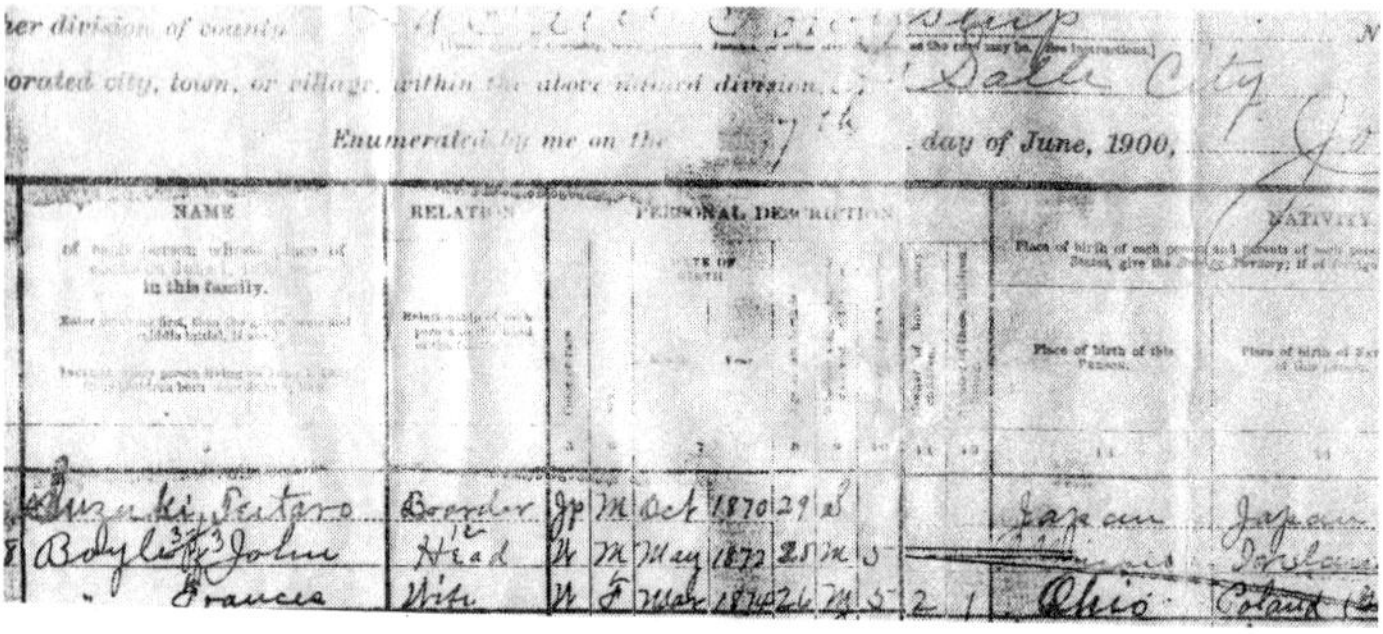

第一段目に鈴木貞太郎の名が書かれた1900年国勢調査のラムジー家の記録

ラムジー家を訪ねた午後、隣市ペルーの図書館に行き、一九〇〇年六月の米国国勢調査簿のマイクロフィルムを探索した。それはほとんど半日を要するほどの厄介な仕事となったが、もう諦めようとする頃、突然ラムジー家の記録を探し当て、家族の欄にはっきりと、Suzuki Teitaroと手書されているのを見て抑えがたい感動を得た。ラムジー家の下宿人となっており、職業欄には著述家と書いてある。米国に来た年が一八九六年となっているのは九七年の間違いである。

大拙は下宿が女性ばかりで喧しいと書いているので、その家族構成はと見ると、なるほど主人以外は夫人のセレスティア（一八五二―、四十八歳）、アーマ（二十一歳）、マティ（十九歳）、エドヴァ（十七歳）と全員女性、おまけにラスロップ・ブランチェ（九歳）というアイオア生まれの姪までが同居している。勉強好きの大拙が、耳を塞ぎながら二階の一室で読書している風景が目に浮かんだ。

二十七歳から三十八歳までの十一年間、大拙はこれらの人々に囲まれて異国の生活を送った。山本良吉に宛てた手紙には、包み蔵すことなく、その苦渋が吐露されている。それは決して人が想像するような幸福なものではなかったようである。

10　異郷のエレジー

一

筆者がオープンコートを訪ねた後、現社長のブルーク・ケーラス氏が親切にも郵送してくれたハロルド・ヘンダーソン教授の英文草稿からは、すでに何箇処かの引用をさせてもらったが、ここにまた、鈴木大拙がラサールに到着した頃の模様を伝える貴重な一節があるので、これを参照しつつ、向こう側から見たポール・ケーラスと大拙との関係を見ておこう。

大拙の日本出発は、初め明治二十九年（一八九六）の春のはずであったが、だんだんと日延べになった。「いろいろの事情がありますが、一つには今『新宗教論』の本を書いていますので」と、大拙は五月十四日附ケーラス宛の手紙に書いている。「この本で書きたいことは、貴氏の哲学に仏教の教理を加え、さらにその上に、私の考えをプラスしようとするもの」であった。実はこの『新宗教論』（京都貝葉書院刊）なる大拙の処女作品は、宗演の薦めによって、一つにはケーラスの要望によって、彼の著作や論文について仏教徒としての考えを陳べなくてはならない約束、他の一つは、それを一書として出版することによって、渡航費を捻出するという一石二鳥の目的をもって書かれたものである（『全集』第二十三巻、一頁以下所収）。

米国よりは一昨日手紙参りCarus博士より其義父なるHegeler（金持ちの由は平生御話申したりしと思ふ）に話したらばWelcomeするよし、又Carus自らも之を喜ぶよし申来りぬ、依而可成早く出発したしとは思へども、何分旅費、仕度〔用意〕料、小使金など　至極安直に見積りても三四百円位は入用ならんと思ふに、今俄に之を手に入るゝこと成り難く、何れ夏過ぎて秋きにけらしの頃とならねば、実行し難きかと被存候　就ては頃日一小著述を始めて　何かのたしに致したきものと存居候、来月中には何とかして完成し、完成したらば老師との共著として世に出したなら、多少旅費の補助となるならんかと思ふ。其上禅学も今少し修行しおきたなら、面白かるべきかと存候故、何れ夏《ナツ》は日本にて過したしとの考なり。（前出『未公開「書簡」』四〇）

山本宛の右の手紙が、この間の大拙の事情を物語っている。実際の離日が明治三十年（一八九七）二月六日になったことは前章に述べた。大拙は初めの予定ではサンフランシスコでダンマパーラに出遇ってから月末までにラサールに着けばよいと思っていたが、船がかの地に着くや、天然痘発生のために港から上陸できないままに日が過ぎて果たせなかった。ケーラスは多忙のうちにもこのことを知って移民局へ手紙を書いたが、初め一人であった天然痘患者が伝染しているというニュースが入り、どうしようもないので、大拙にサンフランシスコでの隔離期間が過ぎてからも、かの地の人々の生活ぶりを見たり、キリスト教の教会を訪ねたり、少しは勉強もしたりして過ごしてはどうかとすすめた。そしてケーラスは実際この待ち時間のために、大拙へいろんな書物や、滞在費を送ってやった。

ケーラスが大拙に宛てた手紙には「君がそこにしばらく滞在しておけば、こちらにやって来ても、君から伝染病が移ることはないという保証にもなり、ラサールやシカゴの人々の健康に害を及ぼさないという保証にもなる。そうでないとやはり、みんなが不安がって、心から君を歓迎しないことになりかねないでしょうから」（二月二十三日附）とあり、いかにケーラスがこの伝染病に神経質になっていたかが分かる。実際わけの分からぬ日本人が西部から天然痘などを土産に持って来てくれたのではたまらないことだし、これはお金でもやってもっとゆっくりサンフランシスコに滞在させ、安全になってから来てもらった方が無難だ、といった気持がよく表われている。

明治三十年（一八九七）五月発行の雑誌『禅宗』第二七号に、「去る二月六日渡米の途に上りたる鈴木大拙居士は、三月十三日に漸く同国シカゴ市に到着したるが、かく道中にて多くの日数を費したるは、消毒所に二週間余も留められたるが為なりと。而して氏は爾来ケーラス博士の許に滞在せるが、米国に於ける宗教界の消息は、観察を遂ぐるに随ふて、続々本誌に通信せらるべき筈なり」と書いているように、大拙は三月十三日シカゴに到着し、「直接ラサールに行かずシカゴのオープンコート社の店の事務主任の家にしばらくいて、それからラサールに落ち着いた」（秋月龍珉「鈴木大拙先生の生涯」『鈴木禅学と西田哲学』春秋社、二三六頁参照）というから、三月の末頃のことになろうか。すると日本を出てからもう四十日も経っていたことになる。

二

ヘンダーソンの英文草稿によると、大拙はラサールに着くや、直ちに編集の助手を兼ねた「何でも屋」

Jack-of-all-tradesを命ぜられた。兎も角も、ヘゲラー邸から少し離れたところにあるラムジー家が下宿先と決まったわけであるが、しかし部屋も食事もただというわけにはいかない。ヘンダーソンの草稿に週三ドルとあるのが、どうやら下宿料らしいが、そのために大拙は、料理、薪割り、使い走り、タイプ打ち、写真撮り、校正、漢字作り（漢字活字のためにへんとつくりを組み合わせて糊づけして作る）、編集、漢英の翻訳と、何でも命ぜられるままに働いたのである。

私事にわたって恐縮だが、筆者も一九六〇年九月から一年間のペンシルベニヤでの生活は、帰国のための旅費十五万円六千円（大陸バス横断三万六千円および太平洋横断十二万円）の捻出に明けくれたものである。それアルバイト料は一時間一ドル（三六〇円）であったから、十五万円余の金を溜めるのは容易でない。それでゼミや講義の時間以外は、ほとんどウィルフレッド・ハーワースという営繕係のボスの後について、キャンパスの中で働きに働いた。芝生刈り、ペンキ塗り、ガスや電気の配線工事、雨樋の修繕、枯れ枝の始末、除雪作業、皿洗い、赤ん坊の子守りとあらゆることをやった。一文無しで一九六〇年代のアメリカに生活することの苦しさ、それこそ煙草代もビール代もなかった。ただ愛妻の待つ日本へ帰りたい一心での労働三昧であった。今、大拙博士のご苦労を読む時、筆者にも三十年前の自分の記憶が、昨日のようにまざまざと蘇ってくる。日本人に対する偏見の厳しかった十九世紀の末の頃なれば、そのみじめさが今日の誰も想像できないものであったことは、筆者の経験からして間違いない。

渡米の翌年の初夏、大拙が山本に宛てた手紙の一つに、そのような毎日の生活の有様がよく伝えられているものがある。

……当地新月の頃は天気もよくて詠め飽かぬ夜を楽みたれど、近来は雨やら雷やらにて頗る殺雨〔風〕景、殊に電光の激烈なるは本国にて絶へて見ざる所、閃々として密暗黒の雲の間を縫ひゆくさま、誠に凄まじく覚ゆ、施家谷《シカゴ》にては夏の月をミシガン湖畔、華盛頓《ワシントン》公園などにて見たれども我邦の如き趣はなし、当地ラセルの如きは片田舎なれども尚夜は電気燈の光まばゆきまで明く、直に我寓の傍につき立ち居る故　月あるを忘るゝ夜もあり、殊に天涯の漂泊書生、心情を語らはん人もなければ、月をわするゝこそ却て憂さをへらす手段ならんか

……宿の娘がは〔ママ〕しき時は……何くれと手伝す、薪を割ることあり、水を汲むことあり、八百屋へ使に行くことあり、花園に水を注ぐことあり、料理掃除の手伝することあり（此の類は鎌倉にて経験ある故何とも思はず、君ならば随分閉口するならん　当地の人は力仕事を賎しめず、ヘゲラー老翁も大肌ぬぎにて耕土三昧、是は善き習慣と思ふ、ガードニングは健康によし）、又閑のをりには雑誌小説などを読み聞かすことあり、外出の御供を仰せ付けらるゝときは（！）曇れる日なら合羽を携へ、天気の日なら傘をさしかけるの類、何人でも機嫌を損ぜぬやう、之をいたわる、一緒に自転車にて遠乗りするときなど、峻坂、泥道にす〔あ〕へば、娘のために其自転車をひき行き、墻でも越ゆるときは手を取りて助け、喉渇くときは人家を尋ねて水を乞ひて之を飲ましむ、此の如きの類日本ならば調子外れて何と批評しやうもなかるべけれど、土地柄なれば予の如き嘗て婦人と交際せざるものも之をつとめざるべからず、初めは追従の如く思はれて頗る面白からず思ひたれど　今はさまでなし、弱きを扶けるといふ主義なら以上の類も最もなれど、相手が傲慢に搆〔構〕へて命令（！）こそせざれ、当然男の職分の如くに看

倣して、僅かに首肯くまでなるこそ腹立にけれ、(『未公開書簡』補遺九)

ケーラスは、その頃老子の『道徳経』の英訳に取り組んでおり、大拙に『道徳経』の漢字から英語への逐語訳を命じた。しかし、どちらかといえば、具象的といえる漢字と、抽象的英語を通じさせるという作業は、至って困難なことであった。六十年後になって大拙は、この頃をこう述懐している。

自分はケーラス博士にそれぞれの漢字が持っている背後の意味(気分)を説明しなくてはならなかった。しかし彼は英語で物を書くドイツ人であったから、どうしてもこれらの漢字を抽象的な概念語に訳してしまうことになる。もし自分があの頃(二十七歳)、文学的な力があれば、彼にもっと上手に漢字のもとの意味を理解させられたものをと残念だ。お互いに苦しい議論をしつつも、しばしばケーラスは老子の哲学のもつ精神へ入っていくことができたのではないかと思う。(Suzuki "A Glimpse of Paul Carus" in Kitagawa, PP.xi-xiii)

『道徳経』の英訳に関して先述秋月氏の「鈴木大拙先生の生涯」(『前掲書』二四〇―二四一頁)に次のようにある。晩年の大拙博士の記憶に基づいたものである。

ラサールに落ち着いて一週間ほどすると、早くもケーラス博士との『老子道徳経』英訳の共同作業が始められた。いまもラサールのヘゲラー家に残っているというその時の英訳草稿には、まず漢字原典が一字一字切り抜いてはってあり、その横に英語の逐語訳が一語一語付されてあるという。先生の談によれば、当時先生は毎日ジャイルズ(Herbert A. Jiles)の『漢英字典』(A Chinese English Dictionary)と首っぴきで(ジャイルズというのは、先生の記憶違いらしく、刊行の同英訳書を見ると、ウィリアムズ〈S.Wells Williams〉の有名な『漢英韻府』〈The Syllabic Dictionary of the Chinese Language〉に依っており、使用辞書中にもジャイルズの名は見えない）、ケーラス博士を相手に『老子』の英語による読解という難事業に取り組まれたという。もちろんケーラス博士は全然漢字は読めないのであるから、共同作業とはいっても、第一段階は事実上先生自身の英訳のようなものである。ただし、当時すでに『老子』にはラテン語訳を初め、仏訳・英訳・独訳等数種の欧州語訳があって、ケーラスはこれら先人の業績を比較参照しつつ、先生の漢文原典からの逐語訳を検討して、自身の原典理解を通じ、さらにその英語表現力を通じて、ケーラス自身の新訳を完成して行ったものである。

この書は、翌明治三十一年（一八九八）シカゴのオープンコート（公廷）出版社（The Open Court Publishing Company）から、ポール・ケーラスの名によって"Lao-tze's TAO-TEH-KING"（『詳註英訳老子道徳経』）として出版されているが、ケーラス博士は同書中に、本書は「シカゴ大学の若い日本人学生K・タナカと、特に日本鎌倉の若い仏教徒テイタロウ・スズキに負う。二人は諸種の刊本の比較とテキストの音訳とにおいて、私を助けてくれた」と記して、鈴木先生の名を特記している。

因みに筆者がオープンコートを訪ねた時にブルーク・ケーラス社長から頂いた『老子道徳経』のペーパーバックは、初版本のそれと体裁が著しく異なっているように思われる。本の表紙は"The Canon of Reason and Virture-Chinese/English Edition, Lao-tze, translated by D.T. Suzuki & Paul Carus となっており、版権は一九一三年、オープンコート社とある。

三

この年、つまり渡米した一八九七年の秋、大拙は少なくとも一ヵ月の間シカゴに在って、あちらこちらの教会を見て歩いたり、ニューベリーの図書館で本を読んだり、シカゴ大学の講義の内容を調べたりしたという。しかし、九月十四日附でポール・ケーラスに書いた手紙には、「この大学の講義内容には私がかつて東京大学で学んだこと以上のものもなさそうですし、本でも読めば済むものばかりだということが分かりました」とあって、大学入学はしばらく考えない決心をしたことが分かる。そして大拙は、『大乗起信論』の英訳を始めたのである。この翻訳は一九〇〇年にオープンコート社から出版されたが、大拙にとっては想像以上に困難な作業であったという。

同じ秋、大拙がシカゴにいる時、彼は日本からやってきたトミナガという人の突然の訪問を受けていささか当惑した。二人づれの訪問者は、日本で出会ったことがあるかなしかの間柄のようであった。この客は英語がほとんど分からないのに、芦津実全師が書いた紹介状を持っており、その内容はどうやら、ケーラスやヘゲラーのお世話になって何か仕事をさせてやって欲しいというものであった。大拙はシカゴからポール・ケーラスに手紙を書いた。

その人と初めて出遇った時から、もう私はそのそっかしくて向こう見ずな動作に文句を申しましたほどです。彼はたいへん傲慢で私自身も閉口ですが、とにかく何とかしてやらねばならないのです。

（九月十一日附）

この人は勉強をしにやって来たのではなく、自分の商売に役立つような話を探しに来たのだということで大拙は嫌気がさしたのであった。一ヵ月も経つと、トミナガは金を使い果たし、日本茶協会Japan Tea Associationで働くことになった。

私自身が飢える覚悟でもしなければ、私が彼のためにしてやれることは何もないわけですから、彼がこの国にもっと居りたいというのなら、自分で仕事を探して呉れなければならんと思っております。何はともあれ貴氏に頼ることはないわけです。（十月九日附、ポール・ケーラス宛）

オープンコート出版社にて、助手として
漢籍の翻訳に明け暮れる大拙。

と大拙はこの話に決着をつけている。自分の生活費さえ充分でない貧乏書生の大拙にとって、背に腹替えられぬ非人情であったことは想像に難くない。それどころか、その年（一八九八）の暮には、大拙自身が、チフスに感染してその熱に苦しみ、周りの人々に思わぬ厄介をかけることになってしまったのである。ケーフスは鎌倉の釈宗演への手紙（一八九九年一月二日附）の中で、「彼は数週間もすれば、もう危険な状態を乗り越えるに違いありますまい」と書いているから、それはやはりよほどの重症のものであったらしい。

残念ながらこの頃、明治三十一年の暮から三十二年の春にかけての消息を伝える大拙の日本向けの手紙はない。しかし、ヘンダーソンの草稿には、大拙が聖マリア病院からポール・ケーラスに宛てた手紙が引いてある。ケーラスが親切にたびたび病院を訪ねて大拙を見舞ってくれることへの感謝や、まだ身体が衰弱していて病室を離れられないけれども、もう危機を脱したことなどを述べ、また支給を一週に一ドル増してもらえないかと頼んだのち、

こんなことを、すでに充分ご親切に、何でも自由にして頂いている貴氏に向って自分の立場からお願い申し上げることは全く乞食のようなものであります。貴氏の書物も自由に読ませていただき、私の翻訳も手伝っていただく上、大切な時間を割いていただいたり、翻訳書の出版を承諾していただいたり、本当にいろんな面で私のことを考えて下さっております。そういうことどもを考えますにつけても、このように物量的な楽をするための増額をお願いしますれば、貴氏はきっと立場もわきまえぬ困った人間だと思われることでありましょう。（一八九九年一月二十七日附、ポール・ケーラス宛）

二月十一日附の大拙よりケーラス宛の手紙によると、支給金の増額は保障されたことが知られ、また大拙の病気も漸く全快の方向にあったらしい。雑誌『オープンコート』は、一九〇〇年一月（五二一号、五一―五三頁）に大拙の論文「仏教の広汎」The Breadth of Buddhism を掲載した。恐らくこれが大拙のオリジナルな英語による論文の最初のものではなかっただろうか。その中で大拙は、「キリスト教は新しい風土に合うべく変型された仏教ともいえるのではないか」と述べて、ケーラスのような考え、つまりキリスト教も仏教も、それぞれの仕方で普遍的な人間の心から出たものであるということを論じ、そのような観点から従来の偏見をとり除き、宗教の本質をもっと純粋な面、壮大な側面で捉えるべきことを主張し

ている。若き日の大拙のこのような主張は、後年になるとしだいに影を薄くしていったように見える。大拙のこの論の立て方は、初めからポール・ケーラスへの配慮によって書かれたものであるのか、あるいは、若き大拙が当初は本当にケーラスの思想に同感して書いたものか、今は即断することはできない。

四

大拙の米国滞在が十一年もの長きにわたったこと、特にイリノイ州の片田舎ラサールに拠点をもち、終始オープンコート社に使役せられることになったことは、何ら計画的なことではなく、自然にそうなったというべきであるらしい。というのは、先にも述べたように、大拙渡米の本来の目的は、ここを媒介地としてやがてはインドに渡り、生涯を埋めてでも梵語の研究に勤しむことであったが、結果的にはその目的は果たされずじまいで、十一年後に帰国の途についたのである。そういう点では、大拙にとっての在米体験は、初志貫徹できぬままにズルズルと長引いた不本意なものであった、とするのが正直なところであったようだ。

一九〇〇年から一九〇五年頃の大拙は、シカゴ大学で中国古典の教授になろうかと考え、実際にハーパー総長William Rainey Harperの面接を受けたが、その話は不発に終わった（これに関する大拙のケーラス宛の手紙が数通ある）。

一九〇三年の五月から六月にかけて、大拙はボストン、ニューヘブン、ニューヨークあたりを旅行した。この旅行はケーラスの薦めによるものであり、そのお陰で大拙は近代都市というものの実際について大き

明治38年8月　釈宗演の第二回渡米をサンフランシスコに迎えた在米8年目の大拙。

な知識を得たのであった（六月八日附、ポール・ケーラス宛書簡）。

同じ年の夏の終わりに、ケーラスは五〇ドルを大拙に貸し与え、大拙はこれをもって遥か西部のサンフランシスコ仏教会にやってきて二ヵ月滞在して講演をした（八月四日附、大拙よりケーラス宛書簡）。西部に来て大拙は期待したよりも安い講演料を貰って、充分利用された格好になったらしく、その頃ケーラスに宛てた手紙で、「最近日本から来た坊さんは英語がほとんど駄目、周囲の人々や状況のことも少しも分からず、おまけに金も持っていない」とぼやいている（八月三十日附）。

仏教会ではケーラスの『生命を捧げるの聖歌』Sacred Tunes for the Consecration of Life; Hymns of the Religion of Science, Open Court, 1899 を使ったが、それはあまりにも哲学的で評判がよくなかった。むしろ『仏陀の福音』The Gospel of Buddha, According to Old Records, Open Court, 1894 の方がかえって好評で、仏教会でも毎時の勤行に聖書のように使われていること、特に日本人たちの間ではケーラスの名前は有名で、お陰で自分も心からの歓待を受けていると書き送った（九月二十七日附、ポール・ケーラス宛書簡）。

大拙が第二回目にふたたび西部に旅行したのは、二年の後、つまり明治三十八年（一九〇五）から九年にかけて釈宗演が再び渡米した時である。宗演はこの時、八ヵ月の間、サンフランシスコ郊外のアレキサンダー・ラッセル Alexander Russel 夫妻のもとに滞在していた。大拙はそういう宗演に遇いに行ったのだが、ラッセルの邸宅は禅の僧院のような雰囲気であり、食事は精進料理一本、波の音以外は何も聞こえないのでラサールにいるよりよほど隠遁的なものであったという（一九〇五年七月十五日附、ポール・ケーラス宛書簡）。

山本良吉宛書簡にも同じようなことが書かれている。

　予が当地における毎日の仕事とて　別に定まりたるものなし、隔晩にある老師の講義を通弁するに止まる、日用の事は、ねて、起きて、食ふて、くらす位なもの也、当家は直に太平洋に向ひ、桑港の市街を離るゝ故、波の音の外は雑沓なし、日曜日の午後　可なり多くのオートモビールが往来する位なり、毎日のくらしは御寺のやうな処もあり、食物は野菜類を専らとす、卵と乳は勝手に食ふ、三疋の牡牛に一疋の小牛あり、毎日用ゆる所の牛乳は余程のものなるべし、家の主人は護謨《ゴム》会社の副社長とかにて　有〔裕〕福なり、妻君が家内一切の事を取締り女王同様なり、子なし、養子二三歳ばかりなるがあり、妻君の主義に服して来り宿るもの十幾人、御寺の鐘のやうなものを叩き　紀律（ママ）を立てゝ坐禅の如きものをなす、家は可なりに大なり　日本人の園丁、雇人併せて十人ほどあり、庭も相応にあり、妻君参禅す、老師大に尊崇せらる、何れも真面目なるには感心なり、西洋人は一体に思ひこみたることは本気にやる気色あり、少しも軽浮の態なきを喜ぶべしとなす。（『未公開書簡』六五）

ラッセル夫人は、明治三十五年（一九〇二）に世界一周の途中、来日し鎌倉円覚寺に来て参禅した。ラッセルとその一行は約一年参禅し、三十六年三月帰国した。当時、通訳には植村宗光があたったという。そういう因縁で宗演の再渡米となったわけである。宗演のラッセル家での提唱は『四十二章経』であり、大拙はラサールから来てこの通訳をした。ラッセル夫人はその遺言によって、今も鎌倉松ヶ岡東慶寺の墓に眠る（『未公開書簡』六五、註④参照）。

宗演の隠侍は同行せず鎌倉にあり、またラッセル家の夫人も病気になり、そのうえ宗演は冬の間の旅行を好まぬというわけで、大拙はそのまま次の年の三月までラッセル家に滞在した。この間にも大拙はケーラスに百ドルの借金をしている（十一月七日、および二十三日附、ポール・ケーラス宛書簡）。

やがて宗演は大拙に案内され、手を携えて東部ラサールへ旅行し、ケーラスやヘゲラーと懐しの再会をしたのであるが、「私たち二人の出遇いはまるで無弦琴を奏する天才音楽家のようであります」と、後に宗演がケーラスに書いて送ったほどに、二人の仲は親密になっていた（Rick Field, How the Swans Came to the Lake, Shambhala Public, 1981, P.173）。

ラサール訪問の後宗演は、さらに大拙と汽車でナイアガラ瀑布に行き（ここで宗演は風邪を引く）、ワシントンでは半時間ルーズベルト大統領に謁見し、さらにニューヨークに遊んだ。宗演はそこからヨーロッパへ飛び、セイロンを経て鎌倉に帰った。そして宗演のこの旅行中での講演は、大拙によって英訳・編集され『仏僧の説教』Sermons of a Buddhist Abbot, Open Court 1906として出版された。また、この時の旅行記が、明治四十年（一九〇七）、釈宗演著『欧米雲水記』の書名で、東京金港堂書籍株式会社から刊行されている。

因みに「ラサール阻雪」の一文を写してみよう。

　ラサール阻雪

雪紛々矣風蕭々、大陸春回寒未消、堪憶引錐訪陽夕、難忘断臂少林朝、孤笻志固身愈健。万里山長水亦迢、尚有故人情味暖、清遊旬日慰無聊、

此日翁と語りしもの、

翁「昨日師は予が説を以て自我を偏重するものなりと云はれしも、予が所謂自我の意は師の嘗て述べられし思想《アイデア》を『有す』る人に非ずして、其思想の人『なり』と云ふに在り。」

予「翁が所謂自我の意にして是の如ければ、予将た何をか言はん。又『有す』と『なり』との語につき区別を明にせらるゝに至りては最も予が賛する所なり、仏の教ふる所また是のみ。只云ふ、最高思想即ち自我を保有するには大なる道徳力を要すとのみ。」

翁「師に謝す。」

予「誠に人生には絶ゆるなき苦悶あり、鞠躬尽瘁諸悪を防ぎ自我を守らさるべからざるなり。」

二十二日。晴。午前書を認め、十時戸外に遊び、午後翁と語り、翁が涅槃《ニルヴァーナ》につき問へるに答へて曰く、涅槃とは自我が万有普遍の自我と一致する心体を云ふ、然れども之れ個人を絶滅するに非ず、個人を無限に発展せしむるものなり、倫理より云へば諸善成り諸悪滅ぶるの謂にして、人生の最高思想なり、而して涅槃に意義多く、若し仏教々義の歴史上の変遷を知らざれば、時に誤解あらん、予は云ふ、人死す時涅槃に入れりと云ふは非なり、肉体の死と万有本体を達観することは異れり、仏が大悟

を得し時、其精神状態を称して涅槃と云ふ也と。

二十三日。晴。午前オプンコートに於て翰墨を弄し、後大拙氏と市中を散策し、晩間入浴す。幻灯あり、十三年前シカゴに於ける世界博覧会の映画なり、曽遊を追想して興そゞろに湧く。

二十四日。晴。午前博士と事務所にて書を閲し、後大拙氏とボギーに乗じ、近郊に春色を探る、春未だ至らず、朔風枯林を吹くのみ。夜当家の親戚リーマー氏の邸に一家と共に往き、十一時帰る。

二十五日。曇。午前書状を認む。十二時十五分の汽車にて堀師ボストンより来る。午後ヘグラー翁と二三の問答をなす。大拙氏之を筆記す。

二十六日。雨。午前書を裁し、又書を読む、午後ケー博士、ヘー翁、堀師、大拙氏等と相会して談話す。夜主人の請により日本にて作りし仏壇《（ママ）》に向ひ、経を誦し、且つ其大意を弁ず。

二十七日。曇。午前八時堀師、大拙氏と共にヘグラー家を辞し、ロックアイランド停車場に至る。博士ケーラス、及ヘ家支配人翁に代り来り送らる、謝して汽車に乗る。二十五分発車し、オッタワ、ジオリエット等の市を経、シカゴに下車す。オプンコート事務員、サックスターデル出でゝ迎ふ、乃ち導かれてストロード女が管理せる寓に入る。

ところで大拙は、サンフランシスコで釈宗演の使者として滞在中、少しずつ帰国の想いが起こっていたらしい。あるいは宗演の方から、もうそろそろ帰国してはどうかと指示したのかも知れない。たとえば、次の山本良吉宛の手紙に、そのような大拙の心の動きが見える。

老師の帰国は来年の秋頃ならん、予はシカゴに帰るか、欧州へ行くか、日本に帰るか、今日の処とんと分明ならず、ラッセル夫人少し金をくれるやうに話して居つたなれど、そんなことは実地になるまで、あてにせぬをよしとす、人の心もかわるのみならず、行先の事柄も刻々に変化すれば、大体の処まづシカゴに帰るとしておくべし（『未公開書簡』六五）

予等は大抵三月の十二三日頃に当地を出立し、ラサルへ向け行くべし、予一身上の事は前途黒闇々にて何ともわからず、今の工合なら来年の春か今年のくれに（日本へ）帰りて見んかとも思ふ、帰りてそうして外交官の試験を受けて見んとも思ふ、貴意如何、今の年にて、こんなことやるもお《ママ》可笑けれど、内地にてぐづ〱するより外国に出で　公使館か何かの下働きをする外に勉強したしと思ふ（『未公開書簡』六七）

明治三十九年（一九〇六）、四月二十三日附の手紙（『未公開書簡』六八）に英文で、この手紙が『未公開書簡』では、在米の大拙より山本へ宛てたものの最後になる。実際には帰国までの間にあと十数通あるはずであるが、今のところ見つかっていない。その英文の手紙で大拙は、「あとどれほどの間ラサールに居るか分からないが、少なくともあと一年は滞在しなくてはならない。というのは『仏教の大意』の本を仕上げること、および、出来れば宗演老師の講演集を編集出版したいからで、その先はここに居ろうとここを去ろうと自分の好きなようにするつもりだ」と書いている。

秋月龍珉氏の「鈴木大拙先生の生涯」（『前掲書』二六四頁）にも、後年の大拙が次のように往時を語っている。

アメリカ滞在十年になった先生が、そのころ「外交官として身を立てようか」と考えられたのではないかと書いた。このことを先生に伺ってみたら、こう言われた、「そうだ、そんなこともあった。それからまた写真屋になろうかと考えたこともあるんだ。その頃は、さかんにイーストマンのカメラで写真を撮ったんだ。わしは正規に学校を卒業していないから、日本に帰ってもちゃんとした職につく資格はないしな。それでその頃、いろんなことを考えたものだ」。

一九〇七年、大拙が再び東部を旅行していた時、突然日本への帰国がさし迫った問題となった。彼はケーラスに手紙を書き、日本である職が見つかったこと、それは間接的にケーラスのお陰であること、しかし問題は、どのようにして日本に帰ったらよいのかなどを述べた（九月十一日附、ポール・ケーラス宛書簡）。これに対しケーラスは、その問題はラサールへ帰ってきてから考えることにして、当面は旅行にできるかぎり専念した方が将来のためではないかと書いた（九月十三日附、大拙宛書簡）。この年（一九〇七年）、三十七歳の大拙は東部メイン州で、初めて大衆の前で仏教講演をし、一九〇八年それに基づいて英語による処女作 Outlines of Mahayana Buddhism（『仏教の大意』）が、シカゴのオープンコート社から出版されたのであった。この記念すべき処女作の出版を急いでいた一九〇八年、大拙は一応はオープンコート社の編集員としてではあるが、ニューヨーク経由でアメリカを出てロンドン、パリに遊んでいた。フランスではビブリオテーク・ナショナルで、敦煌出土の古写経――特に華厳経――の記録と研究に従事、ドイツを経てロンドンに帰り、国際スウェーデンボルグ大会（創立百年記念）に出席、スウェーデンボルグ協会の依頼により、十二月より二ヵ月かかってスウェーデンボルグの Heaven and Hell（『天界と地獄』）を和訳した（『回想　鈴木大拙』四三二頁、年譜、明治四十一年の条参照）。

明治四十一年（一九〇八）三月五日附、アメリカからイギリスに渡る船中より神戸の肉親に宛てた絵ハガキ（『全集』第二十九巻、二四七頁）に、

　このふねに乗りて、太〔大〕西洋をわたる、二月二十六日紐育を発して今日の夕に英国の港につく、海上始めのほどは波多少あらかりしも、半頃以後は穏なりし、倫敦《ロンドン》に二、三ヶ月止まるつもり、船の大きさ二万五千噸、船中のつくり、立派なり、／三月五日舟のなかにて　貞

また同じ三月二十日附、長兄の元太郎に宛てた絵ハガキ（『同書』二四七頁）に、

　今や倫敦に在り、尚三ヶ月ばかりは、こゝに在るべし、米国と違ひ、中々面白し、予は英国を喜ぶ、何やらかやら忙し、健康は旧の如し、御地すべて如何、／三月二十日　貞太郎
　日本大使館あるならば書面着すべし

とある。こうして大拙はふたたびアメリカへ帰ることなく、明治四十二年（一九〇九）四月、スエズ運河を経て、十二年ぶりに懐かしの日本へ帰って来たのである。

　大拙とポール・ケーラスとは、生涯を通じて二度と再会することはなかった、とハロルド・ヘンダーソンの未刊草稿には書いているが、二人の間に何かが起こったのであろうか。また、大拙が帰国の旅費をどのように調えたのかについても、今はそれを知るよしはない。

11　女性への開眼

一

四十七歳で夫を失って、貧困のうちに女手ひとつで四男一女の子供たちを養育した母の増は、生きる希望を真宗信仰につないで、ひたすらに生きて十六年、六十一歳にして淋しくこの世を去っていった。恐らく増は男のように厳しく、逞しく晩年を送ったことであろう。母の亡くなった時、末子の貞太郎は二十歳、ようやく能登半島の北端飯田町で、小学校の教師として多少の給与を得られるようになっていたから、これで五人の子供も一応独立自活をすることができるようになり、増としても、どうにか夫に代わる使命を果たしての永眠であったことと思う。

母の死とともに郷関を出た青年貞太郎は上京し、そのうえ思いがけなくも新大陸に渡り、二十世紀初頭の西欧世界を体験し、世界の鈴木大拙にまで成長したわけであるが、やはり彼の心の奥深くには、いつまでも母への想いが深く根づいていたであろう。

しかし、大拙が表面的に母について書いたものは、初期に「母」と題する短い文章がある（『禅文化』一三四号所収、秋山さと子「老賢人と女性」参照）ほかには、それらしきものが見当たらない。むしろその後の彼には女性論に関するものが多い。

文字通りそれらは、情愛的な女性観ではなく、女性一般の尊さを基調にして、西欧における女性の立場を評価するとともに、男尊女卑の日本の社会体制を改めさせようとする趣旨のものばかりである。大拙のそういう発想のもとには、やはり母が儒家である夫に妻として仕えていた、家父長的儒教倫理の中での生活の不満や、未亡人となってからの母が受けた、社会の冷たい待遇などの記憶があった、と想像することは難くないであろう。

しかもそれにもかかわらず、渡米によってたちまち大拙を襲ったカルチュアショックの最たるものが、アメリカ人女性の行儀のなさや、男性たちの女性に対する甘い態度への悲憤慷慨であったことは、当時の日本人大拙としては、むしろ自然の感情であったと思われる。日本という閉鎖的社会の中で、大拙母子が受けた差別への反感が、世界という開かれた社会へ出て、普遍的な女性解放の意識になるまでには、大拙もいちど「男女同権」という、日本人にとって聞き馴れぬ高度なヒューマニズムの、思想的洗礼を通らなければならなかったのであり、そこに大拙における建前と本音のズレのあったのは、止むを得ないことではある。

大拙の女性に関する卒直な感情は、渡米直後に日本にいる師や友へ送った手紙によく表われている。渡米後、釈宗演に宛てた第一信（明治三十年五月二十六日附）に、
日本に在りたる頃は寄席などに行きたることもなく、一切這般の行楽には絶えて注意せざりしに、当地に来りては宿の主人の好意やら博士の注意やらにて、度々諸種の興行を見物致候、婦人が鳥の羽

を挟みたる高き帽子を被り、昂然として他の面前に立ち塞りて見物するには閉口に候、男子は不幸にも此の如き場所に在りては悉く帽子を脱せざるを得ざるに、婦人が殊更高き帽子を屹立させをるは如何にもおかしく候／何事も外国人間に処ること丶て、注意を要するには寧ろ面倒に候、併し是も処世の修徳の術に候故、触目の事物悉く利用せねばならぬと存候、……（『未公開書簡』補遺二）

同年八月八日附、山本良吉宛書簡に、

近頃の雑誌に恋愛と色愛との関係八釜敷由相見え候が、是は真面目な問題なると同時に余りDelicate に候て　公然微細の研究にまで立入ること、何となく変に思はれ候……そは兎に角恋愛は究竟にあらず、円満にあらず、神聖にあらず、吾人が理想は恋愛の如き狭き柵の内に閉ぢ込めらるべからず、恋愛の中に貴ぶべき理想は微かに現はるれども、其他は自利自愛の土塊に過ぎざるのみ（『未公開書簡』補遺五）

と恋愛の自由に対して批判的な様子が見える。ところが同十月三日附山本良吉宛の手紙になると、男女交際の問題について、大拙の心の中に一つの新たな視野が開けたことがわかる。二月二十一日に米国に着いてから九ヵ月足らずして、女性の風俗上の違和感を超えて、男女交際の正当性に思い到ったのは、さすがに大拙ならではの知性と精神的柔軟さといわざるを得ない。そこにはこう書いている。

小生近頃不図思ひつきたる社交上の問題あり、わすれぬうちに申上度候まゝ一筆相染候、余の義《（ママ）》にあらず、男女交際の事に候、我国にて多くの有為なる書生が色に溺れて一身を誤る原因は　一は其人自身の徳義志操健全ならざるによるとはいへ、一は社会の罪も亦与る所かと存ぜられ候。我国が之がために物質上精神上蒙るべき損失は目だゝぬながら、莫大なるものと察候、……東洋本来の徳育は制慾主義にて、動もすれば消極に傾くの患あり、到底之れのみにては青年の性情本然を和げたる上、元気を増進すること覚束なかるべしと思ふ。（『未公開書簡』補遺六）

以下この手紙は全篇、男女交際の高度な議論に終始し、日本青年の風儀の矯正のためには男女交際を寛大にすると同時に、女子の教育を高等にするより外に良策なしと断じている。「それ男女相愛するは自然の道理、大抵の時期に至れば男は女に近づかんと欲し、女は男に近づかんと思ふ」のであるから、もし男女の間に壁さえ作らなければ自然の情が発達し、邪道（男が単に肉欲のために流れ、遊廓に出入する日本の風習）に陥ることはないはずであるという。

しかも日本人から、そういう人間としての自然の感情を抑圧し、若き男女を不健全にしている他面の理由は、厳粛なる家庭、いわゆる制欲主義の家庭において、儒教的信仰の上から恋愛を卑しきものとするにあるという。

少年をして男女のいまわしき関係を見聞せざらしめ、学校教室小学より大学に至るまで男女を一にして、其交際を自由にし、女子に大学入校を許可して、高等教育を広く布き、併せて一般徳義の思想を高尚にしたらんには、今日青年の堕落を救ひ、兼ねて社会の気風を正し、国家全体の元気を増すこと受合なりと信ず。予は米国風に感化せられて、かく言ふにあらず、日本婦人の特点は特点にて何処迄も保存すべし、決して米国婦人の阿転婆を習ふに及ばず、又男子が、やたらに婦人の機嫌を取るに及ばず。……兎にも角にも婦人の教育を熾んにして男女同等の位置に進ましめ、（婦人に学者になれ、政治家になれと曰はず、普通に男女の教育を均一にすべしと曰ふ也）自己の責任の重きを知らしむるやうにするが、先づ第一の急務なるべし。（『未公開書簡』補遺六）

現代日本の女性の地位向上と社会進出によって、百年前の大拙の抱いた理想は大いに実現したであろうが、大拙の中にあった、米国のように女性がオテンバになったり、男がやたらと婦人の機嫌を取ったりすることに対する男としての不快の感情について、今もし大拙がこれを見る時、その理想の過剰実現に彼はきっと苦笑するのではないかと思う。

米国に行って初めて知った日本における社会制度の最大欠陥は、女性教育の低さであったが、だからといって大拙が知性ある女性の行動を全面的に受け容れたわけではない。米国滞在二年半になる明治三十一年六月十一日附、釈宗演宛の手紙にも、

閉口なるは婦人の同伴と話相手なり。学問上の話なら兎に角、下らぬ世間の雑話、拙者には極めて不適当なる職掌、日本なら黙つて済む処も、何かと婦人の機嫌を取るが当地の習ひ、阿諛に近き所作は極めて閉口なり。……少々の教育ありても婦人は婦人なり、遥かに鶏群を出で丶婦人の美徳を全うし得るものは誠に少なかるべきか。特に当地の風たる、無暗に婦人をありがたがる故、婦人の美処を発揚する機会多きと同時に其弱点を暴露する機会も亦多く、一得一失は数のまぬかれぬ所とや申すべき。或る点にては日本の婦人は従順柔和過ぎるかと思はる丶に反して当地の女子の傲慢自尊なる、面憎き程なるぞいま〳〵しき。（『全集』第二十九巻、二〇九頁）

とあり大拙の米国女性に馴染めぬ様子がよく窺われる。友人山本良吉にはもっと直接に、

東洋にては親孝行を称すれども、当地にては婦人の奴隷となるを讃し、予は殊に奴隷といふ、何となれば孝行は犠牲にしても婦人の機嫌をとるに汲々するが当地男子の習になればなり、其追従軽薄を勉むること殆んど言語に絶す、予の如き定めて彼等の目にはアンギャラント、ルード、マンナーの日本人と見らるゝなるべし、予は如何にしても当地の習慣に順適する能はず。（『未公開書簡』補遺一〇）

とその反感を卒直に吐露している。大拙をかくまで女性嫌いにした理由は、下宿をしているラムジー家の家族が、主人のラムジー氏を除いて夫人と娘三人、加えてラムジー氏の姪と、女性ばかりだったことにあったことは察しがつく。

明治36年夏大拙が撮ったもの。
喧しき下宿ラムジー家の三人娘であろう。

二

大拙が下宿の娘たちや、ケーラス邸の子供たちの喧ましさ、そして当のポール・ケーラスへの不信、特に約束ごとを違えたり、思いつきばかり多いことに抱いた不満は、宗演宛の手紙の各所にも見える。例えば、「氏の言のあてにならざるは秋の空の如き故」（明治三十一年十月二十三日附）や、「心変りするケーラス氏の事ゆゑ」（同三十二年七月三日附）などを見ても、大拙が、いかに内心では異国における孤独に耐えがたい日々を送っていたかがわかる。「予は今は校正掛をつとめをれり、別に給金らしきものを受取らざれど、多少か熟練したる暁には、そこばくの報酬をくれるつもりならんと信ず、ぐづ〳〵して月日のみ経過すること如何にも残念なれど、貧乏にはかてぬ今の身分、何も辛抱と我慢致しをれり」(同三十三年七月十四日附、釈宗演宛)とか、「予が当社における位置は校正専門なり、即ち印刷工と記者との間に在りて、植字の誤脱又は句切りの添削又は綴字の正誤など、総て字引的職務に従事するに在り、日本の校正掛とは少しよき位置なれども、其奴隷的なる至りては同一なり、給料の処も今は皆無なり、見慣〔習〕いの身分なれば、されど其中には多少かくれるつもりと信ず、以前より少し小使金の都合よかるべきかと思ふ、知らず、将来は如何になるにや」(同年八月九日附、釈宗演宛)とかいうのを見ると、将来に対する失望の色さえ見える。大拙の心にはケーラスの元を離れてハーバード大学に入学するか、あるいは一切を捨てて山に入り一道人となるかを決したい気持が満ちてきている。同じ八月九日の手紙に次のようにある。

> ハーバード大学の一件(筆者註・大学に入学すること)孰れかに早く落着すれば、よいと思ふ、さすれば予も此間に一定の方針を定め、ヘグラー翁とも相談して、当ラサルを去りたし、当地に屏息すること既に三年を超え、而して未だ何のなし得たる所なし、固より予の技倆にては何事をも為し得る見込なく、又為し得たしとも思はざれど、当地の如き片田舎にをるより都会に出でなば、智識を吸収し得る機会、一身の生計を立つる機会、共に多かるべく、従つて他日飯朝の日、身を扶くる経歴ともならんかと信ず……(『全集』第二十九巻、二三二頁)

右の手紙は宗演が再度渡米巡錫の計画を立て、その旨を大拙に知らせている頃(実際の渡米は明治三十八年六月に実現した)であったから、大拙には宗演老師の再渡米の機を、一つの転機にしたいという気持があったのであろう。しかし、時はそのままズルズルと経過していった。明治三十七年十二月二十五日附の山本宛の手紙には、ますます絶望の色が濃い。

　こんなに永く外国に滞在してをつても　矢張り他人の国にをる心地の失せぬは　東西文明の相違の根底深きによるか、……併しこれでも家族があつたら如何ならんも知れず、予の如き独居にて、他人の家の一隅におしこめられ居ては、到底うちに居る心地はせず、さればクリスマスとても当地の人の如き心持はせず、新年なりとて日本のときの心地せず、蝙蝠のやうにて、どちらへつかずとなれり、四囲の事情は古き感情を滅却したるが、さて新きものを其処に起さんには尚歳月足らず、又之を共にせん相手なし、予が今日の境遇のアノマリイを君推し得るか、いかん、わしが来年三十五になると云ふが、今日の処にては日本にいたときのやうに感ぜず、三十も四十も平気なり、歳去り歳来る、無神経となりたるやうに思はる、かくては人生の面白味いくらかなくなりたるわけとすべし、／君が家内の賑かなるを聞き　予が境遇の益々淋しきを見る、身は依然として十年前の貧乏書生、金なき友なき海外の漂浪人、憂（多し）も喜（少し）も皆一身の上に取りおさめて、面には常に尤もらしき様子を示す、八畳か十畳ほどある一室を寝室にも書斎にも坐敷にもなし、朝は此頃は七時より七時半頃に出床し、顔やら四躰を洗ふと衣服をとゝのへるに二十分ほどを費し、下に下りて朝食の卓につく、宿のものは大抵食事をすましたるときなれば、独り朝の新聞に戦況の報道をたどるまゝ、年中殆んど無変化の朝食を喫す、（今の宿の女主人は変化を知らず、朝は御定りのオートミールに砂糖とクリームをかけて食ひ、鶏卵二つ、之れも大抵同一の料理法年を一貫す、……）ぐづ〳〵して九時少し前に家を出で、オフィスに参る、ケーラス在宅のときは、取りとめなき事に朝三時間を費し、十二時すぎに一旦宿に帰る、二三年前よりひるめしを食はず、はらのへるときは果物か、ミルクか、ケーキか、ココー〔ア〕のやうなものを少し食ふ、茶の濃きをのむこともあり、午後二時まで内に留まる、此間朝の郵便を見たり、返事をかきたりなどす、大抵はいつのまにやら、たつて仕舞ふ、午後は五時までオフィスにをる、六時になることもあり、時の都合と見玉へ、オフィスはケーラス、即ちヘゲラー翁の家のうちに在り、ケーラスはけちにて自分の家なし、養父のくいつぶしとなりをる也、……夜　宿に帰り、午後の郵便あるときは、返事の急ぐは直に認め、まづ休息す、休息すと云ふても、話相手あれば何か雑談でもしたり、子供の御守りでもして、昼間の仕事の肩休めとならんも、独りにては此休息無意義なりと知るべし、読書もいや、作文もいやと云ふとき、心を慰むるは同志のものなり、心おかぬものと、出放題に談話し、モノトニィとウヰリネスを破るに在り、予が物淋しく思ふは　此一日の業を了《おわ》りて帰りたるとき也、……七時少し前に夕食す、この時も食物に余り変化なし、年中おきまりのステーキにポテトーなど　まづ空腹のまゝ食ふと知るべし……そこ〳〵に喫食して、二階に上り、金城鉄壁の一室に潜む、……十一時より十二時頃に至りて休む、君の妻君は笑ふか知らぬが、時々必要に迫まられて沓下のつくろい　下着の修復などもすることありと思ふべし、……これまでは立派な人物となり、学問にも長ぜんと思ひたるが、今は其甲斐なきを見んとす、大望少し、恋愛少し、哲学少し、詩情少し、何れも少しにて何の役にも立ち申さず、どちらか一つ今少し余分ならんには、何か出来るもしれんが、少しづゝにては相互に牽制して、あぶはちとらずとやらになる、之を遺憾とす。(『未公開書簡』六二)

　右の手紙には、異郷に住みついてすでに八年近くにもなる大拙が、単調で進歩のない生活に飽き、また渡米の因縁を作ってくれたポール・ケーラスに対してさえ、かなりの批判的気分が起こってきている様子が、心友の山本良吉に対してならではの露骨な表現によって、遠慮なく書き送られている。もうこれ以上この状態を続けることはできない、という切羽詰った気持がよくでている。宗演老師がやってこられたら、是非ともこの機にこの生活から脱したい、と秘かにその日を待ち焦がれていたのであろう。この日から半年の後、宗演は再び米国にやってきたのである。

　明治三十八年（一九〇五）六月、釈宗演がアレキサンダー・ラッセル夫妻の招きを受けてカリフォルニアにやってきたこと、大拙がケーラスの許しを得て通訳のためにかの地に赴き宗演とともに滞在し、さらに米国横断の講演旅行に随行したことについては先に述べたが、この宗演老師との旅行が、大拙の憂鬱な気分をどれほど柔らげたことであろう。それは想像に余りある。そして何よりも思いがけなかった出来事は、その旅において後に結婚することとなったビアトリス・レーンと邂逅したことであった。

　ビアトリスとの出遇いのいきさつについて詳しく知りたいところだが、残念ながら大拙が米国から山本へ宛てた手紙は、明治三十九年四月二十三日で終わっているうえ、大拙自身がその後この点について語っている記録も手にし得ない。『青蓮仏教小観』（ビアトリス夫人の論文集）にある大拙の「はしがきと思ひ出」にも、出遇いのことにふれていない。ただ幸いに山本の方から大拙に宛てた手紙があって、それによって大拙が山本にビアトリスのことを書いていたらしいことが察せられる。それによると、明治三十九年四月、宗演と講演旅行の途上、大拙はビアトリスに出会ったらしい。（『未公開書簡』別冊二二の註参照）

釈宗演の『欧米雲水記』（明治四十年、金港堂）によると、明治三十九年三月十二日、宗演らは九ヵ月の滞在を後にしてサンフランシスコ（ラッセル氏邸）を出発、ロッキー山脈を越えて東行、十五日にシカゴに入り、ケーラスに会って共にラサールのヘゲラー家に来て逗留、二十七日ふたたびシカゴに行き万国博会場跡を見学、三十日ナイアガラ瀑布見学、三十一日ニューヨークに到着、留学中の妙心寺僧侶天岫接三らが出迎える。四日夜、フィラデルフィアの地学協会で講演、五日午後二時半、ワシントンのホワイトハウスでルーズベルト大統領に面会、七日午後三時、病（下痢）をおしてワシントン大学で講演、八日夜、ニューヨークのベータンタ教会で講演、この時、ビアトリス・レーンが聴講していたとある。『欧米雲水記』一四三頁に当日の記録がある。

夜七時半馬車にてベダンタ教会に赴き、釈尊降誕会を修す。典儀荘厳にして場亦清楚善を尽くす。八時会を開く、会者四百余名、皆白人なり。先づ四弘の誓願文を唱ふること五回、以て誦経に代へ、堀師司会の辞を述べ、尋てスワミビベーカナンダ氏仏の略歴を説き、予之につぎて、大乗仏教の大意を講し、大拙居士之を訳す。九時半閉会、頗る盛会なりき。ニウーヨーク、ヘラルド、其状況及該説を詳記せり。此日偈あり曰はく、

独尊一語貫千秋、獅吼響応全地球、仏法已踰大平海、瞿曇再誕白人洲。

察するところ、ビアトリス・レーンという一人の若い女性は、講演の後で宗演に面会を求め、大拙はそれを通訳するうちこの女性に親しみを感じ、再会を約束したのであろう。大拙は四月二十一日ニューヨークで宗演らと別れてシカゴへ帰り、宗演は二十三日夜十一時、ドイツ波止場から一万九十トンのカイザ

ー・ウイルヘルムセコンド号に乗ってイギリスに向ったのであるが、四月八日から二十一日までの間、宗演らはほとんどニューヨークに滞在して、市内各地を観光していることから、ビアトリス嬢もたびたび案内にやってきたものらしい。宗演の『欧米雲水記』四月十八日のところに、「午後二時にヘンス嬢、四時にレーン嬢（筆者註・ビアトリスのこと）来り訪ふ、皆長く語る」と見えるが、三日後にシカゴへ帰る大拙にとって、恐らくそれは貴重な数時間であったことであろう。

大拙はその後、ビアトリスとの出遇いを重ね、やがて結婚の話へと進展したのであり、そのことを山本良吉に書いたらしい。初めてビアトリスと出会ってちょうど一年後の、明治四十年四月十八日附山本から大拙への手紙に、

君の結婚の件其後如何なりしか。若し君日本に帰る積ならば米国の婦人の可否はよく考へ給へ。もし其婦人に財産あり、又はケーラス的に何か米国に於て君が仕事を見出だし得るならば最も妙ならん。君は到底米国婦人に afford するは当分困難なるべしと思ふ。日本物価安くとも百円にては到底文明の生活は出来ず、――君に報ず、僕此四月より百円となれり。而れども依然たる窮生涯なり。僕は君が成るべく帰朝せざらんことを望む。（『未公開書簡』別冊二一）

また続いて同年五月十九日附の手紙にも、山本は外国婦人をつれて帰国する計画については反対をして次のように書いている。

love の一件は如何なりしか。之も僕はもし君が異日帰朝する考ならば、更に熟考せられんことを望むなり。君に帰朝の必要なく、其婦人の財産にて相当に暮し行く途あるか、又は其婦人の技倆によ

りて日本にても立派に生計の立つ程ならば、結婚聊不可なからん。話は誠に勘定的物質的になりたれども、スウヰート、Music の裏には Coffer の音は避くべからず。（『未公開書簡』別冊二二）

ついで同六月十二日附山本の手紙に、

　三月三十日の君の最終の手紙に、過日半ば返事を出し、尚第二の返事は君が次の手紙を得て後発せんと思ひ、日々机上に出だし置けども、中々御手紙来らず、終に堪へ切らず、此手紙を早し候。小生自身四月五月にかけて病気なりし故、君も病気にてはあらざるか、或は東の方へ lady（筆者註・ビアトリスのことらしい）を見に御出でになりしかと、且は思ひ且は疑ひ居候。……結婚の件は其後如何進捗したりや、来春帰朝の際は君は単身なるべきか、共に来らるべきかとは、小生家内食卓上の話柄に候。（『未公開書簡』別冊二三）

また、同六月二十二日の手紙にも、

　外国婦人を妻とするには、日本にては、日本婦人と結婚するよりは甚だ経費高く思はる。第一食物も日本の米、菜食よりは高かるべく、一寸した手まはり品も、亦日本従来の安価品のみにては充分ならざるべく、物を一つ買ふにも、日本人よりは高く払はざるべからず。近い処を云ひても、日本人は紙屑までも売りて金とするに、外国人は此る習慣はあるまじく、彼是高かるべく思はる。尤も之は小生の想像のみにて、米女は果して如何程我風俗に同化し得るか知らず。今日日本の普通の婦人は、五十円あらば立派に独身暮しは出来るなり。然し西洋婦人の独身暮しは其二倍を要するなり。如何に説明すべきかを知らざれども、西洋婦人は日本人よりは高き金を要すと思ふ。／君が独身生活、万事一人にて処理せざるべからざる境遇を思ひて、同情にたへず。特に友なき地に、只一人、朝から晩まで只一人つくねんとして単机孤灯と共にする有様は、家をもちて子供の多きに困る身には、殊更御気の毒に思はれ、是非早く一度帰朝、十年の骨休されんことを中心《ママ》よりして祈らざるを得ず。（『未公開書簡』別冊二四）

とある。外国婦人と結婚して日本に帰ることは、「高くつく」からよく考え直した方がよいといいながら、異国で孤独に十年を過ごしてきた骨休めに、一日も早く帰国されよとすすめる心友山本良吉の手紙に、大拙はずいぶんと悩まされたことであろう。要するに心友山本の手紙は、愛しいビアトリスと別れることのすすめでしかなかった。

三

ところで、それほどに大拙の心をとらえたビアトリス・レーンという人はいったいどのような人であったのであろうか。筆者のもとに最近貴重な資料が与えられた。それは、昭和四年（一九二九）に、ビアトリスが書いて、東京の三秀舎から鈴木貞太郎の名で発行した非売品の英文小説 IN MEMORIAM, Emma Erskine Lane Hahn（1846-1927）である。これはビアトリスが母の死後二年して書いた母の想い出で、先日大拙の縁戚にあたる東京の林田祐介氏から、筆者に恵与されたものである。これによってビアトリス・レーンの家系が、スコットランド出身貴族アースキン家であることがはっきりした。

ビアトリスの母エンマは、一八四六年九月六日ロンドンで生まれ、幼少より乗馬を習って物おじしない騎手となった。貴族的家庭環境で自由を拘束されつつ育った彼女は、尼僧にならないという条件で、フランスで最も教育的とされたパリの聖心修道院に入ってフランス語、イタリア語などの教育を受け、特に宗教音楽に親しんだ。彼女は許婚の従兄があったが、彼をよく思わず、休暇が終わってフランスへ帰ると、アメリカ人の友だちの家でトーマス・ジェファーソン・レーンという、かなり年長のアメリカ人男性に出遇い心を奪われてしまった。彼女は果敢にも修道院から出て友だちの親戚の家で外泊すると、もう再び修道院には戻らず、数日後にレーン氏と結婚してしまった。これによって両親は彼女を義絶したのであるが、ただ一つエンマの世話をさせるための看護婦ジャネットと、アースキン家に三百年伝わったというエメラルドとダイヤの指輪を与えたという。エンマは生涯これを指に嵌めたらしい。

エンマは後年夫とともにアメリカに渡り、夫の故郷ニューハンプシャーで全く平民的な生活をした。彼女にとって周りの農民たちとの生活は楽しく、彼女はここで未知の体験をしたが、やがてレーン氏は外交官の仕事を退き、ビジネスマンとなり、マサチューセッツのリィーンに居を構え、またボストンに転居し、ここで一人娘（子）のビアトリスを産んだのである。ビアトリス・エリザベス・グリーン・アースキン・レーン Beatrice Elizabeth Greene Erskine Lane がその長い名前であるが、「エリザベス・グリーン」の部分はちょうどビアトリスが生まれた時、海で死んだ両親の親友グリーン氏の娘の名前を加えたのである。不幸にしてビアトリスがまだ小さい頃に父レーン氏は昇天した。

ビアトリスの母エンマは夫の死亡にもめげず、ボストン乗馬クラブに属し、ボストンに素晴しい家を建て、ヨーロッパなどへの旅行を楽しむかたわら、マサチューセッツ州知事に認められて、各種の責任ある公的仕事に従事した。

　そのうち、彼女は医学に関心をもち、内科・外科大学 College of Physicians and Surgeons に入学し、ここで医学博士号を得た。この大学の教授に、学識高く容貌の秀でたドイツ人のアルバート・ヨハン・ハーン博士 Dr. Albert Johann Hahn がいて、エンマはこの教授と再婚、ハーン博士はサン・アントニオで開業医を始めた。

　ハーン夫妻とその一人子ビアトリスは永住を志してテキサスに移り、その地で社会的に大活躍した。エンマはビアトリスをヨーロッパで勉強させるべく娘と旅行をしたが、ビアトリスが病気になって、留学は取り止めになった。

　ハーン夫妻は医者でありながら、残虐な動物の生体解剖に反対し、エンマはニューヨーク反生体解剖協会の初代会長になって、東部の各地を講演して回った。後、エンマは故あって夫と別居したらしく、ビアトリスはそれいらいビアトリス・レーンを名乗ったのである（『青蓮仏教小観』はしがきと思ひ出）。

　夫亡き後、エンマはコネチカット州スタンフォードの近郊五マイルに農場を求め、ここに住んでニューヨークへ往来した。彼女はこの家をアースキン農場と呼び、そこへの道をアースキン道路と名づけた。こうしてやがて彼女は、「農業人」Craftwoman in Agriculture としての名をも高からしめたのである。

　エンマはまたニューヨーク人間協会 New York Humane Society のメンバーとなり、動物愛護運動に参加した。これは彼女の先祖の一人が英国で、動物への残虐行為妨止協会を始めたことが影響しているという。

明治四十四年（一九一一）、ビアトリスは学習院大学にいる大拙と結婚するために日本にやって来た。ビアトリスはマサチューセッツ州ケンブリッジのラドクリッフ大学 Radcliffe College を卒業後、ニューヨークのコロンビア大学で美術の修士号を得ていた。彼女はまたニューヨークの社会奉仕学校 New York School of Philanthropy をも卒業している。

大正六年（一九一七）の始め、エンマは、日本にやって来て、娘ビアトリスのもとで老後を送ったが、充分な社会活動のできない日本に住むことに不満を感じ、アメリカに帰りたく願いつつ、結局娘の側を離れることができなかった。やがて大拙が京都の大谷大学へ移ると、エンマも京都に来て同居し、多くの友を得るとともに、聖マリア教会に通って神智会大乗舎の集会に参加した。

アメリカへ帰ることを切望しながら、エンマは上海旅行を最後の旅とし、昭和二年（一九二七）八月二十二日十二時半、八十一歳の誕生日を目前にして他界した。

以上はビアトリス自身の手になる母エンマ・ハーンの生涯の記録（英文）の概要であるが、今やわれわれは、この知的で活動的、かつ医学の立場から自ずと起こった自然愛や動物愛に見られる、豊かなヒューマニズムを兼ね備えた母に育てられたビアトリスの、面目のルーツを知ることができるであろう。

ビアトリスは伝統的なキリスト教信仰に満足できなかった上に、ニューイングランドで若い日を送ったために、エマソンやソローの影響もあって、深く東洋思想に傾倒していたらしい。そして釈宗演の講筵に列し、これによって大拙との交際が深まっていったのである。

12　人生の歓び、あるいは悲しみ

一

大拙の甥（長兄元太郎の長男）に、大拙と七歳年少の鈴木良吉という人がいて、この人は大拙が渡米すると、後を追ってアメリカに遊学し、六年ほど滞在して明治三十九年（一九〇六）四月の末に花の日本へ帰った。明治三十五年（一九〇二）十月、大拙が兄元太郎に送った絵ハガキに、

御手紙受取りぬ、良吉への書は紐育へ送りたり、予は今シカゴに在り、暫らくの滞在なり、ラサルへ帰りて後ゆる〳〵返事すべし、早川家は如何、よろしく伝へられ度、／十月二十七日　貞太郎

とあって、初めて「良吉」の名が見える。半年後の翌三十六年（一九〇三）六月十五日附、元太郎宛絵ハガキに、

四週間ほどの旅行をして一昨日帰る、ボストンに良吉を見る、精しくは良吉より既に通信ありたらんと信ず、良吉は非常に肥えて健かに見えたり、……

とあるが、二年後の三十八年（一九〇五）九月二十五日附、元太郎宛絵ハガキには、「良吉が其後の消息いかん」、また十月二十二日附にも「良吉はいかにせしか、其後無音なり」と見えるから、しばらく音信不通であったらしい。そして、十一月五日附で、

良吉先頃一寸手紙よこしたり、無事にをるよしなれど、色々失敗をつゞけたるにて、少し心配して、帰国の期のおくれるをなげきをれり、併し来年の春になれば予も当地を去りて東へ移ることになるべく、何とか都合して金の二百弗位出来るかも知れず、其時帰国してよからんと云ふてやりたり、来年中には何とかなるべし、……

とあり、また十一月十二日附で、

一週間ほど前に良吉より手紙来れり、来年中には何とかして帰国せん計画と云ふ、予も出来るだけ世話して見るべし、御安心あれ、……

また、翌三十九年（一九〇六）四月四日附、サンフランシスコからの元太郎宛絵ハガキに、

紐育にて良吉に逢ふ、頗る健在、立派なからだとなれり、其中に帰国すると言ひをれり、予は当地に四、五日滞留の上又紐育に帰るべし、……

と見える。因みに、この頃、大拙がラサールから、ニューヨークにいる恋人ビアトリス・レーンに送った絵ハガキ一枚が、『全集』第二十九巻、二四五頁に見える。われわれが手にしうる唯一のラヴレターであろう。

I did not have time to write last night. Monday you may look for two. T. /It rained all day yesterday and it seems to be going windy today. Did you succeed in finding a suitable room? Where shall I send my next letter?（拙訳・昨夕は手紙を書く暇がなかった。月曜には貴女は二通の手紙を受け取ることになるでしょう。T。／昨日は終日雨でしたが、今日はどうやら風のひどい日になりそうです。

よい部屋は見つかりましたか。次の手紙はどこ宛てに書けばよろしいか。）

いかにも毎日のように手紙が書かれたらしく、話題も日常的で、昨日今日のことで終わっているところに、大拙らの愛情の往き交いが見える。

明治三十九年四月二十三日、大拙は山本良吉に宛て、英文の手紙を書いてその中で、甥の鈴木良吉が、この手紙と同じ船で帰国すること、彼のために何か適当な職を探してやって欲しいと書いて送った。それに対して山本良吉が、六月一日附の大拙宛書簡で、

先便良吉君未だ御来訪なき由申し上げたるが、一昨日御来訪、久しぶりにて御眼にかかり、誠に全く御見忘れ申し、其立派なる紳士的態度には一驚を喫し候。種々アメリカ談を承り、愉快に感じ候、之を聴き、益吾等も一度向へ参らねばならぬ様な気持致候。貴兄の実際の御近状をも拝承致候。……良吉君の将来の事業につき、小生は寧ろ今一度渡航して相当の仕事（一生の仕事）に取りかかるる様に申したれども、御家情とかにて夫には参らぬ様子、夫ならば寧ろ商館に御入の上今迄修められしアメリカの知識を利用なさる方宜しからんと申居候、尤も外交の方に御入の御思召にて、東上にでも致さるるならば、応分の御世話は致すべき旨申上置候。／貴兄の御著述（筆者註・『大乗仏教概論』のこと、明治四〇年〔一九〇七〕ロンドンより刊行）も既に校正に御着手の由、大に満足致候、何卒完全なるもの御出版の上、相当の信用を得られ、之によりて何か都合よき仕事 profession に御着手の方偏に希望致候。日本に御帰は小生は余り御勧不申。如今世界各国が日本に多少の注意を払ひたる有様なれば、此期を利用して何か仕事もなきものにや。良吉君の話をきき、其日本に帰られしは如何に不

幸かと存候程に候。君程の英文力あらば日本の歴史を訳するにして、美術又は国民の Geist を紹介さるるにも聊不足なき訳には候はずや、……（『未公開書簡』別冊一五）

と見え、帰国早々の良吉が、早速大拙の紹介によって山本良吉に逢い、かの地における大拙の状況を報告したことが分かるとともに、これを聞いた山本は、それ以前から渡米したいという自分の念願も手伝って、大拙には帰国しない方がよいと忠告しているのである。しかし、先にも見たように、大拙の帰心はすでに矢の如くであったし、ビアトリス・レーンとの約束で、日本に帰って結婚をし、外交官として身を立てようという計画も確立していたので、山本の忠告には耳も貸さず、大拙は帰国後のことについて、また、アメリカ人女性を連れて帰るための準備について、山本に多くの質問を書き送ったらしい。その手紙を見ることはできないが、山本良吉の返信（明治三十九年七月六日附）によって、逆にその内容をよく察することができるので、左に写してみよう。

五月二十二日御出の問多き御手紙二週日斗前に入手致したれども、丁度転宅騒にて致失礼候。……○愈外交官御受検の由、過日未定の様の御手紙如何と思ひしに、御決定ならば更に別の書をも御送可申歟。試験問題試験官の姓名など、もし必要ならば又調可申。小生は期限は知らず、聞けば直に明るべしと思ふ。○ bed、机 chair, などの価は詳しくは知らず、併し外国とは高き方なるべく思はる。安きものは実質悪しきなり。○日本婦人は毛皮製のものは未だ多く用ひず、中に贅沢社会にて流行せんも一般にてはなし。○ stove は中々用ひられず、蓋し坐するに stove は却って身辺を寒くすればなり、ガラス戸も中々用ひられず、日本の家には夫には余り弱き故にや。○食事は大分西洋風になりたり、但し財政上の都合は未だ其流行を許さず。○電気灯は、店などには大分用ひらる、普通の家には尚少し。○浴室は全く進行の跡なし。家の大さの改良されぬ今日中々浴場に手は延びず。○生活は戦後余り高くはならず、但 gradual なり。○戦争の flow は別になし。日本は別に戦争より困らぬらし。○保守的（精神上の）傾向は proper influence をもち来たれり。今迄は余りに non- 保守的なりき。但し生活、交際上の事は全く西洋流横行ともいふべく、中々保守処にてはなし。今は保守的傾向を維持するが吾等の役目となりし様に思はるる程なり。吾等の頭は実に保守的になれり。特に婦人に対する今迄の考が甚しく誤れるを今更確認したり。米国も今は其婦人の位置の誤まれるを悟りたるなるべし。○良吉君は別に異なる点を見付けず、教育ある circle は皆ああいふ工合にならんとし居るなり。／御帰国の土産は色々あれども、何が best か一寸気がつかず、吾等が十年の家庭的生活は余りに無用の物を買ひ過ぎたり。○妻は子供の鼻を高くする道具が欲しいといへり、其他未だ考へつかず。○昨年御送の被物は彼方はどうにか明りしと思ふ。日本にもああいふ服を被たる女は少々はあり。京都に洋行者は少からず。neck が狭過ぎて実は小供の用に適せず。又手が長過ぎて縫上げを要すといふ欠点はありしも、其二点を都合よくすれば中々美事に被られるなり。両三回は被たり。良吉君は一泊もせられぬ故之につき相談はしたかりしも其暇なかりき。○小生は butter もなく fountain pen もなし。何も欲しいが小生の欲しいものを列挙すれば切りがなかるべきか。もし自由を言へば、よき髪剃と革砥は希望なり。贈物としてにあらず、小生の注文品として求むる折あらば求め給へ。／高等学校の英語教授は九百円以上なるべし。位置は少しといふを可とす。特に高等学校に於て然り。東京にて私立に働き漸々信用を得て公立に進まるる方如何。／右まで書きて夜深けたり次便に続く。／過日送られし理化の応用 How to make & How mend〔ママ〕は結構なり。友人のなれば代価を告げ給へ。是非是非、其友人尚「理化学の応用として房厨（ママ）、料理、衛生等家庭日用に便なる事項を記載したる通俗的書物」を何冊にても御求被下度し。之は買う方故、代価は是非御通知を願候。／小生の願ひし看護婦の伝記、又は之を奨励すべき小説等何か見当らずや。又々百雑貨店の目録一冊御序に御贈願はれずや。之にて失礼。／良吉／鈴木兄（『未公開書簡』別冊一六）

　長々と山本良吉の手紙の全文を引用した理由は、この手紙ひとつ見ても明治三十九年という時代に、西洋の生活文化が知識人を通ってわが国に流入してきた様子が、手にとるように知られるからである。他の多くのフロンティアンたちと同様、大拙も十年に垂《なんなん》とする孤独な異国の生活を通して、異国文化の異和感を苦難のうちに克服し、やがて帰国するに及んでは、身につけた西洋文化の素養を、いわゆる「バタ臭さ」としてわが国へ流入せしめたのである。そこには山本良吉のような、知識人たちの受け皿が必要であったわけである。

二

　大拙は釈宗演の第二回目の米国巡錫に通訳として随行するため、明治三十八年（一九〇五）九月からラサールの住居を離れてサンフランシスコに行き、半年ほど滞在、翌三十九年三月に宗演とともにラサールに帰り、さらに宗演に随行してボストン、ワシントン、フィラデルフィア、ニューヨークなどを旅行した。

明治四十年（一九〇七）、三十七歳の大拙はメーン州グリーンエーカーにおいて、初めて、仏教に関する講演をした（『全集』第三十巻、年譜参照）。翌四十一年にはエドワード・ヘゲラー翁の篤志を受けて、初めてニューヨークよりヨーロッパに渡り、イギリス、ドイツ、フランスなどを歴遊した。特に七月にはロンドンにおける国際スウェーデンボルグ大会（協会創立百年記念）に日本代表として出席し、また、九月にはオックスフォードにおいて開かれた万国宗教史学会に、選ばれて東洋部副会長になるなど、大拙は既にラサールの地から飛び立って、世界のＤ・Ｔ・スズキとして名を馳せるほどになっていたのである。

明治四十二年（一九〇九）四月、大拙はヘゲラー翁が逝去したことを知ると、再びアメリカへ引き返すことを断念し、スエズ運河を経て、十二年振りに懐しの故国に帰ってきたのである。大拙は墓参のために金沢に行き一週間ほど滞在して、六月より東京赤坂区青山北町六丁目三十六番地というところに住んだ。

同年八月、大拙は藤岡作太郎や、同郷の人で当時学習院の教授であった吉田好九郎（『未公開書簡』六九、註④に伝あり）などの奨めによって、神田乃武に代わって学習院の教壇に立つことになった（「報酬一箇年金千八百円ヲ贈与ス」）。また学習院在籍のまま、東京帝大文科大学講師（「報酬一箇年金四百円贈与ス」）にもなったのである。この年に大拙の恩師である北條時敬は学習院院長となり、翌年山本良吉を京都から呼び総寮長となし、また大拙を第一、第二寮長に任じて教育改革を計ったが、貴族たちからの反対運動に遇い、大正九年（一九二〇）に院長を退いた。この間前後十二年、大拙は旧師北條先生のもとにおいて心友山本良吉と生活を共にしたことになるが、帰国直後の大拙にとって山本らとの日々の生活は、さぞ楽しいものであったことであろう。因みに大拙は、山本に後れること二十五年してこの世を去ることになるが、その命日は奇しくも山本と同じ七月十二日であるという。

三

さてアメリカより帰国した当時の大拙の様子を知る人の少ない中に、東京在住の林田久美野さんという人がある。このご婦人は、あの大拙の甥（長兄元太郎の長男）でアメリカに遊学して大拙の世話になった鈴木良吉の四男一女のご長女に当たる人である。お生まれが大正七年（一九一八）であるから、帰国当時の大拙の目撃者ではないが、大拙が帰国して先ず身を寄せた家のお生まれであるから、ご両親からの聞き伝えは正確である。その上、大拙の大谷大学時代にはビアトリス夫人亡きあと、大拙と生活を共にされていたこともあるという。

平成三年三月六日午後のひととき、林田久美野さんはご長女小山伊都子さんと、ご長男林田裕介氏を伴って禅文化研究所に来られ、大拙の思い出を諄々《じゅんじゅん》と語ってくださった。お話の内容はいずれ『大拙の思い出』（仮題）として刊行されるものの基調であるが、その時、面白い話を聞いた。

大拙は帰国すると青山に住んでいた鈴木良吉家の隣家に寓居した。もともと大拙は元太郎の末弟であったから、元太郎の長男良吉とは年もあまり変らず、まるで弟のように可愛がっていた。その良吉は大拙に先立ってアメリカから帰り、結婚して青山の借家に住んでいたのであるが、彼がアメリカ風の生活に馴染んでいたことは、帰国して間もない大拙にとって何かと好都合であったであろう。良吉の家と隣家との間に渡り廊下を設け、良吉の妻ハツが食事を運んだ。当時はまだパン屋というものがなく、ハツが遠くまでパンを買いに行ったのを、近所の人たちは奇異の眼で眺め、近所の子供たちも「パン食、パン食」などと叫んで揶揄したので、恥ずかしい思いをしたという。それはわずか一年余りのことであったが、良吉の妻は、帰国して間のない独身の大拙のために、台所のテーブルには白いクロスを掛け、あるいは花を飾りなどして慰めたという。

やがて明治四十二年（一九〇九）八月二十四日、良吉に長男の玲が産まれると、大拙は大いに喜んで自分の書斎に寝かせたりして可愛いがった。玲は後年よく読書を好んだが、それは生まれながら大拙の書斎で受けた三つ子の魂であったと評されたという。大拙は鎌倉に足を運び、東慶寺に止宿したりしたようである。翌四十三年になると、大拙は新仏教徒同志会評議員となり、宮内庁より正七位に叙せられ、また八月には釈宗演を会長とする禅道会の主幹となって、雑誌『禅道』を創刊している。

明治四十四年（一九一一）十二月、大拙はアメリカからやってきたビアトリス・レーンと、横浜のアメリカ合衆国領事館において結婚式を挙げ、野村洋三宅にて披露の宴を張り、小石川区高田老松町十六番地に新居を構えた。大拙はここより人力車に乗って学習院へ通ったという（林田久美野さん談）。大正二年（一九一三）になると、大拙夫婦は家政婦として関口このを迎え、日本の生活に馴れないビアトリスの家事を手伝わせることになったが、通称「おこの」はその後の三十年の生涯を、大拙のために捧げることになったのである。

このの記憶によると、当時の道路はぬかるみになると、人力車に着いた泥を洗うだけでも大変であったという。また当時の便所はまだ水洗でなかったから、ビアトリスにとっては容易なことではなかったし、何よりも彼女には、日本語が全く通じなかったのである。夫婦の日常会話はすべて英語であったから、ビアトリスの日本語は晩年まで上達しないままに終わったという。

四

松方三郎氏に「学習院教授時代の鈴木先生」（『鈴木大拙の人と学問』春秋社、六三―七四頁所収）と題する一文があり、当時の大拙の様子が髣髴としている。面白そうなところを写してみよう。

最初は講師で、一年たって教授ということになった。学習院では教授になると海軍の将校のような詰め襟の制服を着るのである。……先生は学習院教授になられた翌年すなわち明治四十四年にビアトリス夫人と結婚され、大正十年に学習院をやめて京都に去られたのだから、「十五年の長日月」（筆者註・大拙が『青蓮仏教小観』の序に、「ほとんど十五年の長日月を余所事に費さざるを得なかった事実は、亡妻のいつも口癖のように悲しんだところである」というを指す）の大部分は学習院の時代なのである。……先生がただの英語の先生ではなくて、何か段違いの存在であるということだけは中学に入りたての小さいころから、何となく感じていた。……

「河童」という先生の渾名がいつから先生についていたのか、……「風貌」に載っている土門拳の腕になる先生の肖像などをみても、往年の「河童」的風格が察せられる。……

年譜によれば、先生は神田乃武先生のあとをうけて学習院の英語の先生になられた、となっている。神田先生は日本の英語教育史の一大先覚だ。そのころの学習院には、熊本謙次郎とか南日恒太郎とかいう英語教育の大家が並んでいた。ところでその中での先生の英語の教え方はおよそ風変りなものであった。先生は英語を英語のままで理解させ、また英語を通してものの考え方を教えようとされたのかも知れない。だから私たちは先生からは文法というものは一切習わなかった。単語など一つ一つ暗記する必要なし、その代り、いつも辞書を手にすべし、というような式だった。これでは高等学校の入学試験を受けたら失敗したかも知れない。しかし私たちはそれに代るたくさんのものを学んだという気がしているのである。（後略）

日白時代の先生の住いは目白台の南のはずれに近いところにあった。町名でいえば高田老松町というのであろうか。女子大学の前の通りで、通りから細い露路を入ったところに玄関があった。露路の両側に背の高い檜が何本か並んで植えてあったのが印象的であった。玄関には板に英語を彫った額がかかっていた。日本式でいえば扁額に相当するものだろうが、その上には、

The World is my Country
To do good is my Religion

と彫ってあったと、犬養健さんが昨年八月の『大法輪』に書いている。……

小さな庭に向かって座敷があって、仏壇には線香が上がっていた。猫の可愛い位牌のあったのが忘れられないが、いま松ヶ岡の大きな仏壇にあるあれと同じ位牌であろうか。生きた方の猫も、もちろん何匹かいて先生の家の内外を横行していた。……先生は私たちには日本語で応待し、猫には英語でたしなめていられたのだから、これは確かに異様な風景であった。……

先生と奥さんとの散歩姿も、そのころ目白界隈に住んだ人には忘れられないものの一つだろう。先生からすれば当り前のことを当り前にやっているだけだということに相違ないのだが、海軍士官のような学習院の制服を着た先生が、先生よりも大きな奥さんと二人して、あの目白の通りを歩いていかれる、ただ外国の婦人が歩いていても大人は振りかえり、子供はそのあとをついて歩くという時代のことだから、これは何としても異様な風景であった。

また、秋月龍珉氏は、京都時代のこととしてこんな話を書いている。

あるとき、この動物たちの飼料を買う金がなかった。夫人の訴えに困りきった先生は、手元にあった何部かの『祖堂集』を、お手伝いのおこのさんに託して、売って歩かせた。これが『祖堂集』が世に出た因縁であるという。先生は朝鮮に『大蔵経』とともに、『祖堂集』という秘本の板木があることを、石井積翠居士か誰かに聞かれ、世話をした大谷大学の朝鮮からの留学生が、帰国の挨拶にきて、朝鮮に帰りますが何かお役に立つことでもありませんか、というので、そのとき金を託して、『祖堂集』を十部余り刷ってもらわれたのだという。『景徳伝灯録』より五十年ほど古く出来たものとして、今日は禅宗史学界で貴重視されている『祖堂集』であるが、先生自身は、〝あれは未定稿だ〟として、それほどには見ていられないこともあって、こうした因縁でもなければ、外には出されなかったであろうことを思うと、まことに〝縁は異なもの〟の感が深い。（「ビアトリス夫人のこと」秋月龍珉著作集6『人類の教師・鈴木大拙』一七三頁）

大拙の小伝を初めて書いた岩倉政治は、大谷大学の学生の頃の思い出を次のように書いている。

大谷大学教授時代の大拙とビアトリス、中央は養子のアラン。

ビアトリス夫人は、いろんな点で、先生と対蹠的な人柄であったと思われる。言ってみれば、先生の超脱枯淡に対して、煩悩具足の凡夫性をそなえていた。もちろんそれを悪い意味でいうのではない。むしろそれほどに、自然で純真な人であったというのである。この夫人にくらべて、先生のごときは、どうやら、生まれながらの上根に属する人であろう。……そのような先生にとって、ビアトリス夫人の豊かな凡夫性は、大衆を写す一つの鏡として、非常に貴重であったろうと考える。夫人は、実にやさしい心をもつ人であった反面、なかなかわがまま駄々っ子でもあったようである。情感が豊かで、宗教人であるよりむしろ詩人であった。……大拙・貞太郎・鈴木のような人物を愛したのだから、そこに夫人自身の偉さがあったことはいうまでもないが、たぶん若いビアトリス嬢は、自分に欠けたものを、日本の一青年学徒、鈴木のうちに見たのかも知れない。……夫人は、先生に対して、妻というより娘のように無邪気に甘え、そして頼り切っているように見えた。そして時々、ききわけのない愚痴や駄々をこねるような場面に、わたしは何度かぶっかった。……そんなとき先生は、しばらく子供をさとすように、あやすようにやさしく返答しているが、それでも納まらぬ時は、きつい調子で、ぴしゃりとやることがある。……しかしそうして夫人をたしなめながら、先生は、その夫人のいじらしい姿から、多くのものを学び、人間のむつかしさを知らされていたに違いない。……先生の学問の深まりは、一つには、先生夫妻のたたかいと和解の生活、その弁証法的関係に負うものとわたしは考えている。なぜなら、ほとんど書斎に引きこもって、俗世間に浸ることの甚だまれな先生にとっては、ビアトリス夫人こそ、凡夫の世界に開く大切な窓となっていたからである。……後年ビアトリス夫人が悪性腫瘍に悩んで亡くなられたとき、わたしは、しかし、先生の実に人間的な愛情の深さに感動し涙を流した。夫人の病床につきっきりになった先生は、あぶら汁を流して苦痛を訴える夫人のそばで、最後までその苦しみを分かち合い、その老体をかえりみず看護につくした。当時の先生の悲しみとやつれは、見るにたえぬものがあった。……そのような先生のなかには超脱や枯淡はなく、ただあくまでも人間的な自然な、最愛の者へのせつない献身があった。わたしはほとんど驚歎して、憔悴の先生を打ちながめ、この師匠への尊敬を新たにしたのである。（「ビアトリス夫人」のこと『前掲書』一七五―一七七頁）

このようにして自分の帰国によって愛する人を異国で送らせることになった大拙は、生涯を通じてどれほどビアトリスを愛しく思ったことであろう。筆者は今春、前述の林田裕介氏から貴重なビアトリス夫人の写真のコピーをいただいた。その写真の裏に西国霊場の第一番、第十九番、第二十三番、第八十八番の朱印が押してあり、中央に大拙がペン書きで「青蓮院琵琶妙演大姉位／俗名ビアトリス／Beatrice Suzuki」と書いている。どうやらこの一枚の写真は大拙がビアトリス亡きあと亡妻の想い出のために、肌身離さず持ち歩いていたものらしく、四国に旅した時など、霊場を訪ねて彼女の追福を祈っていたものらしい。ビアトリスは昭和十四年（一九三九）七月十六日、東京築地の聖路加病院にて、六十一歳を一期として昇天した。大拙は六十九歳であった。大拙は密葬を済ませると、早速山本良吉にこのことを報じた。

家内儀、永の病気、一昨日愈々終焉を告ぐ、昨日火葬、葬式は今秋京都へ帰てからする考なり、右おしらせまで　早々／七月十八日／貞／良吉君（『未公開書簡』九三）

山本は山本でビアトリスの死を新聞で知って、その日（十九日）のうちに悔みの手紙を書いた。大拙の手紙と入れ違いになったらしいが、いかにも朋友同士らしい素早さである。

奥様遂に御長逝の由、新聞紙にて拝見、貴兄も多少御期待相成りし事とは存候へども、いざとなると誠に御気の毒に不堪、殊に半生の御事業の片腕とも頼まれし事とて、御力落の程御察申上候。老来妻に別るる事、真に人生の大不幸と、男の利己心かは不死〔知〕とも、常々思居候事実を先年西田君に於て見、今亦君に於て見る。誠に君は、西田君の当時より年が進めるだけ、淋しさ一入と存候。只々山積の君の事業を御供養と思召され、其方に御尽心御利するより

大拙がつねに懐中にしていたビアトリスの写真

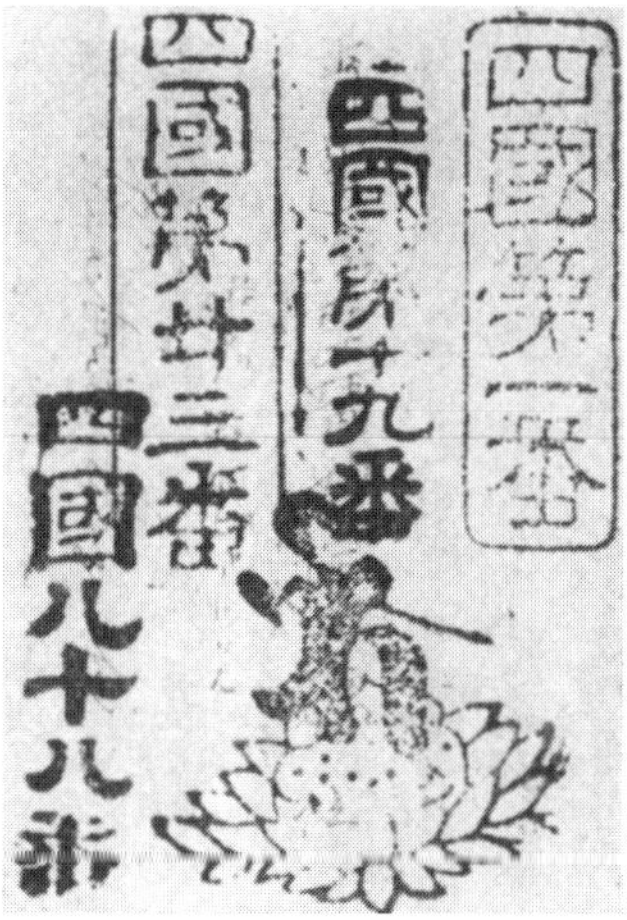

右写真の裏。大拙が、法名などをペン書きし、西国霊場の朱印がある。

外に途も無之候。葬式は如何被致候哉。……半日の余談にて、聊にても御慰にもならばと存候へども、今の処自身に何の見当もつかず候。当分はさみしからう。何と御慰めの仕方もなし。何とかして元気を落さぬ様、只々祈上候。／七月十九日　良／大兄（『未公開書簡』別冊二六）

秋になると十月十三日附で大拙は、ビアトリスの葬式の案内状を、左のように印刷して知友に送った。

拝啓／妻ビアトリス儀、去年春早くから、病気のため、東京築地聖路加国際病院にて療養、夏秋の交、両三回退院したり入院したり致候も、十一月の中頃過ぎから、どうしても継続的に入院して居なくてはならぬ形勢に立いたり候。万一を念願致候も、今年春末になつてからは、愈々危機に入り、絶望と諦めなくてはならぬやうに相成、七月十六日朝、遂に息ひきとり申候。／病中は中々の苦痛を訴へ候も、死後の相貌は、如何にも平和で、此世ならぬ美しささへ見られ候。又病中は頻りに自分の仕事の完成せざりしこと、また死んでは夫の仕事を助けることの不可能なることを歎き候。（中略）遺骸は死後直ちに東京で荼毘に附し、今日まで鎌倉円覚寺内正伝庵（昨年夏から秋末まで療養致居候箇処）に遺骨を安置致置候処、今回、百ケ日を期して、来る十月二十二日（日曜）午後二時、故人因縁の深かりし京都東寺において、葬式、追善供養、告別式などと称へられるものを一緒にして挙行致す事に相定候。……（『未公開書簡』九三）

鎌倉浄智寺の朝比奈宗源は、ビアトリスが円覚寺で参禅した頃、管長の広田天真より与えられた道号「青蓮」と、彼女が昭和の初め東寺で受明灌頂を受け、管長松永昇道から授けられた戒名「妙演」と、ビアトリスが生前日本名として用いた「琵琶」（ビアトリスの音をとったもの）の三つを合せて法名とした。

その密葬の秉炬《ひんこ》の偈《げ》に、「眼似㆓青蓮㆒心白蓮。百千妙義自由宣。輔㆑郎能就㆓巨篇著㆒。遺徳遠流㆓欧美天㆒」と唱えている。後に遺骨は三分して、一は金沢の鈴木家の墓、一は鎌倉東慶寺楞伽窟塔所阿弥陀仏下、一は高野山奥の院近くの五輪塔下に埋めた。高野山は、ビアトリスが晩年の十教年、弘法大師を景仰し、その教義の研究に傾注した因縁によるのである。特に彼女がその英訳を志していた『菩提心論』を大拙は、秘かにビアトリスの遺骸の懐に入れて荼毘に付したという。

同じ年の十二月十六日、ビアトリスの五ヵ月目の命日を卜して大拙は、彼女の仏教研究の遺稿二十八文を集めて五篇とし、『青蓮仏教小観』（二巻）と題して刊行（非売品）した、その冒頭に大拙は「はしがきと思ひ出」を書いて、亡妻を偲んでいる。それによってわれわれは、ビアトリスの人となりを、最も正確に知ることができる。

亡妻は動物愛護のため、鎌倉に慈悲園なるものを経営して、自分相応の力で、訴うる途なき動物の保護に従事した。仏教に縁深き日本人が、割合に動物を虐待して少しも怪しまぬ風習のあるのに対して、亡妻は一種の憤さへも感じて居た。動物のみならず草木さえも濫りに剪伐することを好まなかつた。庭樹なども余りに生長して、却つて相互のためによくない場合、自分が、手入れでもしようとすると、亡妻はこれに反対した。それでそんな事は彼女が留守の折りを見て竊かにやつた。（中略）

ビアトリスが肉食に反対した理由も慈悲思想の発現であつた。晩年二十年程は毛皮をも着用しなかつた。自分即ち此文の記者が肉食に対して絶対に反対もせず、他から供せらるるままに、これを食する場合には、彼女はいつも不快に思つてゐた。……

彼女は生来何となく基教の或る方面に対して不満足を感じてゐた。それで渡日以前には、クリスチヤン・サイエンス、ヴエダンタ、ベハイ、セヲソフイ、ニユーソートなど云ふあらゆる『異教的』新信仰といふべきものを研究した。渡日するに及んでは、大乗仏教の各派にわたりて摸索の目を張つた。夫が学禅者なので素より禅を修めた。奉職の学校が真宗関係なので親鸞の言行に興味を持つた。シンボリズムにも留意する事を忘れないで此方面から天台をも学んだ。真言宗には最近十年の間毎夏高野山に登つて、実際と理論の上から、弘法宗の勉強を懈らなかつた。……

病院に籠居生活をやつてからは、病院附属の文庫中から日日十数冊の書籍を取り出させて、これを耽読、乱読した。病院生活は前後殆ど一ヶ年半に渉るが、その間に読んだ書物実に四百八十冊以上である。……

亡妻は実に神速を極めた読書家であった。小説など一日に二、三冊はらくに読んだ。一行二行と読むのではなくて、一頁二頁と進んで行くのだから早いも道理である。……

亡妻の性格は内外玲瓏で矯飾がなかつた。内に感ずるだけを外に現した。殊に家庭に在りては本来の性格の動くまゝに行動したので誠に工合がよかつた。一たび人を信じたら、どこ〳〵までも信じきるので、好加減なうそをつけなかつた。一寸逢つた人には多少控目なところもあつたが、家に在つては少しの腹蔵もなかつたので、朝から晩まで話はつきなかった、政事に関しては殆ど何等の興味をもたなかつたが、社会の事象についてては、東西といはず、内外の新聞や雑誌を読むごとに自分の意見を吐くことを忘れなかつた。彼女亡きあとは此点でも何となく物足らぬ気持がするのは人情の自然である。よく『一体』だと云つて居たのが、今やその半体だけを残されたのだから、わが生活の全面に渉りて十成ならざるは已むを得ぬ。また『一体』になる時節もあらう。菩薩の願は尽きない。

大拙が愛妻ビアトリスのもとに逝くためには、その後二十七年の永きにわたる孤独の日々を過ごさねばならなかった。その間、昭和十七年（一九四二）七月十二日、心友山本良吉を〈大拙七十二歳〉、昭和二十年（一九四五）六月七日、西田幾多郎を〈大拙七十五歳〉、昭和二十三年（一九四八）七月二日、多年身の回りの世話をしていた関口このを〈大拙七十八歳〉、昭和二十四年（一九四九）二月五日、援助者安宅彌吉を〈大拙七十九歳〉それぞれ鬼籍に送った。

この大拙の寂寥を癒し、世界のD・T・スズキに晩年の命をあかあかと燃やしつづけしめたのは、ビアトリス亡き後に大拙のもとへやってきたアメリカ生まれの二世、岡村美穂子さんであった。

13　D・T・スズキと美穂子さん

一

大拙の名をD・T・スズキとして世界に高からしめたものは、そのおびただしい一群の著作である。古田紹欽編『鈴木大拙の人と学問』（春秋社）所収の「著作目録」によると、大拙の名で刊行された日本語の著作一〇三、英語で書かれたもの三一が挙げられている。不立文字を説く大拙が、あれほどに饒舌であるのを一見矛盾と見る向きもあったらしいが、文字にならぬことを、敢えて文字で説明しようとした点にこそ、大拙ならではのオリジナリティがあるわけであり、それこそが大拙生涯の慈悲行であったと、筆者は固く信じている。

今日、世界の隅々で、坐禅にいそしむ人々の数が増えつつあるが、もとはといえば、大拙の飽くなき禅への誘いがあったからである。大拙が世界の思想史に与えた影響には、計り知れないものがある。どんなに冷静に考えてみても、大拙のこの点の努力を否定することはできないであろう。

一九五〇年代から六〇年代にかけて、大拙の著作をそのまま吸収し、坐禅の実践なしに、禅を知的に了解し、単に西欧文化にとってのカウンターカルチュアとして迎えようとした欧米の知識人たちが多く出て、それがキリスト教文化圏に大きな揺さぶりをかけたことも事実である。いわゆるビート禅の盛んであった一九六〇年代頃の一過性の現象である。しかし、今日では禅を口にする人たちにとって禅の実参は常識となっている。今日の欧米では、もう大拙流の禅の説明もアウト・オブ・デート（時代遅れ）として、学界で引用されることはむしろ稀になってきている。しかし、欧米における禅学の研究を今日のように自立ならしめるに至った基礎に、大拙の著作と講演の努力があったことだけは無視することができないのである。

大拙に於けるもう一つの、否、より重要な功績は、漢字圏を母国とする禅仏教を、英語によって説明し尽くした点にある。日本の禅を見れば、盤珪の平語禅を唯一の例外として、未だに漢文の域を脱しえぬまま、今日に至っているのが現実である。いわゆる禅者独特の「言詮」の妙をはずしては禅の妙味を得ることができぬかの如く、日本の禅はその初入の鎌倉時代から今日に至るまで、依然として漢文語録に依存している。いわゆる仮名法語の類は、禅僧が特別の外護者（スポンサー）に与えた「法語」であって、禅の第一義を挙揚するには、依然として中国の風を踏襲することから一歩も出られないでいるのが事実である。

しかるに、大拙はこれから脱皮し、禅録を英文に翻訳し、漢文の読めない西欧の人々に、専ら英語を用いることによってのみ、禅を説いたのである。

単に語彙の問題のみではない。英語独特の表現方法や文章の構造のもつ論理性は、禅の直接的な指示を伝えるには最も困難な障礙となる。特に禅の詩情を伝える場合など、英語ではほとんど絶望的といえるような異質性がある。大拙はそれを見事に超えたのである。

いったい大拙にのみ、何故それが可能になったのであろうか。いくつかのことが考えられる。まず、大拙に基本的な漢文読解の素養があったことである。漢文がよく読めることは、その内容を充分に身につけることにつながる。漢文が読めないと、漢文の理解にエネルギーを奪われるばかりで、漢文から離れられないのである。大拙の場合、すでに金沢の時代から、友人への手紙を全文漢文で書くほどで（『未公開書簡』二、三）あったことから、大拙が禅録や経典を読む力には、われわれと比較しえない実力があったのである。しかし、その点だけならば明治の人々に一般的な能力であって、とりわけて大拙に固有のことではない。

大拙に特徴的なことは、日本の近代化のための重要な用具としての英語に対する、早くからの関心である。大拙はすでに金沢の石川専門学校附属中学において英語をマスターしていたに違いないことは、彼の学友たちが英語教師本間六郎の授業法を批判し、排斥運動までするだけの力さえ持っていた（『未公開書簡』九）ことからも窺うことができる。大拙自身は、蛸島高等小学校で英語の教師をしたあと上京、東京専門学校（現在の早稲田大学）に入学して坪内逍遥に英文学を学び、坪内をして辟易せしめるほどの勢いであったらしい。その上、在米十一年というキャリアを持つ人である。帰国に当たっては友人山本良吉でさえ躊躇したアメリカ夫人との結婚を敢えてした大拙には、すでに国境というものはなかったのであろう。

国境がないということは、大拙にとって禅もまた中国のものでも、日本のものでもなく、人間一人ひとりのものであることを意味したに違いない。そこに禅についても国家や教団から全く自由な大拙の、「自在性」の立場が開かれている。

第三に、大拙における宗教一般についての見識の問題がある。大拙は鎌倉で禅を実践し、渡米以前の臘《ろう》八《はっ》で見性体験をしたと言われている。ことの真偽は別として、大拙には既成の伝統教団の枠を越え出るほどの、宗教的信念というものができていたようである。それが渡米以前に書かれた処女作『新宗教論』に表われている。新しい時代の宗教に対する大拙の見解は、旧態然たる宗教のありさまへの批判を含んでいたに相違ない。たとえば、大拙は次のようにいっている。

識者すら宗教と妄想とを同一視するにおいては、滔滔たる愚民如何ぞ能く宗教の真実分子を看破せんや。故に吾人は宗教的感情を涵養せよと云ふと同時に、理智の研究をわするるなかれと叫ばんと欲す。……さらば宗教の決して智慧以外に立つべからざるや、愈々明なりと謂はざるべからず。（『新宗教論』『全集』二十三巻、二二一―二二三頁）

若し宗教を以て出世間的信仰なりと曰はば、宗教は閑人の閑事業たるを以て満足すべし。葢し宗教は人道を離れて独立するものにあらず、人道は宗教を離れて孤存するものにあらず。出世間と曰ひ、世間と曰ふは、只方便のための区分たるのみ。（同右『全集』二十三巻、一四四頁）

宗教的思想の最も高度に現はれて自覚に上り来るは、逆境に処するとき、即ち愛せるものを失ひたるとき（一）、自ら善と思へることの行はれずして却て窮迫に陥るとき（二）、自ら一時の情に任せて残酷惨烈の所行をなしたる後、意平に心静まれるとき（三）、非常の患難交々到来して其生命を危うするとき（四）に在り。（同右『全集』二十三巻、六三頁）

宗教の本務は、必ずしも死者のために……あらず。……宗教の要は寧ろ生者に在り、生者をして真理の福音に随喜せしむるに在り。（同右『全集』二十三巻、一四一頁）

このことはまた禅宗という、彼にとって身近な宗派に対しても、その歴史感覚と知識面の欠如に対する指摘となるのは当然である。

禅者は一体に歴史や学問には無頓著である。それも不可でない、禅は元来時処に囚はれぬのがその妙処である。が、世間に対しては、又説通も一個の方便である。それ故、近時は禅者も、少しく世間の学者の云ふことを聞いて、而してそれに対する自家の立場をも明かにしておくとよいと思ふ。（「随筆　禅」『全集』十九巻、五一六頁）

普通、看話禅で叩き上げた人々には、「凡夫」の心境がわからずにすんで居る。……苦の問題、悪の問題が、いつも宗教学上のスタンブリング・ブロックであるのは、何故であるかと、考へて見なくてはならぬ。看話禅の人は実に心をここに致すべきであると、わしはいつも考へて居る。……此の黒闇闇に転輾反側して居る人の魂を何とする、これを救ひ得るものは悟りだけではいけぬ。自分も一たび此の闇路を歩いて餓に疲れた体験がなくては、手も足も出せぬ。ここに禅の限られたところがある。悟りの箒は割合に大きな塵を掃ひ去るであらうが、細かな埃りの跡は、次から〳〵流れ込んでくる。人の心は始めからかう云う塩梅に出来て居るので、何とも致し方がない。（同右『全集』十九巻、五二一—五二二頁）

これらごくわずかの片言隻句のうちにも、大拙九十年の「説通」（宗教の真理の第一義を宗通というに対し、これを説き示すこと）三昧の慈悲行の出所がはっきりしている。いわば大拙は禅を上（証位）からでなく、民衆の立場（つまり信位）に立って説こうとしたのである。そこに大拙の立場の世界性、彼自身のことばでの大地性を見ることができるであろう。

二

大拙が身につけていた宗教の普遍性というものは、右に見たように大拙の徹底的に個人的な宗教体験(禅における己事究明の徹底的個的側面)を原点にしつつ、しかも世界的言語としての英語を駆使することによってなされる説通の世界的広さ(禅体験の表現の自由闊達的側面)とが相俟って成り立つものであった。しかるに、そのような大拙の宗教的活動を真っ向、否定してくる事態が発生した。それは日本軍国主義が、欧米諸国を向こうに廻して起こした大東亜戦争である。大拙がビアトリス・レーンと結婚したのは明治四十四年(一九一一)であり、夫人の協力によって、大拙は日本から世界に向けて次々と英文の著作を刊行し、D・T・スズキの名は世界的なものとなっていた。西欧の知識人や学者たちは、大拙を通路として、「東洋的なるもの」、とりわけ禅と浄土の思想史的価値に注目していた。それが禅道を基盤とする軍国日本の思想と、大東亜共栄圏的世界征覇の野望によって閉ざされてしまったのである。

大拙にとって不幸中の幸いは、白人種であったビアトリスが、この不幸な戦争を知らずして、戦争勃発の二年前、昭和十四年に他界していたことであった。ビアトリスを失うことは大拙にとって悲しい運命であったが、むしろ、生けるビアトリスに降りかかる迫害を思えば、大拙にとってどんなに救われる思いがしたであろう。大拙はこの内心の安堵を親しき人々に伝えていたという(別宮〈岡村〉美穂子さん談)。

実際問題として、大正十三年(一九二四)に、創立直後の京城帝大教授として来日、大拙の著書に親しんで禅と日本文学に特別の関心を寄せていたイギリス生まれのR・H・ブライスは、昭和十五年（一九四〇）に金沢の第四高等学校に赴任した直後に開戦となり、神戸で抑留生活を送らねばならなかったのである。大拙自身も「アメリカ帰り」であり、多くの友人を敵国に持つ人として軍部から目をつけられていたことは間違いない。聞いた話によると、大谷大学から刊行されていた雑誌『イースタンブディスト』（一九二一年創刊）への原紙の配給さえ停止されてしまったり、鎌倉山之内の山腹に松ヶ岡文庫が建てられた頃にも、横須賀の軍港が見えるということで、軍部からクレームがついたとのことである。

松ヶ岡文庫の建った経緯については、古田紹欽氏に詳しい報告がある（『回想　鈴木大拙』四一九―四二八頁）。

文庫の最初の建物（筆者註・昭和十六年に設計図がなり昭和十八年頃、東慶寺の松ヶ岡の山を切り開いて工事が始まった）はすべて安宅氏の寄附金によるのであり、建築代金の残金を何んでも貰って来いと先生（大拙）から言われ、先生の手紙を持って行って確かに受け取って戻った。……

文庫は戦時中の建築資材の規制でセメントの配給が乏しく、コンクリートを打ってもよくかたまらず、軒の下の排水口など、重いものがぶつかるとすぐ壊れる仕末であり、仕事をしていた指物師がまた途中で死ぬやらで、建築の仕事は細かい点になるとなかなかはかどらなかった。……先生は正伝庵（円覚寺塔頭）から天気さえよければ大抵、毎日午後、先生の身辺を世話したおこの婆さんと二人で文庫の工事場にいらして、時には燃料用に不用になった材木の切れ端を拾い集めて、斧で割ったり鋸で切ったりされた。……明石さん（筆者註・後に文庫の理事となった明石照男氏。文庫のために財界から寄附金を集める努力をした人）には爾来面識を得て、後に松ヶ岡文庫の増築をするとき、こちらから申し出ることを殆んど引受けて下さり、文庫の第二期建築をとんとん拍子に進めることが出来た。先生はアメリカにいらして増築工事は御存知なかった。不思議な話であるが第三期工事はアメリカのクレン氏の寄附で書庫が建ったが、この時も先生はアメリカにいらして、出来上った頃に帰国になり、第四期工事で更に書庫の別棟を出光佐三氏の寄贈で建設するが、この時も先生はアメリカだった。

財団法人松ヶ岡文庫の認可は昭和二十一年二月となっているが、その充実はむしろ戦後のことであったようだ。大拙はここを本拠にして世界に出講するようになるのである。

ビアトリス夫人在世中より、大拙宅に居して大拙夫妻の世話をした「おこの」は、ビアトリスが亡きあと、昭和二十三年（一九四八）に自分がこの世を去るまでの晩年の九年間、敗戦後の困窮のなかで、よく大拙のために働いた人であった。以下、別宮（岡村）美穂子さんの話。

松ヶ岡の工事の時も、おこのは村中の大工や石工や左官などの職人たちを集めてきて、これらの人たちを一人で取り仕切ったという。この人は富山の出身で、縁あって大拙のもとへ手伝いとしてやって来たが、無学にして自分の名前も書けないほどであったという。しかも、男勝りの度胸もので、工事中のある日、大拙から百円をせしめ、それで職人たちに酒宴をさせる人であった。松ヶ岡の石段造りひとつをとっても、それはおこのの力でできたようなものだと、大拙は喜んだほどである。

大拙にとっておこのは福の神であった。彼女の理窟のない大地的な性格がよく、大拙の学問研究を陰で支えたのであり、それを大拙は「女性の素晴らしさ」と讃えたのである。戦後の貧困生活の中では、なり振り構わぬ生き方が否応なく要求されたのであるが、おこのは闇米ひとつでも富山まで行って仕入れてくる。それが大拙を生き続けさせたのである。大拙と一緒に買い出しに行った時、警官に列車の網棚にある闇米を検問されると、警官の前に立ちはだかり、「見るなら見ろ。世界中で一番えらい先生に向って何をいうか」と一喝したそうである。まさに理窟のない迫力であった。大拙が後年まで「女はえらい」といったのは、このおこののことであった。大拙にはそれが母性愛の権化に見えたのであろう。山鳥の母は山火事にあうと自分の体を張って雛をかばう、その本能的母性愛を大拙はおこのに見ていたのである。「女は女性ではなくて母性である」というのが大拙の口癖であったという。

女は直接的だから、悟りということでも男よりも早い、ただそれを人に伝えることができないのだともいった。大拙の女性観にはそういう大拙流の視点があったわけである。

自分は肺を病む身であるにも拘わらず、おこのは真夏の炎天下でも野菜作りに励み、作物を大拙の膳に運んだ。肺結核に病む身体をおしての仕事ぶりは、大拙にはまるで奇蹟のように見えたという。

戦後、大拙と親交をもった進駐軍医の一人にペンシルベニア州立大学のスタンカード博士があった。たまたま彼は軍医であったので、大拙に頼まれておこのに聴心器を当てたが、その肺臓はかつて聴いたことのないほどにボロボロの音をたてていたという。このように、まことにわが身を省みずの大拙への奉仕であったことを、大拙は常に美穂子さんに漏らしていた。そういうおこのは七十八歳の大拙を残して、昭和二十三年にこの世を去ったのである。

おこのの葬儀は、円覚寺管長朝比奈宗源を導師に行われたが、戦後にも拘わらず盛大なものであった。

おこのは戦中戦後、東慶寺の裏山で炭を焼いて（富山から炭焼師をつれてきて）、山之内の村人に分け与えたりして村人に尽くしたから、その葬儀は村を挙げてということになったのであろう。おこのの墓は今、山之内東慶寺にある大拙夫妻の墓と並んで建てられている。

さて、大拙には敗戦とともに再び復活の日が到来していた。日本に進駐した連合軍の軍人の中には、早くから大拙の著作に親しんでいた知識人たちがいて、彼らは入れ替わり立ち替わりして、余生を著作三昧に送る大拙を、鎌倉松ヶ岡に訪問した。後にテンプル大学の哲学教授となったリチャード・デマチノ氏や、原田祖岳の曹洞禅をアメリカに伝えたフィリップ・カプロ氏など、その頃の人である。

おこのの死の翌二十四年（一九四九）六月、大拙はアメリカより帰国後初めて海外に出向く機会を与えられ、特にその年の六月、ハワイ大学で開催された「第二回東西哲学者会議」に出席し、九月より翌年二月までハワイ大学で講義を行った。

三

昭和二十五年（一九五〇）には、懐かしのアメリカ本土に渡り、クレアモント大学で「日本文化と仏教」を講じたのを始め、ニューヨークに移ってロックフェラー財団の委嘱により、エール、ハーバード、コルネル、プリンストン、コロンビア、シカゴの諸大学で仏教哲学の講義をした。その後、毎年のように渡米と帰国の旅を繰り返すことになるのである。D・T・スズキはこのようにして世界第一級の思想家としての地位を確立していったのである。

大拙が松ヶ岡文庫に起居しつつ欧米諸国に出講し、また国内においても講演の旅に寧日なくなる頃、つまり大拙が八十歳の後半を迎えた頃から、大拙の側に杖のようにより添って、英語で会話しながら大拙の面倒をみる、ひと際美しさの目立つ少女が人目につくようになった。岡村美穂子さんである（美穂子さんは大拙亡きあと、実業家別宮正信氏と結婚され、現在は別宮美穂子として、京都に住んでおられる）。

筆者は大拙の生前、三度にわたって「世界の大拙博士」と同席し、お話を伺う機会に恵まれたが、その都度美穂子さんも同席しておられたので、お互いは旧知の間柄である。このたび大拙論を書くに当たって美穂子さんと大拙の出遇いや、晩年の大拙について話してもらったのである。

美穂子さんの祖父に当たる岡村清太郎という人は、もと広島の出身で早くからアメリカに往来したが、二度目の渡米に一人息子の方雄《まさお》さん十一歳を連れて行き、自分は単身帰国した。その時父上、方雄さんは白人の家でスクール・ボーイをしながら苦学を続けたが、やがて成人すると日本へ行って、アメリカ生まれで日本に帰っていた美穂子さんの母、西久保とし美さん（岡村清太郎と在米中に親交のあった西久保浅次郎氏の娘）と結婚し、再びアメリカに戻ってロスアンゼルスで新しい生活をするうちに、美穂子さんと六つ年下の妹、玲子さん（在ニューヨーク）の二女を得たのである。

明治の時代に日本からアメリカに渡った人たちには、一種独特の強い儒教的価値観が備わっていたわけであるが、それを受けついでいた美穂子さんの父上も、また極端に保守的な人であったという。昭和十年（一九三五）に生まれた美穂子さんは、戦前の少女時代を、この封建的な父上によって厳しく育てられた。日本人女性が教養として身につけるべきものは、およそ片っ端から習わせられたが、なかでも三味線や習字、日本舞踊などは特に厳しく教え込まれたという。

美穂子さんが六歳の時、太平洋戦争が始まり、家族は一人につきスーツケース二個を許され、直ちに日本人キャンプに収容されてしまう。当時生後六ヵ月であった妹さんのために、岡村家のスーツケースはおしめばかりであったから、その生活苦は一入《ひとしお》であった。

日本人のキャンプは、アメリカ合衆国で一番高い山であるマウント・フィトニイの谷間に設けられていた。そこは死の谷《デス・ヴァレイ》と恐れられた砂漠のような荒地で、およそ一平方マイル（約一・八平方キロ）の土地が柵で囲われていて、それは「マンザナ収容所」と呼ばれていた。初めの六ヵ月間は学校らしきものはなく、カトリックの神父やシスターたちがやってきて、子供たちに宗教的教育をしたという。日本人たちはお互いにお得意の日本伝統芸能などを見せ合って望郷の思いにひたったが、美穂子さんはこの時、三歳の時から始めた日本舞踊を習った。

仕舞の一つに指で鳥を指すところがあったが、教えてくれた杵家先生（名前は忘れたが）が、「あんたの指は鳥を指していない、鳥がみえない」といわれたことが、少女の美穂子さんに深い衝撃を与えたという。そういう禅的ともいえる指摘は、たしかに美穂子さんにひとつの新しい世界を開いたであろう。後年、美穂子さんが大拙にこの話をすると、大拙はそれこそ芸術の本質だと、大いに首肯したという。

日本人キャンプは終戦を迎えるまでに閉鎖になり、日本人たちは三年八ヵ月にしてキャンプから解放された。岡村ファミリーはこれを機に、新しい出発をすべくニューヨークに移り住む。美穂子さんは九歳であった。

ニューヨークで美穂子さんは日本舞踊のほかに、バレーやタップダンス、ピアノやバイオリンとあらゆるものを習うことになったが、そのうち肺炎を起こしてしまう。美穂子さんは母につれられてヴァージニアに行き、農園を営むある教師夫婦のもとで、保養の生活を送ることになる。そこは花が咲き、放し飼いの七面鳥などのいる天国であった。

ニューヨークに戻った美穂子さんはすでに十四、五のおさげ髪の乙女になっていたが、大人に対して強い反感をもち、心は荒《すさ》んでいた。しかし、他方では人一倍早熟で、大人の世界のことは分かっているという気持も強く、日本人たちが集まる仏教界の日曜礼拝などには、毎週出かけて行ったという。あたかもその頃、正確には昭和二十五年（一九五〇）、美穂子さんは世界的仏教思想家D・T・スズキが今、コロンビア大学において講義をしていることを知り、それを聴講しようと一人出かけたのである。その日の大拙の印象を、美穂子さんの思い出記から写してみよう。（前出『回想　鈴木大拙』一一五頁以下）

当時の私は、ニューヨークに住むハイ・スクールの一生徒でした。……

勧められるままに、コロンビヤ大学のロー図書館の大教室を訪れ、大勢の大学生や教師たちの間に忍びこみました。学校をさぼって聞きに行ったせいかもしれません。なんとなくうしろめたいような気持で、小さくなって、先生の現われるのを待っていたのです。

やがて、大教室の横の扉が勢いよく開かれ、先生は風を切るような大股でサッサッと入ってこられました。片手にこげ茶色の風呂敷包みをかかえて、教壇を目ざしてまっすぐ歩いていかれるのです。私には、その姿がどんなに奇異に見えたことでしょう。一瞬、若者のようにさえも思えました。

先生は高い教壇にのぼり、ご自分の腕時計を見つめておられます。教室は静まりかえって、もの音ひとつしません。……先生の時計は腕の内側にはめておられるとみえて、近眼の先生は、腕をやや持ち上げ、顔に近づけました。文字盤の数字が小さかったのでしょう。ほんの一瞬のことですが、顔をしかめました。するとあの有名な、長く突き出た眉毛がそれぞれ向きを変えたのです。そんな風に見えただけかもしれませんが、まるで蝶が触手を動かしたかのように思われました。先生の手首に力が入っていないせいか、持ち上げられている手は、猿の手のように見えます。眉毛の下からのぞく小さな眼差は、象の目に似ているところがあって、深い抱擁性を感じさせずにはおきません。私はふと、古い昔をしのぶような情感に駆られてしまいました。時代の錯乱とでもいいましょうか。……しかし、不思議なことに、それらのすべての要素が、ただちに真直ぐで新鮮な大拙先生の境涯を告げているかに見えたのです。

昭和40年7月、軽井沢出光寮にて。左より筆者、上田閑照・鈴木大拙・木村静雄・岡村美穂子の各氏。

先生は風呂敷包みをていねいにひろげ、和綴じの本を二冊とり出して、こんどは眼鏡をはずし、その本をめくっていきます。その手は、いつわりを知らない他の生き物のしぐさを思わせました。……

先生は然るべき頁を見つけると、静かな口調で話をはじめられました。私は、その気品のある、見事な英語に、驚かされました。それだけではありません。先生は明らかに目の前の聴衆に語りかけておられるのに、先生の姿勢のどこかには、モノローグとでもいえるようなところが、うかがわれるのです。「他」に向って説法というよりは、自分みずからの真実をたしかめている——そんな印象といえましょう。

この講演の後、ニューヨークの仏教会で大拙を招いての五回の連続講演が催された時、美穂子さんはこれに皆出席して聴講した。しかし、その内容は十五歳の少女には難解であったという。

五回目の講義が終わったあと、大拙を囲んでささやかなパーティが催された時、美穂子さんは大拙の側へ行き、初めて声を掛け、「私には難しくて何も分かりませんでした」と訴えたという。そして勇を鼓して、精一杯の気持で、「先生、宗教はどの宗教も究極のところは同じではないでしょうか」と尋ねたのである。すると大拙は、どこからそういう質問をしているのかというように、三つ編みにスカート、そして白いソックスを履いた美穂子さんの顔をジーッと見つめていたが、きつくもなく柔らかくもない調子で一言、「ノー」とだけ答えた。イエスを期待していた美穂子さんにとって意外な答えであった。言葉に窮していると、大拙から「明日は日曜日で学校はないだろう。もし時間があったならば三時頃いらっしゃい。お茶でも飲みながら、もう少し詳しく説明してあげよう」と優しい誘いを受けた。

こうして思いがけなくも美穂子さんは翌日、単身コロンビア大学の宿舎に大拙を訪ね、みずから世界のD・T・スズキの胸襟に飛び込んだのである。美穂子さんにとっては若さのゆえであり、大拙にとっては老境のゆえの、まことに自然な両者の出会いであったというべきであろう。

14　その厳かなる生の終焉

一

昭和四十一年（一九六六）七月十二日午前五時五分、東京築地の聖路加病院は払暁の静寂を破って、鈴木大拙の突然の死を告げた。二十七年前、大拙の妻ビアトリスの最後の脈を取った日野原重明博士が、再び大拙の主治医であった。余りに突然の鬼神の訪れに、大拙は親しき人々との別離を惜しむ暇もなきまま、九十六歳の誕生日（十月十八日）まであと二ヵ月というところに来て、鬼神に口を塞がれたままあの世に連れ去られてしまったのである。

前日の十一日は、恒例になっていた軽井沢避暑への旅装を整えるはずであったが、朝から腹痛を訴え鎮痛剤によっても止まらず、午後になると吐き気も催したため、神奈川県警のパトカーに運ばれて聖路加病院に入院したばかりであった。日常影のごとくに大拙に寄り添って、身の周りの世話をしてきた秘書の美穂子さんでさえ、事ここにいたってはなす術もなく、一切を主治医の日野原博士にまかせ、大拙から遠く離れてただ茫然として様子を見守るばかりであった。

最近の私は、毎晩、先生にビタミン注射をしたり、血圧をはかってさし上げたりしておりました。

それが済みますと先生がねむくなられるまで、楽しく話しこんでしまうことがありました。ある晩のことです。「先生、この世の中はこわいところですね」。その日のある出来事に関連して、私がそう申し上げると、先生は私の顔をしばらくの間、何もいわずに見つめておられました。そして先生の何ともいいようのない真剣な、やさしい目のなかに、見る見るうちに涙がたまって来たのです。「それがわかったか、それでよい。これでわしは安心して死ねる」。ひとことそういわれました。

先生は世の中のこわさをほんとうによくご存じでした。よくご存じでいながらも、世の中から離れようとはせず、葛藤のまっただ中で一心に仕事をしておられました。また、先生は人間を深く信頼されながらも、決して何ものにも依らない、そしてゆずらないものを持っておられました。私は身のまわりのお世話をさせて頂きながらも、先生のこの一面には近づきがたいものを感じていました。後になって先生のあの強大な働きぶりは、すべてこのゆるがない一点に基づいていたことを知ることが出来ました。（前出『回想　鈴木大拙』一〇七―一〇八頁）

美穂子さんのこの回想は、大拙と美穂子さんとの最も近くて、しかも人間同士の最も遠い関係を実によく示している。日々に老いていく大拙にとって、美穂子さんが自分のために注射をしたり、血圧を計ったり、眠くなるまで楽しく話してくれることほどの慰めはなかったに違いない。しかし人間の支え合いは、あるとき音をたてて崩れる。そして初めて人間は、自己存在の孤独に気づくのであろう。それこそが一人ひとりの人間にとって最も恐いことであるに違いない。にもかかわらず日常生活のなかで、人間は多くこの過酷な事実に気づいていない。大拙から見ると美穂子さんはまだこのことに気づいていないように見えたのであろう。そして大拙にとってこれは、心残りなことであったに違いない。

しかし、大拙は美穂子さんの口から「世の中はこわいところですね」という感慨を聴くことができたのである。大拙の目に溜まった涙には、人間の悲しみが光っていたであろう。それと同時に、その悲しみに気づくことによって独立自存を勝ちえた可愛い美穂子さんを手放すことができる喜びの涙であったと私は思う。「それがわかったか、それでよい。これでわしは安心して死ねる」の一言がそれを語っている。

二

晩年の大拙に師事し、松ヶ岡文庫で大拙とともに起居して妙好人の研究をしていた佐藤平氏（現在ロンドンに在住）は、臨終の時の有様を次のように書いている。

たとえ九十五年の形体《ぎょうたい》がすでに臨末にあることを知っていられたとしても、その場には、少しも死の影を漂わしめなかった。そこには、度々激痛に見舞われつつも、強靱な意志力をもって生き続ける小さな体の大丈夫があった。時折発せられる呻吟には、現世を超絶した気迫さえ感じられたのである。法縁血縁の方々の嘆き悲しむ中にあって、ふと、先生の生きんとするこの欲願は、一体誰のためか、楽を苦と憎み、苦を楽として歩まれた長生のご苦労は誰のためにあったのかと、内面へたちかえった時、私は全く悶絶した。「先生ありがとうございました」という言葉のほかは出て来なかった。ひとり小声で三誓偈をくちずさんだ。

看護に当る近親の方が「痛みますか」と尋ねると、「痛いさ」と語気強く言い切られた。痛いものは痛い、痒《かゆ》いものは痒い。「先生の身代りになってあげたいわ」と、一心に看病なさる秘書の岡村美穂子さんは、先生と共に果てるのではないかと思われるほどであったが、臨終も間近になって、“Would you like something?” と尋ねる彼女に、“No, nothing, Thank you” と答えて、その後ではまた、苦痛に顔を歪めておられたという。（前出『回想　鈴木大拙』一四五―一四六頁）

鎌倉円覚寺の管長であった朝比奈宗源も、大拙と深い因縁の人であった。彼は十六、七歳の時に大拙の『新宗教論』を読んで深く感銘したのが始まりで、明治四十二年（一九〇九）、大拙がアメリカより帰国してからは、釈宗演の縁を通じて大拙と親交を重ねるようになり、やがて大正五年に鎌倉円覚寺に移住すると、友好は急速に深まったもののごとく、大正十三年（一九二四）には大拙の好意で、渡米に備えて京都の鈴木宅に起居して、ビアトリスやその母堂のエンマ・レーン・ハーン博士から英語を習うとともに、大拙の養子であったアラン少年に小学校の学課を教えるというほど、大拙に見込まれていた。このような深い関係にあった宗源にとっても、大拙の死は大きな衝撃であったに違いない。彼は次のように書いている。

> 忽然として大拙先生は逝かれた。全くこつねんとしてである。去る七月十一日朝、前からその日に例年のように軽井沢へ避暑されるときいていたので、十日の夜までには電話しようと思っていて果たさなかったので、十一日の朝電話すると、行くつもりで荷物は出したが急に腹がいたむので中止したと。すでに医師が二人も来て診たが、原因がわからないし、どうも心配であると。その一瞬わたくしはひやっとした危惧、すなわちもしやという念が脳裡をかすめたが、それはついに事実となって、そ

の口の午後、聖路加病院に運ばれ、翌十二日朝五時五分に溘焉《こうえん》として逝かれた。私は十一日は東京興禅護国会の例会で在京中であったので危篤の報におどろき、夜の十一時半頃病院に行き、殆んどの人の入室は断わっていたが、静かに枕頭にすすみ、酸素吸入のためビニールの布で胸から頭部をかこまれ、すやすやと眠る先生に合掌祈念して別れをつげ、十二日の朝も早く行ってまだベッドにやすんでいられた遺骸に誦経回向した。遺骸を解剖した結果は意外な拘緊性腸閉塞という、腸に紐のようなものが出来、それが腸にからんで腸を絞め閉塞をおこして出血したためで、レントゲンでも原因がわからなかったのだそうだ。その苦しい中でも先生は、はたの人の慰問に対して、「ありがとう心配しないで」とか、「どうということもないが、痛いのがかなわん」とか、言っていられたそうである。（前出『回想　鈴木大拙』一八二頁）

大拙の遺骸は松ヶ岡文庫から松ヶ岡山にある東慶寺に移され、そこで通夜が行われた。

（柩の中の）先生は生前とちっとも変らず、真白い顔をして眠っていられた。ドライアイスのせいか額に汗がにじんでいた。かわるがわる親しい方々が先生とお別れの対面をされた。最後に秘書の岡村美穂子さんが、泣きながら白い紙包を先生の胸において蓋は閉められた。……松ヶ岡文庫に行ってみると、柩のおいてあった部屋には、仙厓の俳句に拠ったという、よしあしのなかにこそあれ夕すずみだいせつ　と書いた軸がかかっていた。先生はこの句が大好きであった。……あとで美穂子さんに聞くと、鈴木先生は米寿のお祝の時、ハーバードで久松先生から贈られた着物を着て、帰らぬ旅に出で立たれたそうである。（前出『回想　鈴木大拙』二三九―二四〇頁、藤吉慈海「鈴木大拙先生の思い出」）

葬儀は十四日午前十時から、山之内の東慶寺において行われた。当時の『中外日報』（昭和四十一年七月十六日付）の報ずるところによると、葬儀の導師は円覚寺派管長朝比奈宗源、葬儀委員長は出光佐三、副委員長は松方三郎であった。当日、東慶寺の境内は各界からの花環で埋まり、午前九時頃から弔問客があいつぎ、大谷光照西本願寺門主、大谷光紹東本願寺新門、訓覇信雄大谷派宗務総長、自民党松村憲三ら約八百人を数え、日本学士院代表辻直四郎、宗教学会代表増谷文雄ら大拙生前の知人、教え子が弔辞を述べたとある。導師朝比奈宗源は次のように香語を唱えて、大拙の生涯を総括した。

　也風流庵大拙居士　秉炬香語

　堂々無位一真人

　九十五年鞭願輪

　興到翻身去何処

　松岡六月緑蔭新

　　別々

　功績豈居什奘下

　禅文光被五洲民

　　喝

　　　　円覚別峰

この惜別の香語ついて、後に朝比奈宗源みずから次のように説明（提唱）をしている。（前出『回想　鈴

木大拙』一八六頁）

人間の仏性（仏心）を臨済は一《ひとり》の無位（どこにもとどまらない）の真人といった。先生は若い時から命がけで真人を求め、ついに自己がその無位の真人であるという自覚に達した人で、その生活は全く堂々たるものであった。九十五年の長寿の一生、少しのゆるみもなく仏祖の誓願を自己の誓願とし、その精進ぶりは稀な健康体と相まって誰もが驚嘆するところであった。それが忽然、まったくこつねんとして逝かれた。しかし真人に生き死にはない。それは平生の生活で興がおこれば旅に出るようなもので、死ぬべき因縁が来たから死なれたのだ。松ヶ岡文庫のあたり、松杉や孟宗竹が枝をまじえ蔭をかさねているのも、見はるかす四方の山々の積翠流れんとする景色も、そのまま先生の本来の面目であり、谷々をわたってくる薫風は、そのまま先生の息吹きである。

猫を愛した大拙

別々の二句は、先生が祖師禅を中心に、その基盤である大乗仏教や東洋思想をふかく究めて、その該博な知識と、わが国の人としては珍しくゆたかな語学の天才とをもって、著述に講演に、祖師禅の真髄をひろく世界に宣揚して、東西思想の交流の上にはたした功績は、仏教史上に輝く羅什三蔵《らじゅうさんぞう》や玄奘三蔵《げんじょう》にも劣らないものがあると、先生の偉大な業績をたたえたのである。

最後の喝は、無位の真人の心境を吐露したもの、一切の思惟や分別の跡を払い、跡を滅したところ、深い意義がある。

三

鎌倉の本葬の四日後、初七日に当たる七月十八日午後一時より、浅草の東京本願寺で東本願寺と大谷大学共催の「鈴木大拙先生追悼式」が行われた。東本願寺の大谷光紹新門が導師となり、浄土真宗大谷派の関係者および大谷大学の曽我量深学長、安藤俊雄・伊東慧明学監をはじめ、大学教職員および学生の有志がこれに参列した。このほか来賓のなかには、スウェーデン大使K・F・アルムクヴィスト、アメリカ大使代理J・K・エマーソン公使、あるいは、松永安左エ門、正力松太郎、出光佐三、宮本正尊といった人々の顔があった。司会の伊東慧明氏は開式にあたり、

お釈迦さまがお亡くなりになったとき、仏陀入滅の場には、声聞のお弟子たちばかりでなく、諸仏諸菩薩をはじめ、十方の衆生が群集したと伝えられています。

いま、この浅草の御堂にも、大拙先生を慕って多数の皆さまが御参列になっておられますが、先生との御縁の親疎を問わず、この御堂の内外には、数限りない人びとがおられて、也風流庵大拙居士の声無き説法に聞き入っています。いま、人びとは、先生の面影を偲び、先生の事業を讃え、先生の御恩に感謝申上げている。このことが、この身にひしひしと感じられてまいります。

と述べた。伊東氏がこのように深い感慨をもってこの追悼式を始めようとしたのは、言うまでもなく大拙がその最晩年の十年間、東本願寺の強い要望を受けて親鸞の『教行信証』の英訳に心血を注いだことへの報恩の気持からであった。そもそも『教行信証』英訳の話は、昭和三十一年（一九五六）五月、真宗大谷派の宗務総長であった宮谷法含から、当時毎年のようにニューヨークのコロンビア大学に客員教授として出講中の大拙に対して持ち出されたものである。真宗大谷派はこれをもって五年後に迎える親鸞聖人七百回忌の記念事業とすることになったのである。大拙はこの申し出に対して是非の心に揺れ動いたらしい。その頃の手紙に次のように見えるという（前出『回想　鈴木大拙』四〇一頁所収、伊東慧明氏「遊戯三昧」参照）。

しんらん聖人の七百年忌に紀念として教行信証を英訳せんかと云ふ話ですが、これは中々の事業、その上、本山の責任でやるとすると、個人的な責任よりも重くなる、やらなくてはならぬ事業だが……。（昭和三十一年八月十一日附、茶谷保三郎宛書簡）

曽我（量深）さんや金子（大栄）さんは委員に加はり下さることと信ず、その外の若い人達は小生余り知らず、君の方で詮議しては如何。（昭和三十一年十一月十日附、事務当局宛）

教行信証の英訳は実際容易な仕事でない、殊に本山の責任として施行せんとするには……、出来るなら東西（本願寺）合力するのが本当だ。（昭和三十二年一月二十日附、事務当局宛）

英訳が始められたのは、それから二年後の昭和三十三年の晩秋、大谷派は聖典翻訳委員会を発足させたが、幾多の曲折ののち、結局は大拙が独力でこの大事業を進めなければならぬことになり、遠忌の期日というタイムリミットを控えて、日夜翻訳に没頭ということになったのである。こうして昭和三十六年

（一九六二）三月十一日、一応の完成を見た。草稿は謄写され仮装幀されて遠忌に間に合ったのであるが、その後この草稿を基に翻訳委員会のメンバーの意見を聞きながら、訳語の選定や訳文の推敲が進められ、それは死の日まで続いたのである。岡村美穂子さんによると、昭和四十一年（一九六六）七月十一日、つまり死の前日、軽井沢行きの荷物のなかには、赤や黒のインクで添削された「草稿」も入っていたという（以上は多く伊東慧明氏の論文を参照させていただいた）。

大拙が大谷大学の佐々木月樵や西田幾多郎らの薦めを受けて学習院を辞し、真宗大谷大学の教授になったのは大正十年（一九二一）三月、五十一歳の時である。「京都に行つてからは、大徳寺の向かひの何とかいつた人の別荘にしばらくをり、それから東福寺塔頭の栗棘庵に移り、大谷派の知進寮にもゐて、その後（大正十五年二月）、大谷大学裏の東大野町に、安宅彌吉がわし一代限り住むといふ条件で家を建ててくれた」（「私の履歴書」）と言う。

この年、「東方仏教徒協会」（The Eastern Buddhist Society）を設立し、同大学予科教授嘱託となったビアトリスとともに編集者となって、英文雑誌「The Eastern Buddhist」を創刊した。それからは関東大震災で倒壊した円覚寺塔頭正伝庵を復興、鎌倉に動物愛護慈悲園を建てるなどして、京都と鎌倉を往来していたのである。この生活は昭和三十五年、大拙が九十歳で大谷大学を（名誉教授となって）退くまで続いたのであるが、大拙にとって『教行信証』の英訳は、そういう大谷大学との縁の記念とすべきものでもあったであろう。

四

大拙にはもうひとつの仕事が残っていた。それは朝比奈宗源が興津（静岡県）の清見寺で小僧のころ、法の上で兄弟子であった古川大航（当時の妙心寺派管長）との約束であった。古川大航は臨済禅師千一百年の遠忌の機会に、大拙によって『臨済録』の英訳本を出したいと考え、これを大拙に頼んでいたのである。彼らはほぼ同年代であったが、大航も大拙と同様、身体は至って健康であった。大拙が逝って二年後、大航は九十九歳まで生きて、昭和四十三年（一九六八）十月二十六日、わずか十日の病の後遷化した。臨済禅師千一百年の記念に大航は、大拙が平素から手元において書入れをしていた文庫本『臨済録』（大正七年〈一九一八〉九月、東京森江書店刊行）を影印して自費出版したが、その扉に次のように書いている。

臨済録は世界三大貴書の随一で殊に翻訳は難しく、鈴木大拙ならではとの公評、海外宣伝用に必要、斯人のある内に一般の懇望から、当たってみたら案の定、とても迚もと辞退、懇願の末、無期限、部分訳、無条件で押しつけてから二十年。

夫れから面会毎にほのめかし、最後には手を握ってお互い明治初年、一つ違いの兄弟同士、寄る年波にいつ浚われるか、九十の坂をこえて四捨五入の勘定では、百歳の老いの身であるし、『教行信証』の後と、鳥が飛び去ったと聞く、臨済は何処辺までか教えてくれ、先が判らぬ内は死なないで呉れ。句説くとアー死なないよと軽く受けられた。

今、昭和四十一年は臨済禅師一千一百年御遠諱正当で御墓のある中国へ代表が六月下旬出発、十月初旬京都東福寺国宝の大禅堂で大法要摂心が営まれる順序、私どもは一生一回、幸いに出来たら霊前へ法供養にお供えしたい、夫れに間に合うよう一紙半截でもと懇願し置き、私は同行十人で六月末訪中、七月上旬帰朝、十一日受け取りに十一日夜東京着、翌十二日面約の其払暁、老居士昨日入院、唯今急逝との聖路加からの飛電、諸行無常、驚きと悲しみで一杯、

我日本の特産とほこり、教、哲、文、勲、禅通、語粋の唯だ一人の喪失は、実に熱涙痛惜禁じ得られませんのです。

悲葬の後二七日忌、松ヶ岡、進まぬ石段百数十、故宅に也風流庵大拙居士尊牌に多時跪坐、問うに訳録の事を以ってするも遺言もなく所在も審ならず、庫中室内精索すれど絶無、落胆の極、愛読の書架に臨済小冊子を発見、拝読するとこの通りの朱点墨痕、修正添削、名工の苦心、多年の丹誠、筒中に活現せらる。請うて持ち来たりて之れを写盤に移しましたのです。江湖の兄弟衆、子細に点検商量せられよ。祝、祝、

聖訳君に嘱す臨済の録
紅花点々月輪鮮やかなり
法は文字を離れ人は相を離る
体露金風大拙の禅

昭和四十三年三月二十五日、大拙三回忌を目前にして『鈴木大拙全集』全三十巻（久松真一・山口益・古田紹欽編集、岩波書店）の第一巻が発刊された。同四十五年二月、財団法人松ヶ岡文庫は全集刊行を記

念して、大拙が死の十数日前に雑誌『心』のために書いたと思われる、便箋十三枚のペン書き遺稿「老人と小児性」を関係者に複製配付した。この草稿は『全集』第二十巻所収の「大拙つれづれ草」に収められている。それを見ると大拙はすでに死を待ち受けながらも急ぐことはないと言い、ただ子供のようになって生きることだが、それがいかにも難しいと書いている。草稿のまま一部写してみる。

近頃自分の年頃、九十を越えてからの身のあたりを顧ると、残つているのは僅か。殊に近来、友人知人の間に頻々として訃報を伝えて来ると、何となく寂しく感ずる。

此感じは、自分も亦間もなく、亡友の後を追うのだなと云ふのでは、必ずしもない。ただ何やら物淋しく独り残されたと云ふのである。そんなら早く彼らを逐ひかけたらと云ふかも知れぬが、そうでもない。ただ淋しいと感ずる。生死は生きものについてまわるのだから、何もそう急がなくとも、自然にまかせてよいのである。それだと云つて、超然として昔しの聖者の如く、すましこんで居るにも及ばぬ。自然の感じにまかせて、悲しんだり、喜んだりして、居るのも亦人間である。……

至道無難禅師に左の歌がある。

生きながら死人となりて、

なりはてて、

心のままにする業《わざ》ぞよき、

がある。これも孔子の意を体得して居るが、彼は年の事は云はぬ、「死人」と云ふのである。「生きて死んで居る」とは、どんな人を云ふのか。それは生死を超越した人間と云ふことである。所謂る無所有の郷に遊んで居る人のことである。生死とか善悪とか名利とか云ふものに捉えられず、それかと云つて、人間の実際生活を離れて居ない大悲の持主であるところの人を云ふのである。……

ただ自由だ、創造的だ随所に主となるのだと云ふだけでは何にもならぬ。人間には他の生物と違つて大悲と云ふものがなくてはならぬ。寒山も個人的境涯として見れば、面白いこともあるが、それだけに止まつては「成人」としては完成していない。孔子も無難もキリストも「小児」になれ、「死人」になれと云つたとて、そこに止まるだけに止まつては、社会人としての人間にはなれぬ。……

このようにして大拙は自己に差し迫ってくる死を自覚しつつ、しかもこれを恐れることがなかったばかりか、彼の人間としての自覚を「大悲」のうちに見据えつつ、その九十六年の生死岸頭を駆け抜けていったのである。嗚呼、今、地獄の鬼神たちの、小躯にして巨人たりし「大拙」の、その名に偽りなきことに驚愕せずんばあるべからずか。

Ⅱ　大拙小論

箒を持って一休みの大拙

1　鈴木大拙における個人と世界

一

鈴木大拙という類い稀なる世界思想家については、既に多くが語られているが、ここでは彼に見られる創造性の特色について考えてみたい。

一個の人間が仮に優れた創造性を天性として産みつけられても、それが働きとしての創造力となるためには、彼を取り巻く歴史的世界状況が縁として働かねばならない。

それと同時にまた、個人も敏感に世界的状況に反応しつつ、これに働き返さねばならないであろう。かくて創造力の充分な発現は、個人の天性と歴史、世界的環境との相互の働きかけによって達成されるのである。鈴木大拙という一個の人間の生涯を見ると、このことがもっとも顕著な仕方で露《あら》われているように見える。

そもそも若き日の大拙を、早くから宗教的方向へ進ましめたものは何かといえば、それは少年期における彼を取り巻く逆境であった。知られるように大拙の父鈴木良準《りょうじゅん》は、明治の文明開化とともに没落に導かれた加賀藩の儒医であった。四男一女を得、男子には元太郎・亨太郎・利太郎・貞太郎と易経からの名を選び、自分も柔《したがふ》と改名するほどに儒を好み、仏教を避けた人であったが、末子の大拙は五歳にしてこの父を失う。

母の増は、夫と三男の利太郎に相次いで逝かれた後、貧困に襲われ、心の依り所を浄土真宗の異端である秘事法門《ひじほうもん》への信仰に求めた。伝説的な教団仏教の外で、毎朝仏壇に灯明を灯してひたすらな念仏を唱える母の姿が、大拙にとって宗教への開眼となった。それは教理を超えたファナティックな宗教性ともいうべきものであって、それだけに大拙にとっては、宗教は一層個人的、体験的なものとして深く印象づけられていたのであろう。大拙の宗教的関心は、のちに眼を悪くして不動信仰に走る母の姿や、時折やってくる曹洞宗の尼僧の颯々《さっさつ》とした起居振舞に向けられて行ったと「也風流庵自伝」、あるいは「私の履歴書」（ともに『全集』第三十巻所収）に見えるが、いずれも、宗教というものが、個人的、体験的なものとして観察されている。こうして大拙が宗教を教条的に上から天下り式に教え込まれるものとしてではなく、自発的に自分の方から感じ取って行く仕方で摂取したことは、やはり、将来の大拙の宗教思想の原型を示しているように思われる。

鈴木家は没落し、大拙は金沢の家を畳んで能登半島先端の、長兄が校長をする蛸島に移る。いったんは金沢の石川県専門学校付属初等中学科（のちに第四高等中学校に改制）に入学し、西田幾多郎・金田良吉（後の山本良吉）・藤岡作太郎など天下の秀才たちと机を並べて近代日本の黎明を謳歌し、同人雑誌『明治余滴』の編集長となって新しき時代に向っての準備を始めていながら、そこを去って田舎に引き込まねばならなくなった大拙の不運は、彼を憂愁と孤独の淵に落しめたのであるが、このこともまた、逆に彼の創造力を刺激し、上京の志を燃え立たせるバネとなった。

二

大拙の家はもともと臨済宗であったが、彼にとって禅というものが自覚的になったのは、大拙が第四高等中学校を退学した後に、そこへ赴任して来た数学の教師北條時敬《ほうじょうときゆき》によってである。北條は鎌倉円覚寺で今北洪川について禅に参じた居士で、金沢にやってくると富山県高岡の大本山国泰寺から雪門玄松老師を招くなどして、学生たちに禅を指導した。

これを悔しく思った大拙は、ひとり蛸島から国泰寺に出かけていって入門を乞うたが、禅僧たちの態度は冷酷非情であった。大拙はその思い出を次のように語っている。

　とにかく高岡から国泰寺へ著いて、さうしてそこで参禅をしたいと、紹介も何もなしに、無闇に、藪から棒といふやうな塩梅に申し出たんだが、どういふわけからか、参禅したいなら此処にをれといふことになつて、国泰寺にをることになつた。（中略）その次の日だつたか、また次の日だつたかに和尚さんが帰つて来られた。（中略）和尚さんに会ふなら会へといふので、和尚さんのところへ行つたわけだ。（中略）その時のことを今考へてみるとむちやくちやで、とにかく『遠羅天釜《おらてがま》』（註・白隠の仮名法語集）を一冊持つてゐたから、それを持つて行つて質問をしたわけだ。（中略）さうしたら雪門和尚が大いに怒つて、そんな馬鹿なことを聞いてどうするんだといふやうなことで、一遍に叱られた。（中略）折角行つたものの、さふいふ具合に馬鹿に叱られて追ひ返された。（中略）雲水の坊さんだつて何も教へてはくれないし、極めて無愛想であるし、うつちやらかしにして、説明といふか、禅宗はどうしてかうしてといふやうなことを何も教へてくれないんだし、どうしやうもなくて、一週間とはゐなかつたな、四、五日ぐらゐだつたらうか、帰つてしまつた。（中略）それが、わしの坐禅する初めといへば初めなんだ。（「私の履歴書」『全集』三十巻）

これが大拙にとって禅入門の第一関であったとすると、彼は禅への道の実によき導きを得たことになる。禅は誘う代わりに逆に個人自身へ突き返すものである。牛を川辺に引きつれてくることは無理にでもできるが、水を飲むのは牛自身の自発性なしには不可能であることを知っている禅匠は、求道の人に対して常に突き放すことを禅への誘いの手段とする。禅は徹底的に自発的な己事究明のひとすじ道であって、いかなる者もこれに代わることができないとなれば、師の使命は弟子を突き放して自己に返らせる以外に真理授受の手段がないのである。それに気づかせようとした雪門の慈悲心は、若き大拙にとって不可解でしかなかったが、その不可解こそ、大拙に一層探究の念を深からしめ、かねて真実のものへのパッションを燃え上がらせることになったのである。

逆説的ではあるが、大拙はこの直接には伝達不可能とされてきた従来の伝統の禅の真髄を、ことばによって、しかも、英語という外国の言語によって説明するという前人未踏の事業に一生を捧げたのである。それが禅そのものから見ればプラスであったか、マイナスであったかの議論は別として、少なくとも大拙の生涯の世界思想的意義（大拙の創造力）は、不立文字の禅を、西洋思想に対峙せしめ、これを英語によって説いた点にこそあるといわねばならない。

三

大拙に上京を思い立たせた動機は、いわゆる純粋な青雲の志というものであった。大拙は能登の飯田小学校や美川小学校で二年間の教師生活を送り、上京の旅費を貯えると、先ず神戸にいる次兄の亨太郎を頼って出立した。大拙が心友の金田良吉に宛てた手紙に次のようにある。

先般御面会の節御話申上し如く　多分来春は亡母の一周忌を了へて（四月八日）後　出京仕らんと存ず、此事の（ママ）つきて兄には別に御意見も之なきや、予は大抵月に七八円の支給を獲る事と存候故、都合を見合せ大学撰科へ入学し　哲学を修め兼て文学をも勉強し　両三年をへて後　又何でも職業にとり付かんとの心込なり、されど撰科のことは　西田氏（註・幾多郎）の如く都合あしくて入学致し難き事情もあるかも知らず、若しさあらんには　哲学館（今の東洋大学の前身）にてでも　或は其他の義塾やうのところにてでも修学せんと思ふ、兄が意は如何にや、実に此の二三年は――退校以来は唯々ぶらく／＼然として殆んど何の得る所もなく、他のものは追々進歩しながら自分のみは呉下の旧阿蒙《あもう》にて、思へば思ふ程、此身うら恥しふなります、よりて二十四年（註・明治）よりは力を尽して勉学し　為さむと欲する所を為すべし、宿志蹉跎《さだ》し易し、青雲の志寧ろ白雲の志空しくなりて老を窮廬《きゅうろ》に守らば如何計りの恨なるべからん　悔ひても過去は戻り来ず、請ふ明日を勉めなん（『未公開書簡』一二）

貴兄の言もあり愚兄（註・亨太郎）の勧もあるにより　資金の少なきを構はず　どうかかうかして出京の運びをなさむと思ふ、さらば或は其後糊口の途に取りつき易き事もあらむか、よりて僕は先頃東京専門学校文学部の課程表をとりにやりし処、到着の上一覧するに　英文学は一通り修め得べく又外に和漢文学をも窺ひ得べく、哲学の一端――心理、倫理、純粋哲学、審美学等――及び政治学の一部――国家学、社会学等をも学び得るの都合になりおれり、(中略) 僕は元来哲学修業の心算なれども　此く文学を修めまく思ふは　唯餓死の苦みもあらむかと慮《おもん》ぱかるにあるなり (『未公開書簡』一四)

これらの手紙には大拙上京の意図が如何なく開陳せられている。このように、『未公開書簡』は、大拙が心友山本良吉に宛てた書簡百十余通を収めており、人間大拙の精神的遍歴を知る貴重な資料であるが、当時始まったばかりの西欧思想や文化に向けての知識人たちのハングリーな欲求は、大拙らの仲間においてもまた人一倍であったことが分かる。

こうして大拙は次兄亨太郎の援助を得て上京し、東京専門学校（早稲田大学の前身）に入って坪内逍遥の英文学を聴いたが、やがて亨太郎の側の仕送りが止まるとこれを退学し、早川千吉郎の紹介を得て、暇さえあれば多く鎌倉円覚寺の山之内帰源院に起居して今北洪川に参禅し、また洪川亡き後は釈宗演について禅心を深めたのである。

故郷石川で北條時敬の縁によって参禅への道を開かれた大拙にとって、北條の参禅の師である今北洪川から直接に禅の指南を受けることは、東京帝大で西洋の哲学・文学を学ぶことと両立しうる一石二鳥の好機となったわけである。ここにはやはり鎌倉円覚寺という禅の道場の持つ、大きな歴史世界的意味が認められるであろう。近代文明摂取の玄関口となった首都東京と、その近郊鎌倉との往来は、近代青年鈴木貞太郎（大拙）のうちなる精神の二重構造を、健全に育むに充分な条件となったのである。一方では日本の世界化をパースペクティヴに持ちつつ、しかも世界人として世界の舞台に立つ者の立場として、「日本的なるもの」を確立しておくことは、日本の近代人としての共通した要件であったが、大拙は偶然にもこのような条件に恵まれることになったのである。

四

近代日本の知識人にみられる時代的メンタリティというものを考えると、今日のわれわれのそれとは随分と距たったものがあったことは疑いない。

例えば三百年来の鎖国がもたらした日本人独特の島国根性と、それを自己否定しなければとうてい欧米の先進文化を摂取することはできないという自己矛盾の深さについて見ても、今日の日本人の先進国意識および反国家主義（愛国心の欠如）と、ほとんど正反対の感情があったことは否定できない。

さて、東京と鎌倉の往来で、一応の近代人的自覚を身につけた大拙の立身の方向に、更に拍車をかけたのは参禅の師釈宗演であった。釈宗演（当時円覚寺派管長）こそ、臨済禅の蘊奥《うんのう》を究めた後、師の今北洪川の反対を押し切って慶応義塾に入り、洋学を学び、しかも欧米ではなくセイロンに渡って仏教の本源を探って帰国したばかりの近代禅者の代表であった。この釈宗演との因縁なくして、後の大拙の人生と思想はありえなかったのである。

宗演の薦めによって大拙は、貧困のうちにも渡米が可能となり、イリノイ州ラサールのオープンコート出版社の助手となった。彼の最終目的はインドに渡って梵語を学ぶことであったが、結果的には十一年にわたる不本意な滞米生活を強いられたのである。

しかしながら、ポール・ケーラスという著名な思想家のもとで編集の助手をさせられた辛苦の十一年こそ、大拙の後半生の大活躍のヴァイタリティを蓄えせしめたのである。大拙は後年その日本語と英語による厖大な著作によって、世界の人々を刮目せしめたのであるが、若き日より、雑誌『モニスト』や『オープンコート』に論文や翻訳を執筆せしめたのは、ほかならぬ編集長のケーラスであり、この人自身、科学と宗教を統一した新しい時代の宗教を主張しつづけて数十冊の著作を成していたのであるから、この人が若き日の大拙にあたえた影響も、また測り知れないものがあろう。

こうして大拙は、西洋世界に生活して、その思想・文化を肌を通して吸収するという、当時の知識人としては願ってもない幸運に恵まれたわけであるが、滞米期間中に親友の山本良吉に宛てた手紙（主として『未公開書簡』に見られるもの）によると、西洋人社会に生活する大拙が、時に西洋文明を賛嘆するかと思うと、また彼らの生活態度や物の考え方に対する嫌悪を感じたままに吐露しており、それは明治の日本人が受けざるを得なかったカルチュアショックのありさまを、見事に露呈しているのである。

鎌倉円覚寺における禅修行において一応東洋思想の根底にある禅仏教の体験と思想を身につけている大拙にとって、やはり西洋文明の根底にあるキリスト教、およびこれを根拠にして発展した科学的合理主義精神は、大きな疑問となって彼を襲ったのであり、彼がこれらに対して次第に批判的になって行ったことは自然である。

そういう批判の感情が、やがて自覚的に思想化せられて「東洋的見方」という型で尖鋭化されていったのであろうし、また、文化という面においても「日本文化」というものの特性について語るようになって、それこそが西洋文化に見られない今後の世界の指導原理となるものとして主張されるようになったのであろう。

もちろん在米時代の大拙から山本良吉への手紙などには、西洋人の自主性とか、自由というものに大きく揺り動かされた様子が見え、また女性の社会的地位の向上についての評価と、日本社会における女性差別についての反省がしきりに述べられ、今後の日本にとって不可欠な課題として、女子の教育が力説されている点などから見て、大拙が西洋人の生活文化から得たものもまた少なしとしないのであるから、大拙の日本人としての自覚は、いわゆる民族的・国家的なものではなく、人類的世界的なものであったのである。

帰国後の大拙は、しばらく学習院の教授に就くが、この期間は大拙にとって「余所事に費さざるを得なかった」無益な時代であったらしい。やがて大谷大学に転職し、また安宅彌吉の努力によって鎌倉に松ヶ岡文庫が開設されると、大拙は禅関係の著作に没頭し、矢継ぎ早にこれを出版し、特に英文の禅書によって世界にD・T・スズキの名を馳せしめた。また国内の読者に対しても、主として禅と浄土教の啓蒙宣揚に身心を捧げたのである。

第二次世界大戦後になると、大拙の著作傾向は、東西の比較思想論や文化論へと傾いたように見えるが、その背景には敗戦によって日本が世界へ進出していくという従来の富国強兵的なあり方が一転して、世界の方から日本のうちへと流れ込んでくるという事態の中で、日本が変質（西欧化）を迫られるようになったという事情が考えられる。この日本の西欧化は、明治期の日本の主体的な文明開化とは違って、半ば否応なしの西欧化であったが、大拙にとってみれば、そういう事態（日本の敗戦）は既に望まれていたことであり、従来、神道のみによって歪められていた日本の国家体制が一挙に清算され、根本的に新しい日本が蘇る意味で好ましい事態であった。

「今だから脱白に公言できるが、自分等は今度の戦争は始めから負けるものと信じて居た、また負けてくれれば日本のために好からうとさへ思つた」（『霊性的日本の建設』序文）と書いた大拙は、戦前戦中の国家原理であった神道を徹底的に批判するとともに、真の日本的霊性の自覚（内容的には禅仏教と浄土思想に見られる霊性的自覚）こそ、霊性的日本建設の原理であると説いた。

大拙は特に日本的霊性の「自覚」というものを強調したが、それは従来の神道のように国家権力によって上から抑えこまれるような他律的なものではなく、大地に深く根を下しつつ、しかも思うままに自由にその枝葉を蒼空に拡げていくような自律的なものでなくてはならぬからであり、人間の内から出るものを主体として物事を考える立場であるゆえに、それは特に「自覚」と呼ばれたのである。この「自覚」に徹する時にのみ、敗戦後の日本人は真に日本的になるとともに、世界的なものに通じていくと大拙は説く。それは従来の「日本精神」というものとは全く異質な「日本的なるもの」であり、そのままで霊性的世界の建設に貢献しうるものであった。そういうものの産み出される原動力は、徹底的に個人的であり、自発的であり、自由なものでなくてはならないのであるが、それこそが実は、大拙の生涯に一貫していた創造性というべきものではなかったかと考えるのである。

2　明治青年僧たちの気骨

一

このたび禅文化研究所から、『禅僧留学事始』と題する珍しい一書が刊行されたのを機に、三十年前に結婚して六ヵ月しかならない荊妻を師匠に托して、単身アメリカ留学の船に乗った自分の若い日のことと重ね合わせて読んでみた。全篇が明治初年のわが国仏教青年僧の留学日記や手記であり、そこには血の出るような気魄と実体験が綴られている。それから百年を経たわれわれの時代を顧みるとき、たとえば「臨済青年僧の会」のごとき、ごく一部の青年僧たちの自覚的活動があるのをむしろ例外として、一般的には低迷の方向にある。

低迷という意味は、単に無気力ということではなく、経済的豊饒に伴って寺院の世俗化が進むなかでの若き青年僧たちの「自覚の低迷」である。まことに見ていてフンマンやる方なき現代の青年僧たちを思うにつけ、明治初期の青年僧たちの憂国と、仏教復興に賭ける情熱の爪の垢でも煎じて飲ませたいものと、つねづね考えていたところへ、先般の『鈴木大拙未公開書簡』（禅文化研究所）に次ぐ『禅僧留学事始』の公刊である。読んでいる中に、その青年僧らしい純粋な精神に感動し、とめどもなく涙が流れるのを禁じえなかった。

このところ、若き日の鈴木大拙をめぐって探索していると、現代日本の青年僧一般の無自覚、無関心的エゴイズムに今さらのごとく思い至り、たまらなくなってくるのである。いったいこのような青年僧たちの担う、三十年先の日本仏教界はどのようになるのか。

この日本仏教は決して潰れないのだが、潰れないからこそかえって困るのである。何の思想性もなく、ただ葬式、法事、墓地管理だけを生業とする（いや、これさえ近いうちに専業の職業者にとって代わられることになろう）人の集団が、愚盲な巨体をくねらせているに過ぎない。いっそ死んで再生した方がどれほど素晴らしいことか。それが往生ぎわ悪く病体を横たえるという現代教団の末期症状を、これからもしばらく続けることになるのであろうか。

そういう日を迎えることになりかねない現代青年僧たちよ。今なら間に合う。自覚を持って起ち上がれ。仏教が駄目なのではない。仏教は今、世界中の人々がハングリーな気持で要求し、欧米にはもうすでに自分のものとしている人もたくさんいる。仏教が駄目だと思って劣等感コンプレックスに陥ってしまっている青年僧諸君があるならば、君は未だに近世徳川の衣を脱ぎすてきれないからなのだ。

檀家の布施に依存し、それ以外からの財施を手にしえない自分を恥じよ。檀家は徳川封建制を支えた遺産に過ぎない。それにしか依存できない君は、未だに近世人であり、実は君の中にある坊主コンプレックスは、そういう近世的アナクロニズムから来ているのである。それから脱皮しようとせず、便宜的に世俗の職を兼ねつつ、依然として寺門のうちに生計を立てる多くの兼業僧たちよ、いっそ寺を出たらどうか。

世間にはもっと本質的に仏教の意味を知る人がみずから出家し、精舎を求めているのであるから。

ずいぶんと生きのいいことを書いてしまったが、やはりこれは筆者の隠しえぬ心情である。日本を離れ、欧米、いや何も西洋でなくてもよい。筆者の経験では、タイ国にも、中華民国（台湾）にも、韓国にも、日本よりもっともっと仏教が現代に活き活きしている。日本の仏教はなぜか、文化や儀式ばかりに終始しているように見える。だから日本の仏教は、考古学だとか博物館だとか、中国仏教のコピーだとか言われるのである。

二

こういうことが分かってきた先進国アメリカやヨーロッパの人々は、日本の上を通り抜けて直接に眼をインドや中国に向け、そこから正しい仏教を学ぶことを始めたのである。ノーモアジャパンの声がここから上がってきているのを知っているか。それでもなおエコノミックアニマルの国の宗教である仏教に、いささかの魅力を感じているのは、北欧の経済的に貧しい国の指導者ぐらいなものであろう。

筆者は一九八四年、スウェーデンの経済界から招かれてストックホルム大学に出かけ、日本貿易振興会主催の「日本経済と仏教」のシンポジウムに参加した。彼らが筆者を呼んだ理由は、日本経済に追い着き追い越そうとするためには、その背景にあるに違いない「仏教精神」を学ぶことが必須と考えるからである。さすがに『プロテスタンティズムの倫理と資本主義の精神』のふるさととしてのプロテスタントの本場からの発想である。

たとえ日本の経済構造を学んだとしても、その背景になっている宗教精神を見逃したのでは、結局これを凌ぐことにはならないという、かの国経済界の指導者たちのねらいである。が、私の胸の中には日本人の勤勉さというものが仏教の精神に裏づけられているとは思えなかったし、実際問題として昔の近江商人などが持っていた深い宗教倫理など、もうほとんど見当たらないのである。ただ「お客さまは神さまです」というような、卑屈にも見える低姿勢なサービス精神が、国際的マーケットで受けていることだけは間違いないとは思ったが、これとて仏教精神とは無縁であろう。まことに冷や汗の出る思いで、筆者はその場のお茶を濁しただけであった。

むしろ日本人の無宗教ぶりは、今や世界の定評となり、札束を懐にして世界の観光地を駆けめぐる日本人の無節操、無道徳に対して世界の人々は、裏でエコノミックアニマルを見抜きつつ、表では金を目当てにつきまとう。それに迎合する日本人のなり振り構わぬ行状は、同じ日本人として見ていて眼を覆いたくなるばかりである。

それに便乗するのが日本の坊さんの団体旅行だというのだから、何とも情けない話である（特にインド旅行の人々の乱行ぶりをよく耳にする）。筆者自身は貧乏書生であるのが不幸中の幸いで、未だかつて学会以外の海外旅行をしたことがないので、そういう団体旅行の面白さは経験がない。

一人で旅をし、一人で数ヵ月も馴れぬ生活を続ける代わり、かの地の人々の生活の深部に入って行く機会も多い。海外に出る時は、必ず僧衣を着けて出る。背広は持って行かない。酒はなるだけ辛抱し、タバコは自主禁煙である。

明治36年秋、ニューヘヴン市ハーバード街、大拙の下宿マッキントッシュ家にて。前列左より柴田一能・鈴木大拙・鈴木真浄。後列左より、倉田・山崎快英・宝山良雄・天岫接三。

むろん、筆者のことを知っている読者の方々から見れば、そんなのはタテマエであろうと一笑に付されるに決まっている。けれども筆者のごとき凡僧でも、日本の仏教を背負ってということになれば、タテマエもまた大切であり、一応自分に正直にということでなければ、申しわけが立たない。これが筆者のせめてもの努力なのである。

三

話は一転して百年前に遡る。『禅僧留学事始』に登場する人物は、禅宗、真宗、日蓮宗、キリスト教と各宗にわたっているが、当時、妙心寺が月刊していた『正法輪』（明治二十四年七月創刊）に基づいて資料を収集しているので、おおむね臨済宗の人が多い。しかし、共に近代日本の夜明けに青年として生き、僧侶としての自覚をもっている点、宗派の別など眼中にないかの如きである。天《あま》岫接三《くきせっさん》（臨済宗）、大森禅戒（曹洞宗）、柴田一能（日蓮宗）、水谷万嶽（臨済宗）、三関玄要（臨済宗）、金田仁邦（臨済宗）といった人が登場する。

いったい、明治三十四年から四十一年頃にかけて書かれた、これらの人々の文章やそこに見える消息を読むと、やはりその時代の日本の近代化への胎動というものが肌を通して伝わってくる。その震動は何も仏教界だけのものではなく、日本の全体を揺り動かしたものである。そういう意味で今日の若い青年僧たちは、時代の不幸を背負っているともいえるのであり、彼らを責めるばかりではいけないのかも知れない。

宗教界といわず、政界、財界、文学界、教育界という、あらゆる分野の人々が門戸を開いて日本の港を出て行った。日本の仏教界にも若い青年僧たちの迸《ほとばし》り出るような情熱が、欧米を志向したのは当然である。どうやら、そういう情熱のルツボと化したのは、東京の哲学館という学問所であったらしい。

四

明治三十年（一八九七）、既に二十七歳の鈴木貞太郎（大拙）は、鎌倉円覚寺釈宗演の嘱を受けて渡米、米国イリノイ州ラサールに住んでオープンコート社の編集を手伝っていた。貞太郎はしかし、釈宗演の下命を得ての渡米であったし、禅門から見れば彼は一介の在家の居士であった。

それに対して、哲学館で欧米の近代的学問を学んでいたこれらの人は、みな青年僧であり、将来の仏教教団の担い手であり、渡米留学は彼らみずからの主体的願望であった点が、鈴木の場合と大きく異なる。行く先には鈴木のように迎えてくれるスポンサーはいなかった。かの地の大学という全く未知なる世界への飛翔を企てている。初志貫徹のためには死をも辞せずという勢いがある。

『禅僧留学事始』の前半に掲載しているのは、明治三十四年（一九〇一）、妙心寺派留学生第一号として渡米、カリフォルニア大学、エール大学、ウエストバージニア大学などの名門に学び、七年の後、欧米を

妙心寺の留学僧、天岫接三、
エール大学卒業の日。

経て帰国した天岫接三（一八七八―一九六一）が、妙心寺派の機関誌『正法輪』に宛てて連載した米国通信である。

そこには二十世紀初頭の米国事情と、天岫の受けた強烈なカルチュアショック、あるいは在留日本人に対する白人たちの根深い差別、また、日本人の労働者たちの不道徳きわまる飲む、博つ、買うの醜態に対する悲憤慷慨と、彼らに対する宗教教育の必要性などが綿々と綴られていて、いわゆる近代的先進国としての百年後のわれわれにとっても、耳を傾けるべき点が多く語られている貴重な資料である。

天岫接三が帰国して花園学林の教授となり、またのちに妙心寺派宗務総長となるや、その国際感覚の豊かさによって、妙心寺派教団の現代的活性化のために天才的な辣腕ぶりを発揮したのは、人のよく知るところである。

明治四十四年（一九一一）十一月五日刊行の『禅道』第十六号に載せられている天岫の講演筆録「世界の大勢と仏教」（『禅僧留学事始』三〇一―三一四頁）は、彼が帰国して三年目に行った講演であるが、彼が八年間の米国留学ののち、欧州、インド、中国の一部を遊んで帰国してきただけに、すでに今日のわれわれが問題とする科学技術の危険性、キリスト教の世俗化の問題と仏教的生活の優位、哲学の究極としての仏教の立場、更に倫理の問題にも及んで、広く仏教の世界的意義を論じている。まことに宗門にこの人ありの感を深からしめる、自信に満ちた力強い講演内容であるが、それが血の滲むような八年間の留学体験から自然に出てきているからこそ、説得力を持ちうるのであろう。

なお、天岫接三はバークレーに滞在したのち、東部のエール大学に籍を移すが、その大陸横断の旅の途上、ラサールにいた貞太郎を訪ねて、仏教の将来について共に語りあったという。

天岫のこれらの記録を『禅僧留学事始』の「正」の面とすると、三関玄要（一八七五―一九〇二）と金田仁邦（一八七八―一九〇三）という二人の臨済青年僧のかの地における客死をめぐる水谷万嶽（一八七三―一九三八、滋賀県永源寺派興福寺籍。明治三十一年、哲学館卒。三十五年渡米、バークレー大学に学ぶ。四十年に『桜府日報』を創刊）や、角張月峰（一八七七―一九五一、山形市妙心寺派勝因寺住職。美濃大仙寺の第四中教校、妙心寺山内普通学林、東京哲学館宗教科と遊学した。全国巡教のかたわら『正法輪』に論陣を張り、大正十二年、妙心寺派教学部長となるも、『正法輪』上の論文「雲棲一流の念仏禅」を糾弾されて辞任すという。大仙寺の中教校いらい金田と親交す。前花園高校校長角張東洲先生の師父）らの追悼文や、金田みずからの生前の手記などは、読者に痛恨の念を与えずに措かぬ「負」の部分である。

まず三関玄要という人は、例の哲学館で水谷万嶽や金田仁邦と渡米の堅い約束を交わした人である。水谷の追憶文に次のようにいう。

三関玄要は、かつて豊後佐伯町養賢寺の住職であり、名古屋徳源専門道場の師家であり、妙心寺派管長であった謙光窟三関実叢老師の愛弟である。幼時、犬山の瑞泉教黌におったことがあるし、明治三十二年度の哲学館得業生である。（中略）

体格のよい、沈着な、意志の強い質《たち》であった。哲学館を卒業してから、一時、授業寺の養賢寺へ帰って佐伯から一里ばかり距《はな》れた片田舎の、何とかいうちっぽけな山寺（註・堅田在天徳寺）の住職になっていた。明治三十五年四月十五日、神戸から東洋汽船会社の日本丸に乗って渡米の航海中、病気に罹り――それが何の病気か今に分からぬ――途中の布哇《ハワイ》ホノルル港に上陸して、ホノルル病院に療養中、その翌五月の何日とかに死亡したのである。（中略）

臨済の児孫たる我々には、我が宗的々相承の仏心印を修得して、人天の大導師となるの外、別に目的はないはず。しかし四句の誓願文《(ママ)》を宏義にとって、下化衆生の本義に想到すれば、時勢の推移を無視するわけにはゆかぬ。ヨシ他は欧米熱に魘《うな》された軽薄児などと、笑えば笑え、譏《そし》らば譏れ。仏祖に対する宗盟の微衷《まごころ》にいたっては誰にか遜《ゆず》らん。我々三人は、気の向いた方に突進して、殉教の首途《かどで》に立つべく決心した。

すなわち欧米に於ける人文の現状、宗教と政治、宗教と社会、宗教と教育、宗教と経験、宗教と道徳、あるいは教会組織と伝道方法、宗教と家庭の日常問題、宗教と慈善事業など、これが実地を齎《もた》らして他山の石となし、もって国家民族のために貢献したいというのが三人共通の目的であった。

この目的を達する手段としては、まず欧米いずれかの大学に学ぶ必要がある。敢えて学者たるを望まずとも、一個の紳士たるの必須条件として冒頭にこれを置き、これを米国に択《えら》んだのであった。

今日のごとき日米間来往の頻繁なる時（註・大正四年）にあっては、太平洋四千浬《カイリ》もわずかに一葦《(ママ)》帯水の感なるが、今より二十年前に於ける私どもとしては、容易でない想いをした。

ことに一銭ずつ出し合って買う焼芋代にすら窮する苦学生として企図するには、あまりに大胆であった。もちろん渡航費さえ調えば、三人一緒に行きたいが、とてもそのようなことは望みなし。それに三関は、モウ一年学校をやらねばならず、どうせ渡航費の調達に二、三年はかかるじゃろうという予定。

金田は郷里の実兄に渡航費を相談してみるといって国へ帰り、三関はあと一年間定《き》まってくれるはずの学資を一文も使わずに渡米費の足しにするというて牛乳配達を始めた。（中略）

私はその年の八月、一旦授業寺へ帰り、同年十二月再び東京に出て、薄給の腰弁《かいしゃづとめ》をやった。

それから三人思い思いに準備して、前叙のごとく四年目の十二月に、金田が先発、三関がその次、私が最後で、明治三十五年六月十七日、横浜解纜《かいらん》の旅順丸に搭じて、翌七月三日シアトルに上陸した。

（以下、略）

これが三人の単独渡米行のいきさつであるが、にもかかわらず三関玄要は、途中病を得て、ハワイの島であえなくも旅の枯れ野の露と消えたのである。知る人とてなきホノルルの病院で、青年僧三関玄要がどんなにか孤独にして無念の涙を呑んだことであろう。

そうとは知らぬ水谷万嶽は、おくれて横浜からシアトル直行の日本郵船の汽船で渡米し、十二年の滞米の後いったん帰国し、再び米国へ還る途中ホノルルに立ち寄って三関の終焉の消息を探るが、結局要領を得ることはなかった。ホノルル仏教会の過去帳にも見当たらず、開教使の今村恵猛師（本派本願寺僧侶）も記憶にないということであった。これが、三関玄要の燃えるような生涯の結論であったことになる。まことに燃えて燃えて燃え尽きたもの、尊くも清き白骨を見る思いがする。

五

次に三人のうちのもう一人、金田仁邦はどうであったか。再び水谷万嶽の文を写してみよう。

金田仁邦君は、志摩国波切仙遊寺（妙心寺派）の一人弟子であった。明治十年（？）の生まれであったかと想う。一時、岩崎の教釁（註・岩崎霊松院にあった中教校か）にいたことがあったし、明治三十一年度の哲学館得業生である。哲学館卒業後、六ケ月間、第三師団に入営（年齢の合わぬのは戸籍の間違いであると本人から聞いていた）し、満期除隊後、正眼か虎渓かに一夏《いちげ》ばかり掛錫《かしゃく》していたように聞いていた。その後、本山の宗務所へ出て、何かの端役《はやく》を勤めながら、山内の小僧さん達に英語を教えているうち、先輩の援助を得てともかく妙心寺派の海外留学生として渡米することになったが、仙遊寺の住名を持っていたし、師匠も古稀の老体であるから、渡米を容さない。仕方がないから老僧の実印を盗み出して渡米の手続きをして、明治三十四年十二月、神戸から郵船会社の旅順丸に乗って渡米の途に就き、翌年一月、シアトル港に上陸して桑港《サンフランシスコ》に転じ、同年九月スタンフォード大学文科に入り、翌年四月七、八日ころよりタイフォード・フィーヴァー（腸窒扶斯《チフス》に似た熱病）に罹《かか》りて、桑港仏教会内に療養中、薬石効なく遂に同月二十八日午後四時三十五分、溘然《こうぜん》永眠に就いたのである。

（以下略）

四月十日に、突然、病気じゃといって、金田は桑港へ帰って来た。

「ナーニ、風邪の気味で、格別大したことはないのに、医者がぜひ桑港へ出て療養せよとやかましく言うからやって来たものの、実は学年の終期が間近になったから惜しい」と言っている。……水谷は金田の療養のために日本人名医の中林正己を探しあて、金田とベッドを並べて昼夜付き添いの看病につとめるが、病状は悪化するばかりであった。

「オイ、金田！　苦しいか？　確乎《しっかり》せい！」

「ウーン、苦しい、モウ駄目だ、僕は失敗した。ネー君！　君も知ってる通り、艱難辛苦をして……」

と言って彼は歯をガリガリ咬いしばる。

「ウーン、苦しいじゃろ。確乎せい。何か遺言はないか？」

「遺言なんか何んにもない。残念じゃ」

と言ってまた歯をガリガリ咬《く》いしばる。しばらくすると、金田の顔の色がにわかに変って来て、何だかようすがヘンになって、口の中で何かゴツゴツというような音がしたかと思うと、両の組んだ手がピリピリと揺いで、「アーン」と口の締りが弛《ゆる》んで来た。

ソラいよいよ臨終だなアと思った私は、あわててシンクの水を抜いたが、カップがない。ぐずぐずしている場合じゃなし、私は口一杯水を含んで上戸《じょうご》のように尖《とが》らした私の唇を金田の唇へあてて、その水を移してやると、金田はその水をうまそうに、ガクガクと飲んでしまった。中林が飛んで来て、人工呼吸をやったが回復せず、玉の緒はモウ断《き》れた。（以下略）

異国における苦学生同士の、涙の出るような友情のドラマが、ここに展開されたのである。ホノルルで客死した三関玄要に比して、金田仁邦の方は末期の水も竹馬の友、水谷からの口移しである。禅僧としての修行体験をもつ金田に死を恐れる心はなかったとしても、親友水谷との永訣はどれほど悲しく淋しいことであったことか。こうして、哲学館において留学を誓いあった三人の臨済青年僧たちのうち、二人までが思い半ばにして旅の空に客死してしまったのである。

折しもバークレー大学に、天岫接三が留学生として滞在していた。水谷は永源寺派である自分よりも、同じ妙心寺派の人の方がと、天岫を葬式の導師に招いた。水谷が維那子（お経を始める役）をやって、米国では史上初の臨済宗式の葬式を執行した。式場はサンマテオの火葬場、桑港仏教会の堀謙徳（西本願寺第三代開教総長）、紀伊開蔵（同開教使）、泉田準城（同開教使）という面々のほか、金田の友人二十人が会葬したという。

因みに金田の嚢中は無一物であったが、病中ならびに葬式費については他からの義捐金を一文も仰がず、もって故人の死屍を辱かしめることを避け、後日、木宮恵満（当時の妙心寺本山執事）の名で送られてきた米価十二ドルの香奠も、全部米国仏教会の慈善部へ寄付した、と水谷の報告にある。

六

『禅僧留学事始』は、以上のようにして欧米遊学に青春の気を燃やした明治初年の臨済青年僧たちの、果敢な宗教的生涯の明暗を、見事にわれわれに生の形で伝えてくれる。筆者はそこから伝わってくる青春の息吹にスティミュレートされて、思わず消え去ろうとしていたわが内なる残り火をかき立てられ、いつにない荒い調子で筆を走らせてしまったしだいである。

もとより筆者には、このことを通して、現代青年僧たちの若気をくすぐり、それをかつての日本民族主義、仏教優越主義に結びつけようなどという気持はさらさらない。

筆者がひたすら願うのは、明治の青年僧たちが持った、その宗教者としての使命感、歴史的課題に対する敏感な反応、そして何よりもそれを支えようとする教団指導者、なかんずく臨済宗妙心寺派当局の、積極的姿勢の再現である。

たとえば、一派の機関誌である『正法輪』の内容ひとつを見ても、その所載の論文は実に活き活きとして時代を反映し、活気に満ち満ちている。歴史意識というものに支えられ、未来を志向する論客が、一派の公器『正法輪』誌上において、歯に衣着せぬ賛否両論の論を張っているのである。

今回の『禅僧留学事始』なる一本にしても、実に『正法輪』に連載された手記や論文を基調としてできあがっている。これをもって顧みるに、今日の『正法輪』にはこれらの論調が絶えて久しい感がある。何となく過去の遺産にすがりついて、これをしわぶり尽くしている感が深い。それはそのまま旧態然たる教団の体質の顕現であるような気がしてならない。もっと将来の教団を担う若き青年僧たちの論文を掲載し、教団の沈滞を撹拌すべきではないか。

左にその範例として、明治三十二年十月二十六日附、『正法輪』九五号に寄せられている、金田仁邦二十一歳の論文、「噫《ああ》　仏者」の一部を写して結びとする。

古今、社会の変遷常なきは自然の然らしむるところ、人力の以て如奈《いかん》ともすべからざるが、夜風凄々《せいせい》たる深更、孤灯の下、方今、社会潮流の帰向《（おもむく）》する所を意識し来れば、身心慄然たるものあり。（中略）噫、万衆《いくまん》の仏者これを見ること対岸の火のごとく、拱手黙視して自己の職責を忘れ、靦然《へいきで》顧みざらんか。数千年来、仏祖伝来の真風を魔化せられ、仏祖に対して何の面目かある。古徳は地下に於いて涕泣して止まざるなるらん。（中略）

嗚呼、老宿諸士よ、諸士は仏教の靡滅を欲するか。苟《いやし》くも不欲ならば、何が故に異端の紛議を決潰《（うちくず）》せざる。何が故に徒弟をして、一面にては科学的知識の養成に、一面にては宗教の研鑽に尽瘁《どりょく》せしめ、これに資《もとで》を与えざる。これに時間を与えざる。諸士は既に老いたり。今日の急務は徒弟をして科学的知識を養成せしめ、仏祖に忠実に、社会に有効なる偉人を育成するにあり。（中略）

試みに方今住持の通弊を列挙せんか。

一、宗乗に暗く、信仰薄く、随いて布教上、重要の性質たる熱心を欠く事。

二、科学的脳漿に乏しき事。

三、方今《げんだいは》、分業的時代たるを知らず、いたずらに他岐《あちこち》に馳せ、自滅の因を培養しつつあるを自覚せざる事。

四、その能力に於いて、ある階級の檀信徒よりも劣等なる事。

五、貧窮の結果、時にあるいは高貴の門に出入し、首《こうべ》を俛《た》れ尾を揺らして己を仁《（なさけをかける）》せんことを乞うがごとき、思想の卑劣なる事。

六、徒弟教育に冷淡なる事。

3　ポール・ケーラスの宗教思想

若き日の鈴木大拙を米国イリノイ州ラサールに招き、『ジ・オープンコート』（月刊ジャーナル、一八八七年創刊）と『ザ・モニスト』（季刊雑誌、一八九〇年創刊）の編集を指揮したポール・ケーラス博士（Paul Carus, 1852―1919）の宗教思想、特に彼が、「科学の宗教」Religion of Science と呼んだものについて、その概略を述べたい。

P・ケーラスはオープンコート社の編集長のかたわら、哲学・宗教・科学・数学の諸分野にわたり実に七十三冊に及ぶ著作を出版したドイツ生まれの教育者・研究者であった。その自由宗教思想を著した『科学・倫理・宗教に於ける形而上学』が批判されてイギリスに亡命し、更にアメリカに渡ったのを、亜鉛製造の企業家エドワード・ヘゲラー（Edward Carl Hegeler 1835―1910）に見出され、生涯を出版業と著述に捧げた人である。その思想は一貫して科学と宗教の真理性における一致であり、彼はそれを端的に「科学の宗教」と呼んだ（いわゆる宗教学 Science of Religion ではないことに注意）。

宗教が単に思想にとどまることを非とし、生活の実際面に適応されてこそ真に宗教たり得ると唱える。かかる宗教が可能となる条件は、必ず科学の真理性に裏づけられていることでなければならない。換言すれば、宗教は科学の側からの批判に耐える限りでのみ宗教たりうる、とする主張である。

現実の教派間伝統的教義主義は、未来の「真理の宗教」への発展途上にある暫定的形態に過ぎないとするケーラスは、自らの哲学をMonism（一元論）あるいはMeliorism（世界改善論）と呼ぶ。そしてこれら二つの哲学的立場は、ともに彼の科学的立場を基礎にしている。

科学は厳密な方法による真理の獲得であるが、それ自体「宗教的啓示」でもある。科学は伝統宗教の無知、偏狭、頑迷を排し、世界全体に徐々とした改革を起こさせ、人類の未来を「宗教的なもの」にする。科学の機能は自然法に基づいて人間の錯誤を糾《ただ》しはしても、過去の価値ある理念・道徳法・宗教的真理性というような正しきものまで敵視しない。

科学は現在の宗教を破壊するものではなく、常にその不完全さを指摘する。それが「進化」の原則であり、未来は過去の否定によってでなく、過去の基礎の上に建てられる。その意味で過去の錯誤によってこそ進歩は可能となる。真理の道は初めは本能的直観に始まり（神話や諷喩）、それが幻覚体験（神秘主義）の段階を経て、科学的確信（真理）に至るという知性の進化に伴い、このようにして到達する真理は宗教のみならず科学や芸術にも妥当する。占星術が天文学に発展するようにTheologyはTheonomyになるはずである。

宗教的気質は、あらゆる存在（いな物体）に内在している質であり、それは質量と質量を引きつけることによって一つの物体を形成する重力に似ている。自己を超え、他を要求し、部分として全体との関係を維持しようとする性向はall-feelingとも呼ばれるべく、素朴な性欲の段階から宗教、倫理、芸術、科学を貫く「理念」の根本（芽）である。宗教は単に感情でなく、思考であり意志の総体である。それは三つのH（heart, head, hand）の要求である。したがって宗教はそれが感情、頭脳、手脚のすべてを包む全人格的なものになるまでは完全ではない。

ケーラスの宗教論は右の如き原理の演繹であるが、もとよりここに詳述する紙幅はない。ここでの問題は、若き鈴木貞太郎がケーラスとの生活によってどのような思想的影響を受けたかであるが、筆者の見るところ残念ながら、その後の鈴木大拙に「科学の宗教」という思想的性格は、ほとんど見られない。鈴木大拙の畢生の作業が、東洋的霊性の宣揚に捧げられたとすると、彼にとってヘゲラーの科学的見地に立つ一元論や、世界改善論は、依然として空論に見えたのであろうか。鈴木がラサール滞在の十年の辛苦は、専ら英語の習得と仏教宣揚の基礎づくりのためであった、と断言することは当らないだろうか。

4　上向く「大拙」下向く「寸心」

一

明治三年（一八七〇）五月十九日、西田幾多郎が石川県下の宇ノ気村で生まれ、同じ年の十月十八日に加賀の城下町金沢に、鈴木大拙（貞太郎）が生まれる。列車に乗ればわずか一時間の処に、揃いも揃って後年の世界的思想家が二人とも母の乳房を啣んでいたとは、不思議というよりもむしろ愉快である。全く鬼王の悪戯を見るような思いがする。

二人が初めて出遇うのは、金沢の石川県専門学校においてである。明治十五年（一八八二）、十二歳の貞太郎（大拙）はそこの付属初等中学科に入学し、木村栄や金田（山本）良吉らと机を並べて勉強したが、幾何の試験に失敗して一度落第したのが縁になって、藤岡作太郎と同じクラスになったという。そこへ西田幾多郎が、石川県師範学校を中退して初等中学科に補欠入学してきたのである。明治十八年（一八八五）、大拙は藤岡らと雑誌『明治余滴』を創刊し、みずから編集長として大活躍をする。この時の鈴木貞太郎（大拙）は弱冠十五歳であった。

明治二十年（一八八七）、石川県専門学校は第四高等中学校と改められ、校風を一新する。初代文部大臣森有礼の薩摩士族らしい武断政策によって、それまでの自由にして進歩的であった学校の気分が一掃され、生徒たちは森有礼と同郷である薩摩出身の校長、柏田盛文に強い反感を抱いたという。大拙は家庭の貧困から授業料にも事欠くこととなって、結局学校を退学して蛸島という田舎に引きこもり、小学校の教師になる。西田もまた、学校の教育方針に不満を持って中退して上京、東京帝大文科大学（現在の東京大学）の選科に入学した。そういうわけで西田と鈴木が実際にクラスメートとして机を並べて勉強したのは、わずか二年間くらいであったらしい。しかし、この時の同窓であった山本良吉、西田幾多郎、鈴木大拙らの交友が生涯にわたって続けられたのは、人の知るところ。まことに心の友というものは遥かに距離をへだててこそ、という趣きがあることを、われわれは今、それぞれの許に残された数多くの手紙によって知ることができる。

もう三十年近くも前のことになるが、ある人が、「西田幾多郎と鈴木大拙が妙心寺の境内を歩いていた時、西田は下を向いて、如何にも物を思いながらというふうに歩いているのに対し、鈴木は終始空を見上げながら、飄々として歩いていた」と言われたのを聞き、面白い話だなと思い、そのイメージが深く脳裏に焼きついてしまって、今もまたそのことを思い出すのである。いったい、この二人の思想家の好対照は、それぞれの生来の個性によるものか、あるいは生きた環境のしからしむるものか、もっといえば互いの思想の違いがかく顕われるものなのか、あるいはそれらすべての要因の綜合であるのか、などと考えるのは楽しいし、このことはそれなりに重大な意味を持っているようにも思われるのである。

というのは、この二人の人物の所作の様態が、実は二人に共通している若き日の禅体験の、ハタラキの二面である、と見ることができるかも知れぬからである。

二

西田がまだ金沢の第四高等中学校に在学中、東京帝大を出たばかりで赴任してきた数学の教師に北條時敬という人がいて、この人が学生を集めて禅会を開いた。西田は「北條先生に初めて教えを受けた頃」という文の中で、「わたしが（北條）先生のお宅にいた頃かと思う。一日、東京からT君が来て先生と話している時、先生は黙ってわたしとT君に『遠羅天釜《おらてがま》』（白隠和尚の法語集）を一冊ずつ下さった。T君は、禅というものはどういうものか、というようなことをいったら、先生は脇腹に刃を刺し込む勇気があったらやれというようなことをいわれた。唯それだけである」と書いている。北條時敬は、第四高等中学校を粛清し、広島高等師範学校を創立し、東北大学総長を経て、最後は学習院の院長となって隠退するという、大力量底の人であったらしいが、そのハタラキは、鎌倉円覚寺の今北洪川門下における参禅の実体験から直接出てきたものであろう。しかし、「北條は生れながら禅なのだ」（鈴木左馬也）とか、「北條君は禅宗を修めない前から既に脱俗しているような性格」（平沼騏一郎）といわれるような人でもあったらしい。その門下生に与える影響力は多大なものがあったであろうし、実際、西田の人生はこの恩師北條時敬なくしてはあり得なかったといってよいであろう。

貞太郎は、不幸にして北條が赴任した頃は退学していたから、直接指導を受けたことはないが、金田（山本）良吉ら金沢専門学校の友人から、禅会を指導している富山の国泰寺の雪門玄松老師の話を聞いたり、北條が学生たちのために活字本にした『遠羅天釜』を、金田から送ってもらったりして、自然に禅宗に対する関心を深めていったようだから、貞太郎もやはり北條時敬の間接的な影響を受けて禅の道に入ったことになる。

貞太郎は単身『遠羅天釜』を抱えて五、六人乗りのガタ馬車に乗って富山県の高岡まで行き、その先は歩いて国泰寺に行って雪門和尚に相見し、大目玉を食った。雪門という人は、水上勉氏の小説『破鞋』の主人公であるが、ひとたび国泰寺派の管長にまでなりながら、突如山を下って還俗し、和歌山の生家に帰って家業の商売を扶け、晩年は弟子の世話になってふたたび曹洞宗の寺の一隅に住み、ただ「摩訶般若波羅蜜多」のみを唱えることを人々にすすめつつ、ひそかに生涯を閉じたという近代の奇僧である。青年貞太郎にとって雪門との出遇いは、文字通りの一期一会となったが、『日記』によると西田の方はしばしば雪門禅師を訪ねたらしい。

さて、話を戻そう。西田は下を向き、大拙は空を仰ぐということは、いったいどういうことであるかという問題である。私はかつて金沢に遊び、足を延ばして宇ノ気の西田記念館を訪ねたが、その時、陳列ケースの中にある、西田が生前愛用したという枕が、あまりに高いのに驚いた。西田は平素高い枕を好んだという説明が書いてあった。後でそのことが気になり、考えて思いついたことは、西田はいつも下を向いて沈思黙考していたから首が前に曲り、やがて真っ直ぐにするのが苦しいほどになってしまったのではないかということである。

いったい西田の、あの独創的な論理が「意識野」の発想から「場所」へと展開するあたり、どうしても下を向き、大地を見つめなくては出てこないような性質のものである。それはやはり、初期のあの「純粋経験」にしても、大地に直に足をつけ、その脚下をよく見つめることから始まる発想であり、頭の先であたりをキョロキョロと見廻していては、意識は常に主客乖離の方向に散乱するばかりであろう。

西田のこの思索と体験の哲学は、若き日の参禅から「直接経験」されたものに違いない。明治三十年（一八九七）に始まる西田の日記には、その表紙に次のように記されているという。

非凡の人物となり非常の功を成さんとする者は天地崩るるも動かざる程の志と勇猛壮烈鬼神も之を避くる程の気力あるを要す

富貴も心を蕩せず威武も屈する能はず正義を行ふて水火もさけず

何事も自分の考を立て自分之を行ふ他人に依付せず

人より勝さるには人に勝りたる行なかるべからず

大丈夫無学無智を以て自任するの勇気なかるべからず

他人の書をよまんよりは自ら顧みて深く考察するを第一とす　書は必ず多を貪らず　古今に卓絶せる大家の書をとりて縦横に之を精読す

第一の思想家は多く書をよまざりし人なり

読書の法は読、考、書

一事を考へ終らざれば他事に移らず　一書を読了せざれば他書をとらず

二十七歳の時に書かれているらしいこの自戒の一文には、既に雪門・滴水・広州・虎関といった禅匠について参禅を始めていた西田に、禅的集中主義と禅的主体主義の傾向のあることがはっきり表われている。三十二歳の時、雪門から与えられた「寸心」なる居士号も、これをよく見ると、「肝胆、眉目に彰《あら》われ、乾坤、寸心に斂《おさ》まる」という語によるものらしいが、やはり天地を小さき胸裡に収めたものを意味するから、西田のもっている集中性を言い当てたもののように私には思われる

ただ、三十四歳の七月十九日、京都大徳寺の孤蓬庵に広州老師を訪い、「無字の公案」を与えられ、「今度は一つシッカリやるつもりなり」（十九日）という気になり、「今日一日打坐。食後睡眠。晩に独参。どうも余は勇猛心に乏し」（二十日）と反省し、「禅を学の為になすは誤なり。余が心の為め生命の為になすべし。見性までは宗教や哲学の事を考へず」（二十三日）と奮起し、遂に八月三日の晩に「独参無字を許さる。されど余甚悦ばず」ということになって、このあたりから参禅の記事がなくなっているから、よく言われるように、西田は結局禅において徹底ということはなかったらしい。そして「打坐」の姿勢はしだいに「思索」のための姿態へと変って行ったのではなかろうか。あの黒ブチの強度の眼鏡には、もう禅者の面影というものはかくれてしまっている。懐素風のあの独特の墨跡にも、禅者というよりも、文人の趣きが強く感じられる。

西田はこうして、禅から集中を学び、その方向は、直観という内省体験を通って下の方に突き進み、やがて「場所の論理」という無限の開けの地平へと通底したのである。一度も海外に出ず、しかも西欧世界の偉大なる思想家の諸体系を、自家薬籠中のものとして自己の絶対無の体系のうちへと包摂してしまったところに、「寸心」の意味は晩年まで、一貫して遺憾なく発揮されていると見てよい。そういう意味で西

田はやはり禅者ならざる禅者の態度を、「学究」を通して生き抜いたのではないかと思う。

三

これに対して、鈴木貞太郎は対照的である。雪門に参じて初相見で一喝を喰らった鈴木は、その後上京して早稲田大学の前身である東京専門学校に入学して、坪内逍遥に英語を学び、また加賀出身者の学生寮「久徴館」で生涯の外護者である安宅彌吉に出遇う。苦学生の鈴木は、後輩の安宅の外護によって、その後、世界の舞台で活躍することになったのである。安宅彌吉も、釈宗演や南天棒老師に参じた居士で、禅の好きな人であったという。

鈴木は、せっかく東京専門学校へ入りながら、円覚寺の今北洪川（北條時敬の参禅の師）の下での参禅が始まると、勉強はそっちのけで坐禅に熱中し、結局東京専門学校を中退する。その後また西田のいる東京帝大の選科に入学するが、これも参禅のために籍だけおいて出席せず、ほとんど鎌倉円覚寺に暮して参禅を続けたのである。今北洪川の遷化の後は、釈宗演に参じたが、渡米の前年の臘八大接心で、宗演から与えられた無字の公案によって一応の見性を得たらしい。しかし、西田と同じく特別の喜びというものはなかった。「一年ほどしてアメリカへ行ってあるとき『ひじ、外に曲らず』という一句に契当《かいとう》して、はっと悟った」（このあたり秋月龍珉「鈴木大拙先生の生涯」『鈴木禅学と西田哲学』二二六頁以下参照）という。

あの句（ひじ、外に曲らず）は確か『槐安国語』にあったかな。日本にいたとき洪川老師の講座で聞いたことがあったが、その時は、なぜこんなあたりまえのことをいうのか、と不思議に思っただけでなんでもなく過ぎたが、アメリカではっきり分かった。それからは何を読んでもはっきりするわい。今までとはまったく別の境涯が出てきたわけだ。たぶんそのころ本を読んで、問題にしていた〝意志の自由と必然〟というようなことが、考えのきっかけであったろう。ネセスィティ（necessity）とフリーダム（freedom）の問題というか、その頃ウィリアム・ゼームスなどが、しきりにそんなことを問題にしていた。カント以来、いやもっと前からだろう、西洋にフリー・ウイル（free will）とネセスィティの議論があるな。この経験があってからだ。どうも西洋の哲学というか、論理学というか、これはだめで、やはり禅でなくては、ということがわしにはっきりしてきたのだな。森本さん（西田幾多郎の門下の一人、省念老師）式にいえば、「無字がつぶれて」、そういう形でそのとき改めてわしの自覚に入ってきたわけだ。（『同書』二二三頁）

鈴木はこのように、はっきりしたものを摑みとって、そこから西欧に向って饒舌に禅を説いたのである。貞太郎が「大拙」となった年月は不明であるが、大拙の署名の見えるのは明治二十八年（一八九五）（二十四歳）九月五日号『太陽』所収の「基督教徒の仏陀論」であるという（『未公開書簡』四三、註⑥参照）。西田の号が「寸心」であるのに比べると、「大拙」の号はまた、鈴木の特色をよく表わしているではないか。西田は後年、鈴木の著作『文化と宗教』に序文を寄せて次のように書いている。

大拙君は高い山が雲の上へ頭を出して居る様な人である。そしてそこから世間を眺めて居る、否、自分自身をも眺めて居るのである。全く何もない所から、物事を見て居る様な人である。……一見、寒山子を想はしめる如き君の風貌の内には、碧潭水清うして、千状万態の世相、細やかに映さざる所がない。君は外見に似ず、固、繊細の感覚を有つた人であると思ふ。唯々君の分光器は、常人と稍々角度を異にするを以て、世相が意表の角度から映し出されて、我々をして深く考へしめる所があるのである。

このように常に大地に向けて眼を落している西田にとって、大拙は雲の上に頭を出した山のようなイメージであったらしい。西田が偉大なる人物を賛嘆するときに山のイメージを持ち出すことは、かの北條時敬について語る場合にも見える。前出の「北條先生に初めて教えを受けた頃」に、

大きい山に接していると、それが全体どういう山かよくわからない。わたしは先生については、いつもそんな感じがする。……先生には測り知られないような深い大きいものがあり、非常に厳格なようで、その奥にどこかまた非常に暖かいもののある人であった。

とある場合も、孤高なるものがもつ底深い愛情というイメージによって北條と鈴木が重なっている。西田はこうして自分をいつも山の麓においている。下を向く人の自意識から出る発想であろうか。面白いことに大拙自身、石川県専門学校在学中の若い日に、雑誌の編集者として、いろいろなペンネームを使っているが、それらを見ると、独憂斎主人、傑峰山人、任天居士、無頼凶人などと、何か人を寄せつけず、天に任せて孤り超然と聳える山を思わせる雅号ばかりである。

西田が「寸心」のうちに乾坤を包摂したと同じく、鈴木は、西田のことばを借りれば、大きい山のように全体がよくわからないような、「大拙」の計り知れない深さと大きさのなかに暖かいものをもち、あるいは碧潭の清らかさのうちに、千状万態の世相を細やかに映し出すという人柄であった。とすると、西田

の場合が、場所的無の含む無限の開けにおける世界の創造であるのに対し、他方、大拙の場合は、虚空の無限の開けのうちに映し出される世界の千様万態という点において、構造的に両者は共通するものを持っていたといえないであろうか。しかし人柄として、この禅の本質構造は、両者において全く異なった表われ方をしているところが甚だ興味深い。特に上向きに生えた鈴木大拙のあの太くて長い眉毛と、前額にひっかけている眼鏡の様子などには、西田のそれとの対照がよく表われていると言えよう。しかしながら上を向こうと下を向こうと、やっぱりその焦点が、凡庸の世界を遥かに超えた無限のかなたに結ばれている限り、それがわれわれの容易に測りしれぬ世界の直視である点において、両者には毫釐の距たりもないのである。

5　老博士の涙

鈴木大拙先生が京都に来られたのを機会に、筆者の参禅の師である南禅僧堂の柴山全慶老漢もお誘いして、一夕、湯豆腐を囲みながら歓談していただく話がまとまり、私もお相伴させてもらったことがある。会食に同席したのは、その外に木村静雄先生と岡村美穂子さん、そして同僚の古橋円宗君を加えての六人で、確か一つ鍋をつついたように思う。あれはいつ頃の事であっただろうかと、古い日記を探したところ、昭和三十七年（一九六二）の五月十一日にその記録があり、それは丁度二十年前の今月今夜ということになる。偶然とはいえ、鈴木先生について初めて思い出を書く機会を得て今日（一九八二年五月十一日）筆をもったこと、鈴木先生の思い出のうちで最も忘れがたいあの夜のことを書こうと考えたこと、そしてその日がまさに五月十一日であったこと、この三つがピタリと一致したことは何とも不思議なことに思われる。それで、いよいよもって、筆者にとって秘蔵のエピソードを書かないわけにはいかないことになったしだいである。

その頃、一年間クエーカーの人々と生活を共にしてアメリカから帰朝したばかりであった筆者は、禅宗と同じように静かな瞑想にこそ宗教のレーゾン・デートルをもつクエーカーの人々が、同時に驚異的なまでに社会奉仕において信仰の証しを立てていることの、強烈な印象にとり憑《つ》かれていたし、瞑想と社会活動のこの相反する二面を、見事に統一的にもっているクエーカー教徒の信仰生活を、理想的宗教生活の典型とさえ考えており、そういう眼から見るとわが国の仏教徒の、なかんずく禅者たちの、社会問題への関

昭和 37 年 5 月、『教行信証』翻訳のため在京中の鈴木大拙。
左より木村・岡村・鈴木・筆者・古橋・柴山の各氏。

心の稀薄さは、ある意味で我慢のならぬものであった。一つは、そういう点で鈴木先生の共感を得たいという気分もあった。

しかるに、筆者はやや屈折した形でこのことを話題に出したのである。つまりクエーカーの人々はなるほど、瞑想と社会実践の両面を併せ持っているのだが、禅者の場合、生涯を己事究明に捧げることに終始し、そのため社会問題への関わりを持つことが疎んぜられやすいのであるが、このことは宗教倫理の立場から見て一体どういうことになるのか、といったことを先生に問うてみたかったのである。

あたかもこの頃の鈴木先生は、仏教における大悲の側面を強調され、禅者の場合、知の面に傾きすぎて悲を欠き易いが、それこそ禅者の陥りやすい欠点であると指摘されていた。しかしまた、悲の面の強調が過ぎると、宗教自体の本質的側面、つまり個体の中での救済とか解脱とかいう実存的解決がなされない

ままに、単なる慈恵主義というか、人倫主義というようなものに変質してしまうのではないかというのが筆者の疑念であり、これはクエーカーの人々との生活の中で感じとっていた偽らざる印象でもあった。悲を欠いた知が一面的であるように、知を欠いた悲も十全なものではない。当然、知悲の円満具足ということになるわけであるが、それは一体具体的にどのように実現されるのか、なかなかむずかしい問題であり、鈴木先生も耳に手を当てがって「ウンウン」と快く、私のごとき若僧の弁を聴いてくださっていた。私は調子に乗りついでに、ペンデルヒル（ペンシルベニヤ州にあるクエーカーの研究所）で偶然読んだ『大雲祖岳自伝』（大雲会）の中の話を先生にご紹介した。

大雲祖岳というのは、曹洞宗の碩学原田祖岳老師のことであり、この『祖岳自伝』には老師の若き日の洞済両門でのご修行の思い出が切々と語られており、たまたまかつて祖岳老師の下で参禅していたヴェバリー・ホワイト夫人の滞在しているペンデルヒル研究所へ、この『祖岳自伝』が送られてきたのを、彼女から見せてもらったのである。その中で、祖岳老師の道友加藤晃堂和尚の逸話が、次のように語られている（『同書』七三―七五頁）。

加藤和尚は、はじめは天龍寺の峨山老師に参じておられたが、老師が遷化されたので、次に誰に参じたものかと、道友同志が協議した結果、禾山《かざん》老師がよかろうというので、六人づれで出かけた。禾山老師という方は有名な機鋒駿烈な宗匠であったから、はるばるやって来た六人に対して、けんもほろろで、「おれのところは貧乏寺だから置けない」と断られてしまった。……六人はちりぢりばらばらに各所に宿を求めて、独参に通った。加藤和尚は村のお宮様の拝殿の縁の下に寝たと云っていた。

そして昼は六人がそろって托鉢して命をつないでいたが、さすがの禾山老師もこの真面目な道人たちに感じいったものか、後には托鉢に加わって下さるようになって、お蔭で貰いが多くなったそうである。

さて、話はこれからである。ある日、いつものように老師が先に立って六人をひきつれて托鉢に出かけた途中、坂路にかかったところが、重い荷物を山ほど積んだ車がその坂を登りかねている。加藤和尚は無意識に列から離れて、車の後ろを押してやった。とその時、めったに後ろなどふりむかれたことのない老師が、ひょいと後ろをごらんになったかと思うと、ひとりでさっさと寺へ帰ってしまわれた。そして侍者を通して、「晃堂を下山させよ」と仰せられた。下山は叢林の一番重い罪であるから、本人はもちろん道友たちも非常に心配して、どういう理由で追放させられるのか、せめて理由をと、おそるおそるきいたら、「修行者ともあろうものが、人の車に気をひかれるようでどうする。そのような無道心者は修行する資格がないから、叩き出せと云うのだ」と云われた。

そこでわけはわかったが、ここで下山してしまっては一生戻れないから、加藤和尚は門宿といって山門の所で坐禅をして一週間ねばり通した。そして道友の五人もどうか許してやって下さいと頻々と哀願したので、それなら独参だけは許してやろうと、漸くお許しが出たという。

実に実によい話ではないか。こう話していても涙が出るよ。師家もえらいが修行者もえらい。これだけの親切な宗師家と、熱烈な求道者が現代果して何人ありや。恐らく皆無ではなかろうか。ああ。

一読して強い印象を受けた『祖岳自伝』のこのくだりを、私はほぼそのままの形で記憶していたので、鈴木先生に聞いていただいた。そして、更に次のことをつけ加えた。

私がこのエピソードに感動して、早速まわりのクエーカーたちに伝えたのですが、一人の例外なく、この話を理解してくれないのです。それどころか、困っている人を助けることこそが宗教者としてとるべき正しい道であって、理由の如何にかかわらず、この行為が咎められたり、罰せられたりすることは不可解であると反論したのです。更には、自己の修行のために他を省みないような禅者のやり方は全く宗教的のものではないと批判してきたのです。

ここまで話したとき、それまで聴き入っておられた鈴木先生が、耳から手をはずし、俯《うつむ》いてしまわれたのである。一同、箸の手を止めて、先生がどうされたのかと驚き入っていると、先生は眼頭に手を当て涙を抑えられていたのであった。一瞬話が途絶えてしまった。他人事のように話していた私は、今さらのように、この話の重大さに気づかされ、自分の無自覚についての辱しさを隠しえず、空しく煮えたぎる鍋の中で揺れる豆腐を見つめていた。

しばらくして、鈴木先生が口を開かれた。「いや、そんな筈はない。そんな筈はないんだ。いくらキリスト教のものでも、この老師の慈悲が解らんわけはないんだ」と、筆者の話を強く否定された。それはまさしく先生が、自分自身の信念を、改めて確かめておられるように見えた。

二十年も前のこの一瞬の出来事は、世界史に不朽の名をとどめたD・T・スズキとの会食という、筆者にとっての誇らしき思い出にも増して、筆者にある種の開眼をせしめた貴重な体験となった。九旬年を生きてきた人の眼になお光る熱い涙が、一体何を私たちに語ったか。それは禾山和尚の慈悲行への感謝であったか、それを伝えようとする祖岳和尚との共感であったか、はたまた、そういう慈悲行を理解しないキリスト者に対する悲しみであったか、更にまた先生自身の無功徳行の回顧であったか、今はもう確かめようはない。

ただここで一つだけ確かめうることは、もし、晩年の鈴木先生が次第に慈悲の行を強調されていったことを、禅から浄土教への傾斜と即断する向きがあるとすれば、それは必ずしも先生の真意を理解しているといえないという点である。ふつう慈悲という言葉の背後には暖かさ、優しさを内容とする救済宗教的、他力的な甘えが予想されやすいものであるが、それが果たして本当の意味の慈悲なのかどうか。少なくとも『祖岳自伝』に伝える禾山和尚の慈悲行には、もっと別の本質がこめられているはずである。それはいうならば、非情の情であり、突き離しの精神であり、自立の要求であり、与えるものではなくて、根本所有を自覚させるものである。

先にあげたエピソードについていえば、二つの事柄についてこの意味での慈悲行を教えられるであろう。そのひとつは、真の意味の慈悲行が、ただちに重い荷車を押して助けることによりも、そういう行為の出る真の宗教的人格を確立することの中にあるという点である。これは宗教一般からはきわめて理解困難なことがらではあるが、そこに禅者の生きる非情の世界がある。真に他に手をさし延べるということはどういうことか。それは救うものが救われるものを前に立て、そういう対関係の中で救うものが手を与える（衆生縁の大悲）ということではない。なぜならば、そのような関係の中では、救われる側は、遂に「救われるもの」という立場を離れえないからであり、要するに救われないのである。真の救いは、救われるもの自体が、その立場を脱することでなくてはならない。それはいかにして可能かというに、救うものが救う立場を離れることに他ならない。救う立場を離れるとは、救われる者になるということである。

鈴木先生が晩年殊に注目せられた趙州和尚の禅にこそ、かかる慈悲行の範例が見られるのである。『趙州録』に見える次の話はそのことを語るのであり、鈴木先生も好んで引用されたものである。

崔郎中問う、「大善知識も、還《ま》た地獄に入るや」

師云く、「老僧は末上（最っ先）に入る」

崔云く、「既に是れ大善知識なるに、什麽《なん》としてか地獄に入る」

師云く、「老僧若《も》し入らずんば、争《いか》でか郎中に見《あ》うを得ん」

師又云う、「老僧は一枝草を把りて丈六金身の用《ゆう》を作し、丈六金身を把りて一枝草の用を作す。仏は即是れ煩悩、煩悩は即是れ仏なり」

問う、「仏は誰人の与《た》めに煩悩を為す」

師云く、「一切の人の与めに煩悩を為す」

問う、「如何にして免るるを得べきか」

師云く、「免るることを用いて作麽《なに》かせん」

趙州は地獄に入って衆生を救うというのではない。自らが地獄に堕ちるといっているのである。そこでは手をさし延べる形の慈悲行は超えられている。このことの真意が会得されない限り、荷車を押す行為さえ宗教のものではない。

もう一つの慈悲行は、禾山和尚が晃堂に対してとられた処分であるが、ここにも血涙下る慈愛の趣きがあり、それが確実に晃堂の開眼を可能にしたのである。

鈴木老博士の涙は、そこにおいて溢れ出たものに違いない、と今にして思うのである。

6　ポスト鈴木の時代

いわゆる門下生の列に入らない筆者は、鈴木大拙博士について遠慮なく自由に論じることができることを、むしろ利点と考えている。逆にいうと鈴木博士の弟子たちの大拙論は、どれも亡き師に対する思慕のあまり、かえって自由奔放に生きたD・T・スズキを雁字がらめにしているように思われ、これでは冥界の博士もはなはだ不自由なことであろうと気の毒になる。

鈴木大拙という偉大な思想家も、やはり時代の落し子であり、あれから二十年近くも過ぎた今の時代に生きておられたら、世界に向ってまたもっと違った発言をされるに違いないと思う。筆者のように思わぬ機縁を蒙って、しばしば鈴木博士の歩かれた場所へ出かける機会に恵まれた人間は、博士の蒔かれた種が漸く繁茂し、花となって世界野のなかで、時として毒草やあだ花がちらほら見える場面にも出喰わし、当惑させられることも一再ならずである。「風流ならざるところ也《ま》た風流」と見られた鈴木博士のことだから、そんなことくらいは先刻ご承知のことかも知れないが、やはりそうもいえない事情もある。

鈴木博士は日本近代を代表する思想家の一人であり、明治日本の知識人がそうであったように、世界に眼を向け、世界の舞台に立とうとする使命感と、日本人であるという立場の自覚的反省とが複雑に絡んでいる。「日本的霊性」関係の論文を見ても、世界に向けられた日本人の、自国に対する反省の書であるように見える。このことは西田幾多郎、夏目漱石、森鷗外などと同様である。

鈴木博士の場合、西欧での生活が長く、また書かれたものも多く英語によっているから、どうかすると西洋人のために日本の思想や文化を紹介することを目的とされたように思われるし、事実またそういう趣きもあるのだが、一層深く見つめると、やはり日本人としての自覚の観が強い。

日本の中で日本を見ていた近世以前の日本人に比して、世界的視野から日本を見ようとする人は、よほど母国日本についての自意識が強いのは自然であろう。一見、世界人のようにみえる発言の中に、熱くて強い愛国心が隠されているのは、非常に複雑な状況でさえあるといえよう。そういう矛盾した意識構造がやがて世界の列強に伍すことを志向したナショナリズムへとつながる危険性を孕んでいたと言えないこともない。鈴木博士はそういう意味ではむしろ国際人であったのであるが、しかしそれでも、「日本的」を中心に置いた思想をもっている。博士が初めてアメリカに渡られた明治三十年代（十九世紀末）という時代に、たとえば異教であるキリスト教に対して、いきなり親しみを持たれたとは考えられない。それはやはりわれわれの時代の「諸宗教対話」の気分とは違って、気の許せぬ者同士の「対決」であったに違いない。いわゆるカルチュアショックによる博士の西欧嫌悪の感情は、博士が参禅の師である釈宗演老師に送った手紙の各所に見られる。

しかし、世界人を自負する鈴木博士にとって、そのような異宗教・異文化に対する嫌悪の念は克服すべきものであり、また克服しえたのである。それは他のあらゆる文化領域でなされたように、異なる宗教、文化を自己の流儀に合わせて解釈し、それらを自己本来のもののうちに包括すれば、嫌悪感は転じて優越感にさえなるということであった。鈴木博士の場合でさえ、そのキリスト教理解を見ると、この傾向のあるのを否定しえない。たとえば、「キリスト教を学べ」（『保存版鈴木大拙選集』二十一巻所収、春秋社）という場合でも、それは日本仏教の弱点である行動力を補強することを目的としているのであって、キリスト教の真理性についていをいうわけではない。むしろ博士は、キリスト教を権力の宗教と決めつけているのであり、それは世界の平和につながるものでないと断じているくらいである（もっとも、クエーカー教徒の社会実践に対する博士の評価は別で、これは仏教徒が欠いている慈悲面の覚醒を促す目的で強調されている。『保存版鈴木大拙選集』二十一巻、六九頁以下）。

「霊性的自覚の面では、キリスト教は仏教に一歩を譲らねばならない」（同右『選集』、二〇頁以下）とする博士は、「私の考へでは、基督教は仏教を入れないが、仏教は基督教を入れることができると思ふ。さういつては基督教の人はおこるかもしれんけれども、おこつてもおこらないでも、さういふふうに私は感じる。私はさういふふうに基督教徒と議論もしてをる」（同右『選集』二十六巻、九一頁）という。これを見る限り、われわれの時代に常識的となってきている世界諸宗教の対話というものの可能性がない。今日の時代では、博士のような姿勢は聊かアナクロに見える。歴史は教義の優劣を議論する時代から、相手を真に理解する時代へと移行しているのである。

鈴木博士によれば、世界平和に貢献しうるものは仏教であり、禅と浄土に代表せられる「日本的霊性」以外にはありえないわけであるが、このことがキリスト教徒に受容されるかどうかを考えると、恐らく否

平成２年７月、ハンブルグに於ける第 27 回世界自由宗教連盟世界会議にて、キリスト教徒たちと対論する筆者。

ということになろう。世界平和は、仏教やキリスト教の主張する単一の原理によってではなくて、原理の相互承認によってでなければならず、少なくとも他方が承認しないような原理での世界平和の実現は、むしろ非現実的ではないかと思うのである。仏教を「平和の宗教」（同右『選集』二十一巻、二〇頁）とし、キリスト教を「力の宗教」とするとき、その発想そのものがすでに「平和的」ではない。もちろん博士が「日本的」霊性というとき、それが民族主義とか国家主義に結びつくものでないことはいうまでもない。むしろ博士は戦後に発表せられた論文では、日本のナショナリズムの指導的役割を果たした神道に対して厳しい批判をし、禅と浄土教に基礎づけられた「霊性的日本」の建設を提言されている。けれども、そういう霊性的自覚＝禅・浄土教からキリスト教を解釈しようとすることが、果たして妥当であるかどうかという点では、今日では改めて問題が残ることは間違いない。W・C・スミスは次のようにいう（東大出版会『宗教学入門』五〇頁）。

このあたらしい世界状勢は、われわれの研究対象のもつ、本質的に人間的ともいうべき特質を究めることを強く要求している。……他の人びとの宗教を研究するにあたって西洋で伝統的にとられてきたやり方は、それを非人格的に「それ」として陳述するこ

ゲッセマニ修道院の世界修道者会議に参加して

とであった。最近行われた第一の大きな革新は、観察される宗教の人格化ということであり、その結果として「かれら」が論じられるようになっている。現在ではさらに観察者自身がそれに関与するようになってきており、したがって「われわれ」が「かれら」について語るという状況が現出している。次の段階は「われわれ」が「あなた」に話しかける対話である。そしてそこで相互に他に耳を傾けるということがなされるならば、対話は「われわれ」が「あなた」とともに語ることに発展する。そしてこうした発展が究まるところでは、「われわれすべて」がたがいに「われわれ自身」について語ることになる。

（傍点・原著者）

昭和五十四年九月、日本の仏教僧侶たち三十二名が、ヨーロッパ各地のベネディクト・トラピスト修道院に滞在して三週間の修道院体験をした。昭和五十八年十月には、かの地の修道院長たち十七名が来日、一カ月の禅堂生活を体験した。これら二回の「東西霊性交流」は個人としてではなく、仏教とキリスト教の両宗教が、教団レベルで行った歴史的対話であり、今後も継続的に続けられることが確認されている。その理由は、現代という歴史的情況が、世俗化の一途を辿る世界に於いて、諸宗教の連帯を要請するからである。われわれの時代は、鈴木博士の努力が、今このようにして、新たな視点から見直され、活かされなくてはならない時代であると思う。

7　禅仏教の国際化をめぐる問題

一

一九九〇年代に特徴的なことは、「多様文化」multi-cultural の時代ということであろうか。筆者は、平成元年（一九八九）の春学期に、米国カールトン大学に出講して、京都学派の宗教哲学を講じたが、十八年振りのキャンパスには、ホモセクシュアルの正当性を主張する運動と、プロチョイス（子供を生むか堕胎するかは母親が選ぶべきだとするフェミニストたちの主張）の運動が盛んなのに一驚した。それとともに筆者を刮目せしめたのが、ここにいうマルチカルチュラル（多様文化）という現代アメリカの文化現象である。

周知のようにアメリカは多民族混合の国家であるが、それらが今日のような名だたる大国として世界を制覇してきた国家原理は、ＷＡＳＰつまり白系アングロサクソンによるプロテスタント主義（White Anglo Saxon Protestantism）であった。

逆にいうとアメリカでは、白人以外でアングロサクソン系に属さず、しかもプロテスタントでないものは傍らに置かれ、差別されてきたのである。

しかるに、三十年前あたりから黒人解放の運動が盛んになるにつれ、アフリカ系黒人たちに限らず、スペイン系、東洋系の人が、更には力は弱いがアメリカ原住民（いわゆるインディアン）の人々も、アメリカ市民としての正当の立場を主張し、あの映画「ルーツ」が引き金となって、それぞれが先祖たちの国のことばや宗教、文化や習俗の復権を主張しはじめたのである。そういう傾向は今、わけても大学のキャンパスにおいて著しく、どこの大学にも「多様文化」の研究サークル活動が活発である。

いわゆる価値観の乱立ということは早くからいわれていたことであるが、何ごとにもせよ、これを一元的に観る従来のやり方は今日では後退し、いわゆるdiversity（多様性）が歓迎されるようになってきているのである。

そういえば、わが国の歴史研究ということにしても、今日、考古学や民俗学の方法による地方史研究が盛んで、いわゆる皇国史観は影を薄めてしまって久しい。

どうしてそういうことになるかといえば、一つにはやはり交通や情報化の発達によって地球が狭くなり、それでなくても世界全体が画一的・偏平的になるのに対する、人々の異質なるものへの憧憬が根本にあるのではないか。また他方では、それぞれの国や、地方の孤立が通用し得なくなって、その封鎖性が崩壊してきたことにも理由があろう。

そのことの端的な傾向が、キリスト教神学の揺れ動きのなかに、はっきりと表われてきているのは興味深いことである。つまり、キリスト教が他の諸宗教に対して取る態度が、このところ急激に変化しつつあるということなのだが、畏友八木誠一氏の講演録「現代キリスト教の問題点と未来の可能性」（日本超宗派基督教協会刊『オイクメネ』第四七号所収）によると、ジョン・ルイスの類型学がそれをよく説明しているという。

ルイスは、キリスト教と諸宗教の関係を、三つのタイプに分類する。第一はキリスト教のみを真理であるとするカール・バルトなどの排他主義的立場（exclusivism）、第二はカトリック教会が第二バチカン公会議以後取りはじめた態度で、神の救いが他宗教の人々にも及ぶという考えであり、異教徒をも「無名のキリスト者」とするところの、いわゆる包括主義（inclusivism）の立場である。そして第三は、最近評判を得てきているジョン・ヒックなどの宗教多元主義（pluralism）の立場であり、あらゆる宗教は一つの真理のさまざまな顕現であるとするものである。

二

宗教多元主義という発想の根本には、やはり先に述べたような、多様文化の共存を志向する現代の世界的要求があるように思われるのであるが、そのことはやはり地球全体が狭くなりつつあり、したがって人類が一つの家族としてこの地球を協力して分け合おうという願いに裏づけられているであろう。世界の人々は今、自分さえよければという、国家や自宗教のエゴイズムを放棄し、人類全体の未来のために広く国際的、諸宗教的立場に立とうとしているのである。それが、いわゆる「国際化」といわれることの正しい意味である。

しかしながら、昨今われわれ日本人が日常的に口にする「国際化」ということばは、この世界的常識に反して、「世界の舞台に出て大いに日本の繁栄を図る」ということであって、それゆえに世界の人々から見れば、日本人が「国際的」になればなるほど、その「出過ぎ」(overpresence)が鼻につき、世界的協調の輪に不調和の波を起こすばかりの、迷惑な存在でしかないということが相場になってきているのだ。

つまり、日本人の得手勝手な「国際化」は、実は世界の側から見れば日々につのる日本の「特殊化」でしかないということになっているらしい。筆者は最近、庭野平和財団平和研究レポート第九号『平和と宗教』に寄せられている清水良衛氏の論文「国際化と日本の特殊性」を読んで、世界の人々から「注目された日本人」が、今「嫌われる日本人」に変わりつつあることを知り、自分が今まで何となく感じていたことがはっきりしてきた思いがして、これは何とか一日も早く日本人自身が自覚して、日本という人格共同体が、もっと利他積善を愛する人倫的立場に立つ国に変質しなくてはならない、と痛感しているところである。

三

そういうことを筆者が特に感じるのは、自分の専門領域である禅仏教の世界化という点に於いてである。禅仏教は、鈴木大拙とそれに続く日本の禅思想家、特に京都学派の人々の努力によって、この七十年来、世界の哲学・思想・宗教の人々の間に受け容れられてきた。それを受容しようとする欧米人たちの努力は、われわれ日本人にとうてい真似ることのできないレベルである。欧米人の価値観を伝統的に支えてきたキリスト教的世界観・人生観を相対化し、謙虚に極東の宗教文化を学びとろうとする努力は、ある意味で彼らにとっては苛酷な自己否定であろうし、わけてもその方法としての漢字の習得や日本語のレッスンは、並の努力によってなし得るものではない。

いうまでもなく、彼らの禅仏教を学ぶ態度にも、キリスト教の宣教に役立てようとするドグマティズムから、キリスト教や仏教をも超えた新しいヒューマニズムの原理を創造しようとするラディカリズムに至るまで、種々のものがあろうが、一般的にいえば、今日欧米における禅仏教への関心が、百年前の宣教のためのものとは質の全く異なる真摯性をもっていることだけは、これまで三十年にわたり諸宗教との対話を経験してきた筆者の断言しうるところである。

ところで、問題はそういう欧米の側からの要求に対して、こちら側の態度はどうかということである。それで、ここにいくつかの問題を指摘しておきたいと思う。

まず第一には、わが国の禅仏教徒たちが、あまりにも今日の世界諸宗教の動向に対して、無知かつ無関心である点を指摘したい。

理由の大半が、語学上の障害にあるのは言うまでもないとして、西欧人があれほどの努力をして仏教を学ぼうとする時代に、どうして禅仏教の側は西欧の宗教や文化を学ぼうと努力しないのか。それは恐らく、仏教の優越のみを信じ込んでいる傲慢か、あるいは仏教についてさえ不勉強のままに済むという自己欺瞞かのいずれかであろう。

されば欧米人は日本の仏教を、中国のコピー、あるいは考古学と断じ、今や日本を越えて中国あるいはチベットとの直接交渉に至っているのである。

日本の仏教徒が、長い歴史を通じて持ちつづけてきたキリスト教に対する偏見によって、彼らキリスト教徒の語りに耳も貸さぬ時代は、もうとっくに過ぎた。

彼らは、すでにキリスト教が唯一真理であるという幻想から解放され、仏教から多くを学ぼうとしてきているのである。しかるに仏教の側が果たして、その応答者になるための努力をしているであろうか。それを敢えてしない日本の仏教徒なら、それこそこれからの世界の中で放置された存在となるであろう。そのことは、人間性の普遍を説いた仏陀の精神に、まっこう背くものではないか。

四

第二に指摘しておきたいことは、禅仏教の知識人や禅仏教の指導的立場にある宗師家が、キリスト者側の要請を受けて禅を説く場合、ややもすれば無自覚的に陥る優越感についてである。

いかなる宗教にもせよ、信仰者が自己の宗教について揺るぎなき確信を持っているのは当然であるから、その上に立って他宗教を学ぼうとするのは、それによって自己の信仰をより正しいものにするためにほかならない。この点をよく了解して他宗教との対話に臨まないと、いたずらに独善的になり、かえって世界の人々の顰蹙《ひんしゅく》を買うことになってしまう。

思うに、禅者が諸宗教対話の場で起こし易い錯覚に二種がある。その一つは、禅者が常に体験主義に立ち、体験から物を言おうとするのであるが、そういうことならばいずれの宗教にも「信仰告白」というものがあり、これは同じ宗教の信仰者相互の間になされる信仰の確認であり、信仰を異にするものに対しては意味がない。

諸宗教の対話はもともと、異なる信仰者の共存と相互理解のためのものであっても、異なる信仰を持ち寄って一つの信仰へと収斂させようとするものではないのである。

しかるに禅学者の多くが、禅の体験的地平に立って、禅体験こそあらゆる宗教の依って立つ根拠律であるかのように語り易いのである。そのために、例えばキリスト教のなかから自分の考えに近い例として、たとえばパウロやアウグスチヌスやエックハルトというような、神秘主義的なものに親しみ、スコラ哲学や教会教義学のようなものからは眼を背《そむ》けるのであるが、これではキリスト者との話し合いが深いレベルで行われるわけがない。

やはり、禅者の側も個体内の「事」としての体験のレベルではなく、普遍的「理」としての教義のレベルに立って、禅仏教の法理を語らなくてはなるまい。

いわゆる禅問答でお茶を濁すのは、もう何世紀も前の話である。体験のレベルで話す禅者と、教義の上で話す他宗教の人々との対話が、いつも混乱するばかりで生産的でないのは当り前である。それができなければ、あるいは禅者はそうすべきでないとすれば、もはや禅仏教は世界宗教協同の輪から孤立した「特殊」でありつづけるだけになろうし、したがって禅仏教は今日の人類協同体にとって意味のないものとなってしまう。これを、私は第一の錯覚と見るのである。

もう一つの錯覚は、やはり禅の指導者が、自己の宗教を体験の宗教として幻想し、禅体験と称する甚だ摑み所のないものを伝家の宝刀とし、これを聖諦の第一義と呼んで、教団を支える僧侶や信者の意味を第二義、第三義の俗諦門として蔑むことである。

　このことは、確かに禅仏教の本質に由来した発想ではあるが、現実に長い歴史のなかで社会的意味を担ってきた禅宗教団の存在意義を等閑に付し、ごく一握りの伝灯の禅者の懸糸の如き命脈にすがりつくエリート宗教者の発想でしかない。禅宗教団は他の諸宗教教団のように、一個の人格的組織体として、地球時代の人類の平和と幸福のために、もっと前向きの責任を果たすべき時が来ているのではないのだろうか。

　もし禅宗教団が旧態然として少数エリートを頂点として、これを支えるためだけの集団に安住しているならば、それこそ「宗教無き現代」に何の役割も果たしえないところの「現代無き宗教」（西谷啓治）と決めつけられても仕方がないであろう。

　そして、歴史的現実に対して、多くの諸宗教教団とのコンセンサスを持ちえない禅宗教団は、やはり国際的社会の中の「特殊」となるほかはあるまい。

　そういう意味で、禅仏教は今、死活の岐路に立っていると、筆者は考えている。

五

　さて、右に述べてきたことを少し具体的に考えてみることにしよう。

　例えば明治期の知識人はヨーロッパに進出して、学問・芸術・宗教・法律と、幅広く西欧の文明を吸収したが、それは文字通り三百年にわたる鎖国日本の「国際化」と言えた。

　ところが、逆説的なことではあるが、彼らはヨーロッパ世界の中に立つことによって、実はかえってそれまで無自覚的であったところの「日本」というものの特殊性に気づいたのである。遥かなる国に滞在するうちに、彼らは人知れぬ望郷の思いに駆られるとともに、日夜「日本人」であることを自覚しつづけることであろう。

ふるさとのイメージと意味は、遠く離れてみて鮮明になる道理であり、明治の知識人にとって「国際化」は、明白に日本というものの「特殊性」の自覚を意味したのである。

彼らは帰国すると、日本の同朋に、日本語によって西欧を紹介した。そして、日本の特殊性あるいは優秀性を、日本人に向って誇張したであろう。また、ある人たちは日本から西欧に向ってかの国のことばで日本を誇示したであろう。森鴎外らは前者の例であり、岡倉天心など後者の人である。

鈴木大拙をこの列に置いて考えてみると、やはり彼も西洋に出て日本を自覚した人ということができよう。彼は日本的霊性を標榜し、東洋的見方を世界の人々に喧伝した。

そして、キリスト教についてはほとんど深い理解を示していないばかりか、かえって批判的である。彼はもともと西洋に学ぶために洋行したのではなく、インドに仏蹟を訪ねることを志向し、たまたまアメリカに寄留して、それが十一年の長きにわたったが、その仕事は専ら東洋の紹介に終始したのである。

私はかつて、「ポスト鈴木の時代」と題して次のように書いた（本書二八九頁以下所収）。

日本の中で日本を見ていた近世以前の日本人に比して、世界的視野から日本を見ようとする人は、よほど母国日本についての自意識が強いのは自然であろう。一見、世界人のようにみえる発言の中に、熱くて強い愛国心が隠されているのは、非常に複雑な状況でさえあるといえよう。そういう矛盾した意識構造がやがて世界の列強に伍すことを志向したナショナリズムへとつながる危険性を孕んでいたと言えないこともない。

鈴木博士はそういう意味ではむしろ国際人であったのであるが、しかしそれでも、「日本的」を中心に置いた思想をもっている。博士が初めてアメリカに渡られた明治三十年代（十九世紀末）という時代に、たとえば異教であるキリスト教に対して、いきなり親しみを持たれたとは考えられない。それはやはりわれわれの時代の「対話」の気分とは違って、気の許せぬ者同士の「対決」であったに違いない。いわゆるカルチュアショックによる博士の西欧嫌悪の感情は、博士が参禅の師である釈宗演老師に送った手紙の各所に見られる。……

「霊性的自覚の面ではキリスト教は仏教に一歩を譲らねばならない」（『保存版鈴木大拙選集』第二十一巻所収「キリスト教を学べ」）とする博士は、「私の考へでは、基督教は仏教を入れないが、仏教は基督教を入れることができると思ふ。さういつては基督教の人はおこるかもしれんけれども、おこつてもおこらないでも、さういふふうに私は感じる。私はさういふふうに基督教徒と議論もしておる」（同右『選集』二十六巻所収「基督教と仏教」）という。これを見る限り、われわれの時代の常識的となってきている世界諸宗教の対話というものの可能性がない。今日の時代では、博士のような姿勢はもう不向きである。教義の優劣を議論する時代から、相手を真に理解する時代へと移行しているのである。

六

鈴木大拙に後れること二十年してこの世に出で、禅の国際化に努めた筆者の恩師久松真一は、自らをポストモダニスト（後近代人）と称し、近代を超克すべき原理としての禅の立場を標榜した。久松は鈴木の包括主義を更に進め、ポストモダンとしてのわれわれの時代を救うものは禅以外にないと断定し、よってキリスト教の有神論を徹底批判した。滝沢克己がこれにいささかの反論を加えた（『仏教とキリスト教の根本問題』〈『滝沢克己著作集』7〉が、久松はこれを無視している。

久松の立つ地平は「絶対無」であり、その主体は「無相の自己」であるから、およそ形をもつものは、仏教における「三宝」といえどもこれを忌避し、徹底的な殺仏殺神の立場を採ったのである。すべてが絶対無によって包摂されるという久松の立場から見れば、一応キリスト教も、彼なりの論理によって絶対無の建立門の一類型として許容もされる（「覚の覚の立場でなら神は存在する」〈久松真一・八木誠一『覚の宗教』

ポストモダニスト久松真一博士

三頁参照〉）ことになるのであるが、しかし根源的立場においては、やはり神は否定されるのであるから、徹底的な反キリスト教主義とならざるを得ない。

このような久松の禅学は、やはり諸宗教の対話の時代には不適切な、排他主義的独善でしかなかったのである。

また久松のいう歴史も「超歴史的歴史」であって、それは歴史的現実にとって何の具体的指示を与えることなく、また「全人類的立場」といわれるものについても、その意味が漠として捉えがたく、今日滅亡の危機に直面している人類の、個別具体的苦悩の問題の解決にならなかった。

久松の提唱したF（無相の自己）・A（全人類的立場）・S（超歴史的歴史）というFAS禅の三原則は、このようにして、諸宗教の対話と協同のレベルを遥かに超えたものであり、それはモノローグでこそあれ、およそダイアローグにはなり得ぬ質のものであったと言えよう。

例えば、彼が「私は牧師や僧侶、教会や寺院、バイブルや経典はもとより、クリストや仏陀をも無条件に信ずる旧いオーソドキシィや、自分自身の立場そのものに対して無批判なヒューマニズムや、ヒューマニズムの批判から旧い信仰に逆戻りするニューオーソドキシィにはもはや興味を持つことができないほどに、いわゆる不信心である」（『久松真一著作集』8、一一三頁）という場合、その立場では諸宗教の熱心な信仰者との対話の可能性は成り立ちえない。

かえってそのような立場は、無的主体という名の独善となり、結局のところ、もう一つのかたくなで排他主義的なキリスト者と同列であるにすぎなくなるだけである。

久松は、欧米において多くのキリスト者と対話をしている（例えば『久松真一著作集』1・8にそれらの記録がある）が、それらを見ても、ほとんどの場合議論のすれ違いに終始していて、噛み合うところがない。その理由は、久松がキリスト教を自己の立場に立ちつくして理解しようとするばかりで、キリスト教の立場に立ってこれを理解し、時にはこれに頷くというような態度に欠けるからであろう。

このことは、かのよく知られる精神分析学のユングとの議論の行き違いにもよく表われているが、対話の後に久松が付けた左のような附記の一部を紹介すれば、そのことは一層明らかであろう。

ユング教授は、この対談中、さきに、私が、人間を一切の悩みから一度に解放することはできるかどうか、と質問したのに対し、そんなことができますか、と二度も反問して置きながら、後には究極解脱の涅槃を肯定し、ことにわれわれは「集合的（無？）意識」からさえも解放されることができる、とまで言われたことは、精神分析者として重大な発言と言わねばならぬ。もしユング教授のこの発言通りであるならば、そこに精神分析の立場から禅への通路も開け、精神分析治療の悪無限性を克服できることにもなり、精神分析そのものが一歩前進することになるように思われる。またそこに種々の新しい問題も起こってくるであろう。（『久松真一著作集』1、三九七頁）

七

一九九〇年十一月二十三日、にわかに九十年の生涯を閉じた西谷啓治の場合は、同じ西田門下の久松とある意味で対照的であった。

例えば、久松が「私には煩悩はありません」と断言していたのに対し、西谷はその二十三歳の時の処女論文からして「悪の問題に就いて」であった。その後の彼は、シェリングの自由論やキルケゴール、ニーチェ、ドストエフスキーなどの実存主義的著作を通して、深く人間の罪悪性に食い込んで行ったのである。晩年の名著『宗教とは何か』は英独両語にほぼ同時的に訳され、西谷の円熟した宗教哲学は今日、世界的注目を浴びている。

『宗教とは何か』では、はっきりと表面に出ていないが、その他の著作、たとえば『禅の立場』（『西谷

西谷啓治博士

啓治、著作集』第十一巻）などに明らかなように、西谷の哲学は、はっきりと彼の禅体験に基づいており、それが大乗仏教の「空」思想によって論理証明せられ、そこから西欧の宗教・哲学の思想を理解している。

しかし、久松の場合と違って、西谷は禅というものをあらゆる思想の根本原理として包括的な形で位置づけることはなく、あくまで「禅の立場」として標榜するに過ぎない。

したがって西谷は、キリスト教はキリスト教のうちに、ニーチェのニヒリズムはニヒリズムのうちに、ドストエフスキーはその文学のうちに、西谷のことばでいえば「彼方でなくて、此方へ突破することによって」リアリティーを見出すのである。

例えばキリスト教なら、キリスト教についての理解の深まりを求めようとする西谷の態度であり、鈴木のように「キリスト教では駄目だ」とか、久松のように「私は不信心である」とかいうのではなく、「キリスト教のうちにあるリアリティーの承認」である。西谷のそういう態度は、今日の宗教多元主義が主流をなす時代に最も適しいものであり、たしかに鈴木や久松を越えるものが見られると思う。

にも拘わらず、そういう西谷の態度にさえも、やはりキリスト教側からの批判を避けることはできないのである。西谷の『宗教とは何か』を英訳した南山大学宗教文化研究所のJ・V・ブラフト教授は、『宗教とは何か』が刊行された直後に「空の思想と東西の対話」（『禅文化』五五号所収）と題して、次のような三点の指摘をしている。

『宗教とは何か』を含めて、日本の書物に見られるキリスト教に関するわずかながらも誤った——少なくとも杜撰な——考えは、三つの間違った展望に基づいている。

第一は、キリスト教を現代西洋哲学者の論文によって判断しようとする傾向である。もし誰かが、哲学・神学・宗教の三つの西洋的区別が事柄を紛糾させるというなら、それもそうかもしれないが、やはりこの区別は西洋の精神史のなかではっきり存在してきたことは無視できないのである。

……ここで一つ例を挙げるなら、キリスト教は二元論であるという、よく繰り返される「旧態然たる説」は、キリスト教が有神論として位置づけられてきたためであろう。もし有神論というものが西洋哲学者のように理解されるなら、われわれキリスト者はそのような名称をお断りしたい。というのは、一方ではそのような有神論では受肉ということが不可能になるし、他方でキリスト教に神—人キリストということが無ければ、それは全く無きに等しいものとなるからである。

第二に、「しばしば、キリスト教の研究が日本で盛んになり、キリスト教についての理解が一部代弁者の著作によって独断的に限られたものになっている」（H・ワルデンフェルス）。私はこの引用文を、キリスト教的良心とかキリスト教の正しい影響とはまるで一致しないようなことを云っている多種多様のプロテスタント神学や西洋神秘主義研究家に向けたいと思う。特に日本においてエックハルトの名声が不相応に大きいのは驚きである。

第三に、ローマン・カトリックの伝統がほとんど完全に無視されているが、私が西谷の著作の中に、私自身の宗教経験に関係するものをひとつも見つけられなかった理由もそこにあるように思う。カトリックが少数であるという決めつけは科学的でない。

私は多くの点で、カトリックの伝統がキリスト教のうちで、仏教的な考え方に最も似ていると気づいているから、これらのキリスト教に対する誤解ほど仏教とキリスト教の対話にとって有害なものはないと思うのである。（私がした当時の拙訳を、ここでは大幅に改訳した）

八

東西宗教の対話は、最近ようやく組織的なものになってきた。筆者は宗教サミットというような儀式的なデモンストレーションについて云っているのではない。むしろ従来のような「おしゃべり」としての対話から、魂の深いレベルでの「沈黙」を主にした霊性交流ということである。

この場面ではブラフト教授の懸念は克服されて、ヨーロッパ・カトリックの修道会が前面に進出しての禅の道場との交流であるが、この種の対話もまた広くキリスト教・仏教の各宗各派との交流へと広げられていく努力がなされなければ、単に体験主義だけに限定された閉鎖性に陥るであろう。

世界の諸宗教が互いの信仰を理解し合いつつ、単なる思想上の議論に終始することなく、かつまた単なる体験のレベルにとどまることなく、協調的に語り合う機会の設定こそ、二十一世紀の世界に向う世界宗教全体の課題ではなかろうか。

8　転機に立つ日本の禅

地球がにわかに狭苦しくなった。話によると二十一世紀初めの十年以内に、東京からパリまでわずか三時間で飛ぶようになるらしい。英語の嫌いな学生に、これからは英語が話せなくては一人前でなくなるのだぞと叱咤《しった》して逆に、同時通訳の電話やデンタクができる時代に何言ってるんですかっ、と窘《たしな》められてしまった。昭和三十五年（一九六〇）に十四日間もかけて貨物船でアメリカに渡り、日本人もいない大西洋岸の街でウロウロしていた筆者は、あれからの三十年間、いわゆる国際感覚を身につけた禅僧として東西宗教や文化の交流に一役果たしたつもりでいたのに、いつの間にか時代錯誤も甚だしい「国際人」になってしまっていたのだ。

たしかに一九六〇年代の欧米には、東洋的関心が昂《たか》まりつつあった。日本人を見ると「ジュードウができるか」とか「ゼンを知ってるか」とか話しかけてきたものだ。あのころ欧米で暮らした人なら誰もが日本から来た人として一種の優越感に浸ったに違いない。しかし今は違うのである。

ある外交官がアメリカの高官と談話していて、その無礼な英語の表現に対して大いに顰蹙《ひんしゅく》を買ったという話を聞いた。アメリカ人にはとうてい日本人的な丁寧な言い廻しなど分かるまいと思って、木で鼻をくくったような物の言い方をしたらしい。そのように、東西の交流がにぎやかになり始めたころは、いわば偏見のぶつかり合いという趣きがあった。しかし、今はもういかなる予断や偏見も許されなくなっている。

禅の国際化ということについてみれば、このことは最も端的で著しい。多くの人は、いまだに坐禅の修行をしたり、難しそうな禅問答の話を楽しむのは、日本人だけの特技だと思っているようだ。しかし、それは日本の柔道が世界一だと思っていて鼻をへし折られたように、思い上がりも甚だしい日本人だけの錯覚である。いろいろな点で、禅もまた今、世界の中で二流になりつつある。筆者は柔道はできないが、禅の世界で生きてきたので、この傾向には表現しようのないもどかしさを禁じえない。

今日、わが国や欧米の各地で東西宗教の国際学会が頻繁に開催され、筆者も毎年のように出かける。が、いざ学会に臨むと、ことばの拙劣さのために、ひとかたならぬみじめさを感じるのである。

まず参加の外国人学者の大部分は「東洋学」という最も困難で新しい学問に取り組んでいる秀才たちばかりである。彼らは禅が生まれてきた母体であるインドの哲学と言語を修得し、その上に中国音（日本の読み方ではない）で漢字の勉強をしている。仏教の教理についても深く各宗の教義に食い込んで、かなりのハイレベルに達している。そういう学者たちの議論のベースになるのは、やはり長い西洋哲学の思想的伝統と方法についての自己反省であるから、こちらは足の踏み入れる余地もないのである。しかも、大学で禅学を講じている学者たちは、ほとんどが自分で禅センターに通って坐禅の参究にも精を出している人たちであるというから、とても一筋縄の代物ではない。

禅は理屈ではない。ただ黙って坐り抜くのじゃ、という日本の老師たちのありきたりの言いぐさは、もはや彼らの耳には達しない。日本の禅はやがて消え去り、早晩活き活きとした西欧の禅が世界の指導原理となるだろう。それでよいのだという居直りの意見もある。仏法東漸という原則からして、日本の禅が七百年を経た今日、西の方へと移り行くのはむしろ自然のことであるという考えである。しかし、このような意見には何となく無責任で気抜けのしたところがあるように思うのは、決して筆者だけではあるまい。

日本の伝統の中で、もう一度われわれの時代に意味をもつような、新しい感覚を身につけた日本禅が再建されなければならない。このような反省に立って、最近若い禅僧たちの間に積極的な動きが見えることや、このほど開所式を終えたばかりの花園大学国際禅学研究所など、禅を取り巻く国際交流の場が整いつつあることは、注目に値すると思われる。

9　世界の中の六祖壇経

一

一九八九年一月七日の朝八時、筆者は台北市ヒルトンホテルの客室で、昭和天皇崩御のニュースを聴いた。同室の鈴木格禅駒大教授は確か昭和元年のお生まれであるから、偶然にも海外で迎えることになった昭和時代の終焉には、一入《ひとしお》の感慨があるようであった。もちろん「聖戦」の体験者である鈴木教授と、小学校六年生で敗戦になって教科書に墨を塗らされた筆者との間には、すぐにはひとつに結びつかない気持のずれがあって、二人は黙ったままでテレビを見つめていた。ホテルの窓外には風にたなびく中華民国の国旗と慶祝中華民国七十八年元旦の鮮かな横幕が、なぜか自尊を誇るもののように見えた。日本は今どのように揺れているだろうか、思想信条の自由が、このような国家的局面において具体的現実的にどのような様相を呈するのだろうか。暴動や混乱と、それらの暴力的鎮圧ということも起こっているのだろうか、というような妙な胸騒ぎさえ覚えた。郷関を出た遊子独特の悲しき心理ではあった。しかし、この感情はすぐにまた、「平成」という新時代の呼称についての話題へと消えていった。

元号制度の是非はともかく、いつまでともなくうち続いて行くであろう西暦の数字的増大の気だるい持続よりも、筆者にとってはある時代には必ず終りがあり、また新しい時代が始まるという、この節目のある暦年の方が性分に合う。松に古今の色無し、ということの永遠性とともに、やはり竹に上下の節有りといえるその歴史的節目の時間性も欠くことのできない、存在者の自覚を促す要因ではある。

インターナショナルの時代に、国家を意識して元号に固執する気持はないし、もはや世界的に共通となっている西暦を、キリスト教的背景のものとも思わない。日曜日を休日として楽しむ日本人のどこに、今ごろユダヤ・キリスト教の臭いを嗅ぎつける人がいるだろうか。

そういう世界的に至便な暦算法への抵抗のない受容にもかかわらず、西暦が世の終り（終末）の日まで続いていく単調さには、やはり不満が残るのである（終末の日に異教徒が裁かれるという聖書神話については、もはやキリスト教徒の間でさえ意味を失っているそうである）。

今、台湾は民国七十八年の元旦を迎え、故国日本でも平成元年を迎えて、昭和の字は消されていくのであるが、それは西洋の人たちが十年をわざわざディケードといい、三十年をジェネレーションといい、百年をセンチュリーと呼ぶ以上に、人間一人ひとりの人生の感慨を伴う時代の呼称であるように思う。いや西洋の人々が、われわれ日本人にはとても真似ることのできないほど、歴史上の時日を記憶している理由には、単調な暦年の流れに人間の実存的意識を刻み込もうとする、無意識な意図さえ感じられるのである。

明治人の気骨とか、大正の浪漫主義とか、昭和元禄とかいうことで、われわれ一人ひとりは、自分を歴史の流れの中に位置づけ密着させることができる。天皇制とか元号とかに対するイデオロギー的批判はしばらく措いて、筆者にはやはり何らかの形で、個別特殊な時代の区切りが必要なのである。

歴史について筆者はひとりそんなことを考えていた。同時に、横軸としての社会関係についても、またさまざまな想念が去来したのである。いわゆる国際主義と民族・国家主義との齟齬《そご》の問題であるが、とりわけ各種の国際会議に出席するため母国を離れるたびに、自分のうちを去来するテーマである。

二

地球の表面を急速に狭めたものは、世界戦争の終結によるグローバルな平和の到来（それは地球上の九〇パーセント以上の人々が心から願ってきたことの実現）と、科学技術の進歩による交通通信の発達であろう。この先二十年のうちに、コンコルドは東京―パリの間を三時間で飛ぶといい、各国同時通訳電話の開通も、もう時間の問題である。皮肉なことに、これら科学技術は本来軍事目的をもってなされたものの平和利用であるから、あたかも世界に張りめぐらされた高速道路が、ある日突然軍用機の滑走路となるという豹変の可能性も含んではいる。

多くの点で人類を破滅の方向へ誘うかに見える科学技術の進展ではあるが、たとえばバイオテクノロジー（医療技術）と人権尊重の問題のごとく、人類に対して全く思いもよらぬ課題を持ち込むことによって、新しく「人間とは何か」という本質的な問いを提出し、近代の物質万能的思考への大きな反省を促したのも、また科学の力であったということは皮肉である。実際、体外受精とか脳死とか臓器移植の問題ほど、現代の医学の進歩に対してつきつけられた矛盾・逆説はないであろうが、これに対して科学の門外漢である宗教者に、どのような発言を許されるのか、あるいは発言を全面的に拒否されてしまうのではないかというところで、宗教は今、判断中止の状況にあるようだ。けれどもそういうジレンマのなかでさえ、世界の宗教者たちが今、あらゆる機会を捉えて互いの対話を進めようと努力しているのは事実である。

三十年前においては、たとえば歴史家トインビーなどによって、「二十世紀最大の歴史的出来事」として評価されたように、過去において互いの信仰に固執して戦争まで起こした異宗教者がグローバルな対話を始めたことは、互いの信仰についての柔軟な理解と許容の行為として、世界中の人々から大いに歓迎されているところである。しかし、実際にはそういう方向に進まざるを得なくなってきているという歴史的状況が先行して、宗教者たちは止むなく異教徒の信仰告白にも耳を傾け、理解を示し始めたといった方が当っているかも知れない。

先に述べたように交通機関と情報の急速な発達という、地球全体に同時的に起こった異変によって、地球は狭くなり、異宗教の隔壁は大した抵抗なく取り払われてしまったのである。諸宗教の対話はそのように歴史的現実的背景のうちで自然に始まったのである。

ところで対話が始まってみると、そこには宗教者に対して外から問われている現代特有の課題があることがお互いに明らかになってきた。それらは一つには、先にいう科学万能、物質万能の世界観に対して、人類全体が共有する絶望感と危機感、およびそれに対する宗教者としての責任の相互確認ということ。二つにはさまざまな形で露わになってきた人間の問題、たとえば科学技術の過度の発達によって起こる公害から人間をどう守るかとか、世界の平和が実は核兵器の保有力のバランスの上において保たれているに過ぎず、それは一触即発の事態によって、一瞬のうちに人類を滅亡に導く危険を孕んだ、偽りの平和であることとか、あるいはまた医学の進歩にともなう生命観の変化、たとえば体外受精、臓器移植、安楽死が何の抵抗もなくなされようとする人間の精神状況とかいうようなことが、宗教者として放置できない共通の課題として浮上してきたのである。対話はこのようにして、従来の宗教者と宗教者の信仰上の対話から、科学と人間の問題に対する宗教者同士のそれへと移ることになり、諸宗教者間の対話はむしろ科学者との（つまり歴史的現実との）対話のための事前の、相互的合意のためのものとなってきた。

そういう意味では、「インターナショナル」などということばは、宗教においてはもはや意味を持たない。むしろ互いの信仰の理解と許容の上に立って、民族、国境を越えて「人間の敵」にどう対するかという共通の場に立ったもの同士の、「ボーダーレス」な接触である。

このような観点に立ってみれば国家や教団の代表としてではなく、国境を出、教団を出ることこそが、より互いの人間の内部へ深まる契機になるであろう。今日の宗教的状況においては、国外あるいは教団外というように外に向うことは、逆に一人の宗教者が主体的に内に向うことであり、足下的であることになる。ことばを換えれば、そのようにして全世界的、全人類的立場に立たなくては、真に一人の宗教者としての本来の課題に立つことができない、ということになってきていると思う。

それはちょうど、政治の面において従来、国家の使節によってなされていた外交が、昨今は国家の頭首がそれぞれ個人として一堂に会し、地球の運命と方向を模索し合う「サミット」においてなされるように、宗教においても対話はたしかに個人化されてきているのである。

三

さて、ずいぶんと前置きが長くなったが、筆者はこのたび仏光山国際禅学会議（国際六祖壇経学会・一九八九・一・九～一三）に出席するために、台湾にやってきて、偶然にもかの地で昭和から平成への転換的局面に遭遇したのであった。

その名の示す通り、このたびの国際学会は新仏教運動の拠点として、台湾の高雄市の山中に二十年前、星雲大師が開創された仏光山において開催された国際禅学会議であった。特に『六祖壇経』という中国禅宗が確立するための思想的根拠となった、歴史的に謎の多いこの重要な禅録をめぐっての国際学会は歴史上初めてのものである。それは先に述べたいわゆる信仰篤き人々の対話というものとはいささか趣きを異にする、いわゆる学者の集まりである。国際的というに適わしく、オーストラリア・フランス・香港・イタリア・日本・韓国・台湾・アメリカという国々から三百名の人々が参加し、英語・日本語・中国語の三部会に分かれて、四十名の学者が『六祖壇経』の研究を発表した。日本からの参加者は、阿部肇一、石井修道、尾崎正善、鈴木格禅、田中良昭、武田康、竹内弘道、高原淳尚、土屋明智、鄭茂煥、中條道昭、吉津宜英（以上駒沢大学）、衣川賢次、小林円照、柳田聖山、西村惠信（以上花園大学）、小島岱山（華厳学研究所）の各氏総勢十七名であった。因みにアメリカから参加した学者は十五名であるから、単純にいえばほぼ日本からの参加者と同数であり、発表者の数ではアメリカの方が日本を凌いでいた。

ここでは会議の内容について詳しく報告するつもりはない。ただ『六祖壇経』というこの九世紀中葉の一冊の禅録をめぐっての学術大会に、これだけ多くの人が東西両洋から仏光山へ集まってきたという事実とその背景について、筆者の考えるところをいくつか述べておきたいのである。

一つには禅学研究ということの世界的昂まりということがある。これを惹起せしめた根本は、いうまでもなく故鈴木大拙博士の英文による禅学の宣揚であるが、これと呼応して、コレージュ・ド・フランスのドゥミエヴィル博士の禅学論攷が果たした啓蒙的役割も大きい。台湾では胡適博士が中国語で禅宗史の領域に新しい学問的光を与えたが、わが国では久松真一博士や西谷啓治博士らの京都学派の碩学が、西洋哲学の方法をもって禅の論理を展開する一方、入矢義高教授や柳田聖山教授らが、初期禅宗史書の研究や禅文献講読の再吟味において、画期的な成果を発表した。

これらの人々の研究成果は共通して国際的な評価をもって受け容れられ、お互いの交流も盛んになされたから、個人の研究はそのまま現代禅学を世界的なものにしたのである。

一般にわが国の仏教学研究は、その伝統の豊かさにもかかわらず、いまだ充分に現代性をもちえていないといわれている。中村元博士のことばを用うれば、日本の仏教学研究は、中国から見れば、中国仏教教学のコピーに過ぎず、西洋の方から見れば、「考古学」の域を出ないということになるらしい。

日本における仏教学一般のそういう低迷状況をつき破ってきたのは、実は第二次大戦後の西洋における東洋学研究者たちである。あたかも明治初年の文明開花期の日本において、知識人の多くがヨーロッパの学問思想研究に熱中したごとく、この四十数年における西洋の知識人の多くは、東洋学に向って骨惜しみのない関心と努力を示した。今日アメリカの一流大学といわれるところには必ず東洋学部があり、そこには天下の秀才が群がっている。

彼らはまず西洋的伝統思考から東洋的なるものへと、思考の転換を決意しなければならない。横文字文化から縦文字文化への突入は、いうほどに易くはない。二十六文字のアルファベットから、いきなり数千を超える漢字習得へという基礎作業が真っ先に立ちはだかる。更に日本語の習得がこれまた至難。仏教学の専門家には更にサンスクリット、パーリ、チベットなどの語学が常識として課せられるが、これらはもともと同じインド・ヨーロッパ語系であるから、西洋人にとっては比較的に容易らしい。ただし、中国仏教となると全文漢字であり、仏教各宗の思想内容と教義の微妙な相異、教相判釈の論点など、とても歯の立たぬものであるに違いない。にもかかわらず、彼らは立派にその難関を突破する。その努力はまことに驚嘆に価する。アメリカの東洋学研究者のリストブックを入手したことがあるが、それは京都市のタウン・ページと同じ分厚さのものであった。実に恐るべきエネルギーといわなければならないのだ。

いったい何が彼らをそのようにしてまで東洋へと駆り立てるのであろうか。そこにはやはり、何か深く精神的なものに対するハングリーな欲求があるように見える。みずからの伝統についての自負をもつヨーロッパの学者の東洋学研究は、どこまでも知的な領域のもののようであるが、アメリカの研究者の場合にはどこか猛烈な貪欲に似たものが感じられる。それは単に知性的なものを越えた全人的なぶち当りである場合が多い。禅学を研究する学者の大部分が、必ず禅センターに所属して坐禅を続けている事実など、日本の禅学者の知識主義を遥かに抜いている。駒沢大学の吉津宜英教授によると、ピーター・グレゴリーなどという若手の学者は、ロスアンゼルス禅センターで打坐しつつ、「宗密」研究によってハーバード大学から博士号を取得したというから、聞いたこともない神わざのような話である。

このように一流の東洋学者は、もはや日本の仏教学に関心をもたず、直接に中国仏教の原典に喰いついて、自己流の解釈をするまでになっている。漢文の読みも日本流ではなくて、ストレートに中国音である。これが国際東洋学会の常識になってきた今、日本の学者は舞台から降ろされるか、あるいは中国語の勉強を始めるか、どちらかを選ばなくてはならないというところにきている。英語が話せるということはもはや当り前のことで、何ら特技ではない。

四

このように見てくると、このたび台湾で『六祖壇経』の学会が開かれ、世界中から三百名もの人が集まったということが、もはや不思議ではなくなるであろう。では、とりわけて『六祖壇経』が採り上げられたのは何故であるかということを、二つ目の問題として考えてみよう。

いうまでもない。『六祖壇経』という語録が、今日の世界の禅学研究者の重要なテーマのひとつになっているということなのである。

確かに『壇経』は面白い。思想的に多くの問題を含んでいる。と同時にこの書物はその作者や成立の過程が、いまだに謎に包まれているのである。異本も大変に多い。しかし、そういう問題に深く喰い入ろうとするためには、その当時の中国仏教の諸事情に精通していなければならない。単に一冊のテキストを分析し解釈するのではない。さまざまな経典や語録を引き合いに出して、その成立の順序と、思想伝達の経路を組み合わせて、『壇経』の成立事情についての仮説を立てるのである。今回の学会で、冒頭に柳田聖山教授の公開講演「壇語と壇経」がなされたのも、そういう研究者たちの要求によるのである。左に一時間半に及ぶ柳田教授の主題演説の要旨を原文のまま転記しておこう。

胡適が一九三〇年に、上海で神会和尚遺集を出す。一九三二年から三五年にかけて、日本で鈴木大拙が荷沢神会語録、興聖寺六祖壇経、少室逸書等を出す。敦煌本と関連古逸書の発現で、六祖慧能と六祖壇経の研究は、全く新しい段階に入る。敦煌本六祖壇経（以下壇経と略称）は一九二八年に、すでに大正新脩大蔵経に収録される。

荷沢神会の実像が知られて、慧能と壇経の関係が明らかになる。胡適の言うように、神会を壇経の作者とするのは、新資料の過信にすぎないが、歴史的に見る限り、神会は慧能の唯一の弟子であり、慧能研究は神会研究を前提する。とりわけ、鈴木大拙の少室逸書に収める（南陽）和上頓教解脱禅門直了性壇語（以下壇語と略称）は、壇経の本文研究にとって、決定的な基礎資料のはずである。壇語より壇経へであって、その逆ではありえない。「壇」字の解明が、問題の鍵である。

少室逸書の解説で、鈴木大拙の言うところも、すこぶる不充分であり、それ以後ほとんど無視されている、重要なポイントの一つである。私は一九八五年に、語録の歴史（東方学報第五七冊）を書き、自説を含む従来の諸研究の、基本的な先入観を訂することを試みたが、なおいまだ徹底していない。今回はさらに思い切って、道宣の関中創立戒壇図経と壇語の関係について、その後の私見を整理し、私なりの仮説を提案したい。謂わゆる大乗戒の運動は、唐代の中国、朝鮮、日本を一貫する歴史的課題の一つである。この仮説が認められると、初期禅宗史の基礎研究に、幾つかの新展望が得られるはずである。

一九八八年十二月三日

柳田教授はこの論旨に添って、従来の自説を根本から否定し、改めて『六祖壇経』の成立事情についての全く新しい仮説を立て、それが唐代仏教の大乗戒運動の路線上に立つものであることを論じた。

世界の禅学研究者たちは、今までに多く柳田教授のもとで学び、あるい柳田教授の日本語の論文によって禅学の研究にいそしんできた人たちであるから、このような形で柳田教授が根本的な発想転換や、従来の自説を否定されたことに、呆然として返すことばもないといった体であった。もちろん他方で、世界の禅学研究がそう簡単に柳田教授の仮説によって振り回されるはずはない、と釘をさす日本の学者もあった。ともあれ、そういうレベルの、困難にしてしかも禅思想史の核心をつくような議論を、何の抵抗もなしに理解しついて行ける日本人以外の学者たちを見て、正直のところ筆者は驚きと脅威を覚えたのである。

因みに各国学者の研究発表題目を羅列してみると、次のごとくである。

南陽慧忠と『壇経』邪説……………………………J・ジョルゲンセン（オーストラリア）
明儒陳白沙に与えた禅思想の影響…………………P・ジャング（オーストラリア）
東西の視点から見た宗教体験の表現としての『壇経』……………Y・ラグイン（フランス）
『壇経』における戒壇と社会劇……………………W・ライ（香港）
インド仏教文化的視点から見た神秀と慧能…………………P・D・サンティナ（イタリア）

9　世界の中の六祖壇経

唐宋代における蜀地禅宗の再考察……阿部肇一
『六祖壇経』の思想と華厳思想――無相戒に関する思想と『妄尽還源観』の思想……小島岱山
『六祖壇経』の成立過程について……小川隆
『六祖壇経』における伝衣説……尾崎正善
『六祖壇経』の「投機の偈」について……鈴木格禅
神会と『六祖壇経』……竹内弘道
「頓」の思想構造と実存弁証法……西村惠信
「敦煌本『六祖壇経』と心地法門」の要旨……鄭茂煥（韓国・在駒大）
『壇経』と韓国の休静大師から見た浄土と禅……今悟法師（韓国）
『六祖壇経』の修証論と蔵密寧瑪派大円満法門との比較研究……藍吉富（台湾）
中国文化史上における『壇経』の価値……王熙元（台湾）
『壇経』における「自性」の意味……楊恵南（台湾）
『壇経』の言語哲学……陳栄波（台湾）
『壇経』中の見性に関する心理学的分析……鄭石岩（台湾）
『壇経』における「心」「性」の意味……杜松柏（台湾）
敦煌本『壇経』の学術的価値……楊曽文（中華人民共和国）
『壇経』に見る六祖の宗教体験……慧明法師（台湾）

『壇経』の「心印」について……………………………………印海法師（台湾）
六祖の禅の多面性への哲学的・解釈学的問い………C・フー（アメリカ・テンプル大学）
『壇経』に見る三つの要諦………………C・ワング（アメリカ・ウィスコンシン大学）
『壇経』の多義性とその哲学的意義…………C・チェン（アメリカ・ハワイ大学）
比較的見地より見た「無相懺悔」……………D・チャペル（アメリカ・ハワイ大学）
神秀・『壇経』・道元――心性と仏性の問題……D・パトネー（アメリカ・ハワイ大学）
『壇経』の文化的側面……………………………………………D・ブランデル（台湾）
『壇経』にみる心理学・存在論・解脱論………H・チェン（アメリカ・ハワイ大学）
慧能の伝記と天の命……………………………J・マクレイ（アメリカ・ハーバード大学）
六祖・荘子・プラトンの明鏡………………………………………K・ウ（台湾）
大蔵経所収の『壇経』の術語について…………L・ランカスター（アメリカ・カリフォルニア大学）
唐代以後の『壇経』――テキストと読み方の変遷……M・リベリング（アメリカ・テネシー大学）
『壇経』の系譜と進化………………………M・シュルター（アメリカ・エール大学）
東アジアにおける律の伝統の中での『壇経』の戒儀……P・グローナー（アメリカ・ヴァージニア大学）
北宋禅に見える『壇経』の影響……………R・ジメロ（アメリカ・アリゾナ大学）
『壇経』の作者について………………………W・パコー（アメリカ・アイオワ大学）
韓国禅仏教における『壇経』……………………S・パーク（アメリカ・ニューヨーク大学）

宗教と文化の中での『壇経』――韓国禅における影響…R・バズウェル（アメリカ・カリフォルニア大学）
日本禅宗史における『壇経』の意義…………P・ヤンポルスキー（アメリカ・コロンビア大学）

国際六祖壇経学会の発表内容を羅列することによって、今日世界の禅学研究の実情と、その研究方法や領域が、いくらかでも分かってもらえればと思う。

このようにして見ると、四十数名の発表は、次のようないくつかの分野に分けられるであろう。

第一は、『壇経』の成立に関する文献学的研究。これについては、松本文三郎、鈴木大拙から始まって今日まで、日本だけでも実に六十六点の関連著書、論攷のあることが、田中良昭教授（駒大）によって「壇経典籍研究概史」と題し、会議の総会において発表された。もちろん日本以外の諸国においても多くの研究がなされているであろう。先にも述べたように、この手の研究には歴史的研究としての実証性が要求されるにもかかわらず、『壇経』が置かれている中国の時代と仏教事情にはなお不明の点が多く、深く謎に包まれているのである。しかも、そういう分野に頭を突っ込んで行こうとする学者が世界中にいるということは、人間の知的関心の強烈さと普遍性を思わせるに充分な証拠となるであろう。

第二は、『壇経』の思想と他の仏教思想との相互問題を論じようとするものである。これには『壇経』に影響を与えたもの、つまり中国伝統思想および仏教諸派の教学がある一方、『壇経』から影響を与えられたもの、すなわち後の中国禅宗や韓国日本の禅宗について論じるものもある。今回の学会において、柳田教授が初日の基調講演で、大乗戒運動の文脈のなかでの、『壇経』の成立を考えようとする仮説を立てられたことは、先述の通りであるが、他方で東京大学で多年鎌田茂雄博士の薫陶を受け、みずから都下の自坊で華厳学研究所を創設し、既に学術雑誌『華厳学研究』を刊行している臨済宗建長寺派一峰院の小島岱山氏が、『壇経』思想根拠は華厳思想、特に『妄尽還源観』の思想であることを断定的に主張し、話題を巻き起こしたのは印象的であった。

第三の研究分野は『壇経』に特徴的な思想、たとえば「頓」とか「無相心地戒」とか「心印」、あるいは「心性」とか「仏性」といったような、いわゆる南宗禅を特色づけている語彙の内容を哲学的、思想的に広く宗教哲学一般の立場から論じようとするもので、私の立場もまたこの部に属するのである。この研究は学問としては記述的、実証的であるよりも、規範的、解釈的であり、研究者の主観が優先されるものであるだけに、独創的かつ活発でありうる。発表の中には「壇経における〈見性〉の心理学的分析」（鄭石岩教授・鄭学礼教授）や「言語学的研究」（L・ランカスター教授・杜松柏教授・M・リベリング教授・陳栄波教授）まで見られる。

第四は、文化史的見地に立って『壇経』の意味づけを行おうとするもので、宗教哲学のそれよりも視野を広く持ち、また論述内容も具体的資料に基づくものである。王熙元教授や、P・サンティナ教授、あるいはR・バズウェル教授の発表などは、そういう系統のものであろう。

およそ右のように『壇経』という固有のテキストをテーマにした学会において、その研究領域は多岐にわたり、それは禅学そのものの内容の豊富さと複雑さ、および自由性を示していることが知られるであろう。

逆にいえば、鈴木大拙博士によって始められたごく初期の禅学が、禅仏教についての一般的な議論であったのに対し、今や世界の人々が、歴史的にも思想的にも『壇経』などという具体的な特定の語録をめぐる研究へと深化してきている、ということができるのである。

五

さて、最後に今回の「壇経学会」において、筆者が発表した事柄について簡単に報告しておきたいと思う。筆者の発表題目は「〈頓〉の思想構造と実存弁証法」という、ややエキセントリックなものであっただけに、本題目を申し出た当初からハワイ大学のチャペル教授など、期待の旨の手紙を送ってくれたほどである。実際には時間が大幅に不足して、ペーパーすら全文を読むことができないままに終ったから、参加者たちはただ青い目をパチクリしている様子であった。実は筆者はこのテーマについて既に十年前に論じたことがある（拙著『禅学私記』第一章Ⅱ・Ⅲほか）が、このたび「壇経学会」に誘われて、筆者のライフワークである禅思想への実存哲学的アプローチの試みを、是非とも世界の学者に披歴しておきたいという思いをもって、これに望んだのである。

筆者は三十年前、大学の卒業論文を久松真一博士の指導により「キルケゴールの実存と禅」と題して提出し、更に大学院でもキルケゴールの研究を続けた。西谷啓治博士からは、禅宗の人がキルケゴールを勉強するのはよいことだ、といわれて意を強くした思い出がある。

周知の通り、キルケゴールというデンマークの哲人は、キリスト教会を批判し、「いかにして真のキリスト者となるか」という自己の信仰問題に生涯をかけた。その方法論は弁証法的であるが、当時のヨーロッパを風靡していたヘーゲルの観念論的弁証法には、真っ向から反対であった。ヘーゲルの弁証法は「あれもこれも」を綜合し止揚しつつ真理（絶対精神）に到ろうとするものであり、世界歴史を絶対精神が不完全なあり方から完全なる本来の姿になろうとする自己実現のプロセスであるとしたのである。

ヘーゲルの哲学は体系的で完璧なものであったが、その史観はあまりにも楽観的であり過ぎたのである。キルケゴールは、シェリングのもとで学ぶことによって、ヘーゲルの哲学に不満を持った。その理由は、ヘーゲルの哲学は、あまりにも理性的でこの罪なる存在である自己というものが問題になっていないことと、更にヘーゲルのような弁証法によって相対的段階的に真理に近づいて行っても、結局のところ真理の近似値に至るだけで、ずばり真理に至ることはありえない、という点にあった。

自己を問題にし、自己の絶望的状況（罪）が自覚されることによって、かえって自己は「神の前の単独者」としての真の信仰を手にすることができるのであり、それが「宗教的実存」のあり方であると、彼は考えた。

真理は「主体性」である（宗教性A）とともに、この主体性は「非真理」（罪）であることによってこそ真に主体性でありうる（宗教性B）とする「主体性＝真理＝非真理」の構造こそが、キルケゴールの実存弁証法の根本構造である。

キルケゴールのそのような反ヘーゲル的な実存弁証法を学んだとき、私はそれのアナロジーとして、禅思想史における「南頓北漸」の論争を思い浮べたのである。周知のように、『壇経』において見られる六祖慧能の思想は、「頓修頓悟」と呼ばれ、北宗神秀の「漸修漸悟」、つまり坐禅修行によってしだいに悟りに向うとするやり方に対抗したのである。

いわば煩悩から菩提へという移行の運動であるが、六祖はそうではなく、煩悩と菩提の両方を包括し、両者を成立せしめるものとしての「本来無一物」のところに立つのである。そこでは煩悩を煩悩のままに菩提たらしめる「闡提得仏」、あるいは「不断煩悩得涅槃」という大乗仏教の思想が根本になっているのはいうまでもない。もっと極端には、かつて胡適博士が『神会遺集』で述べたように、「無修定主義」の思想、つまり坐禅を否定する思想である。「頓」ということには、そういう反坐禅主義が意味されているわけである。

それではいったい迷いや煩悩はどのようにして救われるのかということになるのであるが、筆者の考えによれば、『六祖壇経』の「壇経」たるゆえんがそこに明らかになってくる。すなわち、壇経は「戒律を説く経」なのである。壇経が戒定慧三学一体を説く場合、戒が中心になっていると見るのである。

もちろん、戒といっても、いわゆる小乗戒のように外面的形式的に律せられていく戒ではなくて、『六祖壇経』の戒は自己の内なる自性仏に対して、自誓し自戒する「無相心地戒」である。そういう一体三身の自性仏を拝んでいくのが定であり、慧である。自己本来の自性仏に帰依することにおいて、自性の中の不善、嫉妬、憍慢、吾我、誑妄、軽人、慢他、邪見、貢高といった一切の不善行を除去するとき、戒定慧の三つが一体となるのである。

自己の本性の中にある善悪、真妄の二元性を充分自覚し、悪を除いて善に帰依し、妄を除いて真に帰依することが、戒であり定であり慧である。「頓」とはそのような論理的三―一性をいうのであり、決して時間上のことがらではないと思う。

筆者のそういう頓の解釈は、キルケゴールの実存弁証法によって示唆を受けたものである。六祖の「自性を見る」は、キルケゴールでは「真の自己になる」に相当するのであり、両者においてはともに「自己」が問題の中心になっている。ところでキルケゴールの自己理解は三重になっている。

一、自己は精神関係である。

二、自己は自己を自己自身と結びつける関係である。

三、自己は更に、そういう関係としての自己を成立せしめているものとの関係である。

第一では、自己の本質を「関係」とする。第二では、自己の様態を「自己の自己に対する関係」であるとする（関係の自覚があってはじめて自己である）。第三では、そういう自己の自覚、すなわち自己が自己でありうるためには、関係としての「自己が真に実現されること」でなくてはならないことが言われている（それは自己の自己関係を成り立たしめている神との関係についてであるということ）。キルケゴールは右の三つの関係が自己を構成している、とするのである。

キルケゴールは人間を、具体的には無限と有限、身体と精神、現実と理想、必然と可能、時と永遠の綜合であるとする（『死に至る病』）が、ふつう人間においてこれらの綜合が分裂している。それが「絶望」といわれる状況である。人間はまずもって、この絶望の状況を自覚（主体化）しなくてはならない。しかも、そういう絶望的な状況が真に回復されるのは、綜合を成りたたしめるもの（神）との関係においてである。神は人間の矛盾しあう二つの要素を綜合するものではなく、むしろそれら二つの要素の矛盾関係を、積極的に持ちつづけさせる存在論的根拠なのである。

これを頓悟について見ると、「頓」というものは、人間の善と不善、真と妄、菩提と涅槃というものを、いずれの側へ解消してしまうことではなく、それらの矛盾せる二つの要素を緊張関係のままに維持せしめる、存在論的根拠であるということになるであろう。「本来無一物」ということは、自性のそういう関係構造の全体を包括することの謂である。菩提も明鏡も塵埃も止揚してしまって何もないとするのでなく、菩提も明鏡も塵埃も、それ自体で存在するものではないのであり、いずれも他方との関係の上においてある。そういう関係としての自己を成り立たしめる存在論的根拠を自覚的にしておくことが、「無相心地戒」ということがらである。自性（真実の自己）はそういう関係そのものであり、決して塵埃を払拭（否定）したところに得られる清浄なる明鏡というようなものではないのである。

更にこのように見てくると、善悪、真妄の緊張が自覚的に反復的に確かめられるのは自誓自戒の実践によってであり、そこに修定では果たし得ない、懺悔の「頓」性があると考えることができないであろうか。したがって「頓」は定慧におけることがらではなく、戒のことがらであるといえるのではないか、というような大胆な仮説にまで及んだのである。このことが、柳田教授の「壇経成立を大乗戒運動の文脈で考えられないか」という、このたびの学会に提出された仮説と一致したことは、あまりにも偶然のことであったといわねばならない。

10　禅を現代にどう活かすか

一

　宗祖臨済一千百年遠諱を迎え、臨済宗が挙げて宗祖顕彰の諸行事を行っていることは、宗門人として欣快に耐えぬものがある。しかるに宗門内におけるこれら諸行事が、現代という歴史的時点と、その混迷せる世界状勢、及びその内で生きる個人にとっていかなる意義を持つものであるかと改めて問をかけてみるとき、われわれは必ずしも明確な回答を得ないのは寒心の極みである。先に甲子園において開催せられた創価学会の大会は、その規模の大きさと、若きエネルギーの結集とによって、大いに世人に訴えるところがあり、賛否両論ながら多大の反響を呼んだことは周知の通りである。

　一体、かかる新興宗教の高らかな前進の響きが、わが宗祖の遠諱行事のうちに聞かれたであろうか。このような問自体が、或いは愚問として退けられるのが、臨済禅の現実であるのかも知れない。何となれば、そこでは、真理は歴史を超え、大衆という量は背後に消されて、質的一個半個に対してのみ真理は開示されるとする陋見《ろうけん》が、大きく座を占めているのであるから。しかし、もしそうなれば遠諱とは一体何であるか。千百年という歴史の量、臨済宗という集団によって成立する諸行事は、全く宗旨と別なる馬鹿騒ぎであり、時間と費用の甚だしき浪費に過ぎぬではないか。

また、反対に、もし敢えてこれら遠諱行事に一片の意義ありとすれば、それは宗旨と別の意味においてであることは明らかとなるであろう。この宗旨と別のものとは何であるか。臨済宗においてそのようなものの存在が、果たして可能であるか。何故そのようなものが、露堂々と表に出ないのか。

二

ここで宗旨の第一義と別なるものと規定したものの正体は、実は不幸にして祖仏と別ならざる這箇を見得し能わず、生涯無眼子の衲僧として、かの一箇半箇のエリートたち（彼らは教団における権威であって、社会的にそれらが妥当するかどうかは別問題であるが）によって白眼視せられながら、しかも臨済宗教団を形成している大多数の禅僧である。このきわめて少数のエリートたちの笑止千万な自己の過大評価と、不幸にして未だその場に到り得ない多数の禅僧たちの不必要なコンプレックスとが、異様に絡み合って、臨済宗を沈滞させてしまっているのではあるまいか。

ところで「悟り」を修行の必然的所産と考えてならないことは、古人の指摘するところである。むしろそれは、到彼岸の願行からの偶然的所産でなければならない。問題は悟りそのものを求め、これを手中に収めることではなく、これに無限の自由なる情熱をもって関わることでなければならない。かくしてこそ、一切の衆生は仏と同一の地平に立ち、仏智の可能性の内へと包摂される。ここにこそ臨済宗門人の信仰（大信根）が存する。さもなければ、即ち悟りを、必然的原因の生む必然的結果であるとするならば、必然的結果を得ないものは、本来その必然的原因を持たなかったもの、すなわち鈍根なる無縁の衆生として、悟りへの可能性から排除せられてしまわなければならぬ。かかることは、一切衆生悉有仏性の仏教精神と矛盾するのである。一生涯悟りを得ず、永劫業海に沈浮しつつも、この彼岸への願行を堅持するところに、はかなき人間の、しかも尊い姿を見るのである。仏徒の胸間に掛在すべきは「悟境」にあらずして、「願心」であると信ずる。悟境に入って、悟境に滞るものはたちまち魔境に堕す、と古人の誡めている通りである。禅者の堕ち入り易い強慢不遜の態度は、現代において特に反省すべきであると思う。

願は具体的にいかなる内容をもつものであるかと考えるに、それは衆生苦の解脱に対する願いでなければならない。願は常に苦悩せる衆生と対応する。衆生なき願は、自我の内に閉じこもって他を省みない羅漢行である。

先日、NHKテレビで、国立東京視力センターの松井新二郎氏の生涯が紹介せられた。松井氏は昭和十三年（一九三八）、戦場で失明した。しかし彼の苦悩を救ったものは何であったか。それは、ひとり光を求めてさまよう途でなく、絶望の果てに自らを否定する自殺の途でもなかった。彼に勇気を与えたのは、彼同様、人生の途上で光を失った人々に正しい勇気と方向を与える、盲人カウンセラーの途であった。盲目をもって盲人を導く。この尊い姿に筆者は宗教を見た。それは「衆生病むが故にわれ病む」という維摩の立場を遥かに越えた「われ病む故に衆生と共に歩まん」の大悲願の消息をもっている。真に盲人に光を与えるものは、この閉ざされた眼であった。闇に光を与えるものは、闇そのものであるわけだ。そこに真実の光があるといえよう。

三

「世界の諸宗教が出遇いを始めたことは、科学の発達にも増して後世に記憶さるべき二十世紀の出来事であろう」とアーノルド・トインビーは、既に二十年前に言明しているが、臨済禅の世界進出も例外ではない。

この現実の中で、臨済禅も、世界の宗教者と共に人類世界に寄与するところがなければ、歴史の座から失墜しなければならないであろう。世界宗教どころか、わが国仏教界の内において、さらには臨済宗門の内部において、見性経験の有無を繞って、自己欺瞞と自己嫌悪が出遇いを妨げているのは一体何の故ぞ。なかんずく、中世キリスト教会の免罪符にも似たる一片の印可証をもって、見性の得不得を判断するものあるが如きは、宗門の時代錯誤を世に晒すも甚だしきことといわざるを得ないではないか。

ところで数年来、世に禅ブームなどといわれる風潮が起こっているが（もっともこの風潮は、高まりつつある禅批判の声と共に下火となりつつあることを知る人は少ないのであるが）、それはこれらエリートたちの功績ではなく、結局、鈴木大拙という一求道者の畢生の努力に帰することは、誰しも疑うことができないであろう。彼が世界へ向って開いた臨済禅の窓が、還って旧態然として閉鎖的なる臨済宗門の中へ新風をもたらせる換気孔となったことは疑いなし、禅の世界化よりもそのこととの方が、宗門にとって、鈴木大拙の功績として重要である。彼によって果敢に開かれたこの窓が、彼の死と共に再び閉じられて終ってはいけないのである。

鈴木大拙の生涯を支え、彼の口から勇敢にも禅を語らしめたものは何であったかというに、それは一に「衆生無辺誓願度」の大悲願であったに違いない。若き彼が（五十歳頃）禅を専ら智の宗教として、真宗の悲と対比しつつ強調されたにも拘わらず、晩年になってようやく大悲を強調されるに到ったことは、このことのよき証左であろう。

思うに、仏徒の願いは、「衆生無辺誓願度」をもって第一とし、「煩悩無尽誓願断」はその上に行じられるものでなければならぬ。そこに大乗仏教の真髄がある。臨済宗門では智の面を強調するあまり、この根本の悲の面を閑却する傾向が強い。この極端な宗門の歪曲が、臨済禅を社会生活から切り離してしまったのである。

四

臨済禅教団を歴史的現実から浮き上がらせている根本的理由の一つに、歴史そのものへの認識の欠如があると私は思う。即ち禅も歴史の中で生成し、歴史の内で伝えられて来たものである限り、やはり歴史的な一面を持つことは否み得ないのであるが、真に歴史的なものである以上、それは同時に、常に否定を媒介として肯定に転じて行くところの歴史の創造的主体でなければならない、というこの重要な認識の欠如である。換言すれば、歴史は単に歴史として「存在するもの」ではなくして、常に不断に「生成するもの」即ち、歴史に成るものでなければならない。そしてこの歴史を歴史と成らしめるものこそ、この赤肉団の実在に他ならない。さもなければ、R・ブルトマンのいうように、実存の関わるべき歴史 das geschichtliche は、単なる観察の対象としての歴史 das historische に堕するのである。

翻って現実の臨済禅教団を見るとき、そこには単に文化遺産としての歴史と、それを甘受して足れりとなす底の非歴史的人間があまりにも多いのである。しかし真に歴史的なものとしての禅は、かかるあり方を許すはずはないのであり、キルケゴール流にいえば、「禅宗教団の禅者は如何にして真の禅者と成るか」の課題と対決しなければならないのである。西谷啓治博士はかつて筆者らに「禅は行事綿密、威儀厳然としていて姿は立派である。しかし今日の社会に真にアピールするものがないのは何故か。それは禅者がセンスを欠いているからである。センスを欠いているとは歴史的現実と密着していないことであり、それは自己を見失っているということに他ならぬ」と語られたが、まさに禅僧にとって頂門の一針であろう。自己を喪失した人間は、むしろあわれでさえある。しかしそういう悲しき現実の中にわれわれは立っているのだ。われわれはこの現実を回避し、時代のコモンセンス（常識）を無視してはならないであろう。

11　禅僧から見るキリスト教
――東西宗教交流を通して

私が初めてキリスト教に出会ったのは、戦後、彦根中学へ入った時である。英語を教えていたサミエル・ニコルソンという宣教師の先生が盛んに「罪の償いは死である」とか、「神は愛である」とか言われたが、その時は何のことか全くわからなかった。

大学へ入って幸いにも私は西田幾多郎先生の高足である久松真一先生に出会い、卒業論文の指導をしていただいた。ところで、筆者は禅学専攻生だったが、禅というテーマでは卒業論文は書けない。つまり、体験がないのに論文を書くという、大変な自己矛盾があるからである。禅の大学では、禅は体験しなければ駄目だという一方で学問を教えるから、体験とことばの関係を十分に説いておかないと、「そんなことは理屈ではないですか。禅は坐ればいいんでしょう」と言って学生がバカにする。そういうわけで、人々が禅について書くようになったのはごく最近のことである。昔は「法を知る者は怖る」と言って、禅のことをしっかり知っている者は恐ろしくて手が出せない、物に書いて人に見せるようなものではないということがやかましく言われた。

丁度、その年（昭和三十年）はキルケゴール没後百年の年であり、本屋の哲学や宗教のコーナーを歩いていると、やたらにキルケゴールが並べてある。本を開いてみると「主体性は真理である」とか、あるいは絶望は「死に至る病」だとかいうことが書いてあり、要するに自己ということが問題になっていることが分かった。これはおもしろいと思って二冊ほど読んで、「キルケゴールの実存と禅」というテーマで卒論を書いたが、久松先生に口答試問で「こんなことぐらいでキリスト教がわかったなどと思ったら大変ですよ。間もなくエミール・ブルンナー先生が来られるけど、絶対にこれでは対話にならない。こういうキリスト教理解ではこれからの宗教、これからの禅宗はやっていけません」と言われて、大変叱られた。しかし、実存ということには非常に興味を持った。キルケゴールは「真のキリスト教徒になりたい」とか、「クリスチャンが本当のクリスチャンになるのは、異教徒がなるより余程難しい」などと書いており、大変感銘した。これはまさに、禅が実存ということばは使わないけれども、己事究明ということで教えていることと同じなのだ。また、常に生死一如だとか、あるいは一切は苦しみであるとか言っているから、実存哲学とは大いに関係がある。

卒業後、修行の道場である南禅寺僧堂へ入って坐禅をしていたが、縁があって大学へ帰って来た。そして昭和二十五年に、クエーカー教徒のダグラス・スティアーという長老がハバーフォード大学（ペンシルベニア）から来て、誰か禅僧でキリスト教を勉強したい者があれば招いてもよいという誘いがあり、私が行くことになった。そこはペンデルヒル宗教研究所といって、世界中から集まった約百人の人が、共同生活をしながら勉強していた。

クエーカーはジョージ・フォックスが三百年前に始めた、最左翼のキリスト者たちである。そして、ピューリタンたちの中でも、とりわけピューリタンであり、生活は非常に厳格で簡素を好む。ミーティングハウスには十字架もないのがイギリス時代以来の伝統で、木造の小屋に採光の窓があり、それに木製のベンチが三十ほど並べてあるだけである。日曜日の礼拝では、歌も歌わなければ牧師もいない。そこへおじいさんから孫までがやって来て Meeting for Worship と呼ばれるお祈り、そして Wating upon the Load in Silence（沈黙の中に神を待ち望む）という瞑想をする。そして瞑想中に誰かが立ってメッセージをする。これは聖職者を持たずに、長老が指導する信者グループの特色であろう。いわば在家ばかりのキリスト教である。それが礼拝の時だけでなく日常化していて、日々の食事の前、あるいはクエーカーの学校では授業の始めと終わり、またワークキャンプにおいても、仕事の前後に手をつなぎ合って瞑想するのである。

男女差別の問題はもちろん、反戦運動、アメリカインディアンや黒人たちとの親交などを率先して行ってきたし、今日ではいわゆる良心的兵役拒否など、具体的な平和運動を行っている。そのため思想犯としてよく投獄もされるが、もともと賢沢をしない彼らは金持だから、誰かが捕まると、日曜日の礼拝で保釈金を集めてすぐ連れ出してくる。しかし、また次の週は潜水艦などに坐り込み、また捕まるというようなことを平気で行うわけである。

またクエーカーは社会奉仕では世界的に有名である。第一次世界大戦の後に、ＡＦＳＣ（American Friends Service Committee）というクエーカーの団体はヨーロッパの難民を救済した理由で、団体としてノーベル平和賞を貰っている。この物静かな人たちは内にこもる激しい良心的情熱を持っていて、許しがたいものに対して敢然として戦って行く。彼らはそういう社会奉仕が自分たちの最も神聖にして厳粛なる儀式なのだと言う。筆者も度々、フィラデルフィアのハーレムに行って奉仕活動をしたり、ペンタゴンへ行って半日立ったままの戦争反対の静かなるデモに参加するなどの、社会実践を経験させてもらった。

彼らは他のデノミネーションの人と違って非常に物静かで、底知れず親切であり、またとても人当りが良い。宗教の本当のものだけがそこにあって、不必要なものは一切くっ付いていないということを、強烈に感じた。クエーカーとの一年間の生活を通して、彼らの裏も表もない生活を教えられ、本当の倫理的、良心的なあり方というものを教えられた。

その後、にわかに交通事情が良くなって海外から日本へ多くの人々が来るようになると、その中には東洋文化とか禅に関心のある人がいて、私がアメリカへ行っていたので英語が喋れるだろうということで、一週間から十日に一度は、外国の方と出会うようになった。アメリカの大学へも三回ほど講義に行った。

そして、クリスチャンと禅の人が日本で寝食を共にして話し合う会を作ろうというダグラス・スティヤー氏の発意で、禅宗から柴山全慶、山田無文、山田霊林、奈良康明、鈴木格禅などの老師や久松真一先生、またプロテスタントからは北森嘉蔵、浅野順一、有賀鉄太郎、入江勇起男、八木誠一などの先生、カトリックからはハインリッヒ・デュモリン（それが縁で先生の著書である Christianity Meets Buddhism 訳書名『仏教とキリスト教との邂逅』〔春秋社〕を私が訳すことになった）、エノミヤ・ラサール、奥村一郎などの神父、その他諸々の方が二十五人ほど集まり、今から二十三年前に大磯で、「第一回禅とキリスト教懇談会」が始まったのである。これは素晴らしい集まりで、その後毎年四、五日間寝食を共にして、肩を張らずに魂を語り合うということを続けている。筆者はその日が楽しみで、この数日の出遇いによって、残りの三百六十日を充実して過ごしていると思うほどである。

筆者はこの会を通して、キリスト教一般というものはないのだということが分かった。〝クリスチャン〟は確かにいる。たとえば八木誠一氏と滝沢克己氏などを見ていても、「原事実のロゴスか、体験か」をめぐって長い論争をしていて、どちらが本当の〝キリスト教〟なのかさっぱりわからない。それでもその方が筆者にとっては本を読むよりはるかに勉強になる。〝キリスト教〟を勉強したいという期待は大きく当てがはずれたが、その代わり多くの〝クリスチャン〟の友だちを得た。そして今日まで続いているこの出会い（二〇一六年で第五十回を迎える）が筆者の人生を大きく変え、もしこれがなかったら筆者の考えはもっと一面的であったし、筆者の生きざまや宗教観、人生観はずっと貧しかったと思う。

そうしている間に、今から十年前に「東西霊性交流」という話が起こった。ことの発端は、花園大学の学長も務めた大森曹玄老師のもとへ参禅していた上智大学の門脇佳吉神父が、「老師、日本文化の紹介にヨーロッパへ私が御案内しますから、禅文化のデモンストレーションや禅のお話をしていただけないでしょうか」と頼んだのである。それで、大森老師、門脇神父、弓道の須原耕雲師、茶道裏千家の千坂秀学先生、二松学舎の寺山旦中教授とがツアーを組んで行くことになった。ところがバチカンの方から、「皆さんの文化を見せていただくのは結構だが、せっかくの機会だから、こちらの文化や宗教的伝統にも触れてもらい、できれば修道院の生活を禅の方に体験していただきたい」という返答があった。それでにわかに南山宗教文化研究所や禅文化研究所もこの企画に加わり、一般の人も参加して五、六十人で出かけていった。

一行は二つに分かれ、ひとつは日本文化のデモンストレーションのためにヨーロッパ各地を歩いた。それからもうひとつのグループは専ら修道院に入って一ヵ月間の修道生活を体験した。筆者はフランクフルトからはずれた片田舎にある、西ドイツ最大の規模であり、典礼式では最も有名なマリア・ラーハ大修道院に入った。そこには二百人ぐらいの修道士が生活しており、まるで大きな城のようである。修道院はあまりに広くて、後で何度も地図を描こうと試みたができなかった。筆者たちも修道士たちと同じように修道院の扉の大きなマスターキーを腰に下げた。修道士一人一人の部屋は椅子と木のベッドと十字架だけで、小さな窓があるだけの簡素なものである。そしてホウロウびきの重いバケツと洗面器があり、朝、バケツに水を汲んで来てそこで手を洗ったり洗面をしたりして、夕方寝る前に捨てに行くという、中世さながらの生活である。また、「ブルーダー・ヨハネス」などという修道士の名前が、個室のステンドグラスにはめ込んであり、それは修道士生涯の生活空間である。

バチカンはよくも思い切って胸襟を開き、親子でも入ることのできないヨーロッパの伝統的な内奥へ、異教徒であるわれわれを入れてくれたと思う。参加者は帰国後、『祈りと労働』（禅文化研究所刊）という書物を出したが、仏教で修行した者がキリスト教の修道院の中に入って、朝から晩まで六回のお祈りに加わったのだから、これは歴史的な出来事であった。

まず朝早く、真っ暗な中でガランガランと鐘が鳴るから、起きなければならない。黒い衣と靴を履いた百人の修道士たちが真っ暗な回廊を通って、静かに、二列になって聖堂に入って並ぶ。それは壮大なものだ。筆者たち禅僧は僧衣を着てその後に付いて入り、毎回、祭壇の席に座らせてもらった。一般の信者の方は、有名なマリア・ラーハ修道院のグレゴリアン聖歌を聞くために、前日から観光バスでやって来て修道院経営のホテルに泊まり、早暁から起きてお参りをしてくるのである。

　食事の時のマナーも、禅宗とそっくりである。絶対に音を立てず、スプーンでも落とせば、跪いてお詫びをする。そして食事中は先輩の修道士が高い台に昇って、マイクを使って本を読んで聞かせる。内容は中世修道院の物語のようであった。

　ドイツはマイスター制度が発達しているが、修道院にもマイスターが多く通ってくる。ギムナジウムへ行かない若い人たちは、そこへ見習いに来て技術を身に付ける。ペンキ塗り、ビール造り、花壇の手入れ、イコン、牛の屠殺などの師匠（マイスター）がいて、大変おもしろい。修道士は仕事の最中に鐘が鳴ると、すぐに服を着替えて聖堂に集まり、最後のお祈りが夜の九時頃終わると、また聖者の像の前に行って長い時間祈っている。一体いつ寝るのか知らないが。

　筆者たちを迎えてくれたのは、ベネディクト会とトラピスト会の修道院だったが、彼らはこの二つ以外は修道会ではないと言っている。「日本にあるカトリックの諸派などは宣教が中心であり、本来の修道生活をしていない。本当の修道がどういうものか、あなたたちにぜひ知ってもらいたい」という。どこの世界へ行っても、見識というのはそれぞれ違うものだなあと思った。彼らは「本来の修道生活とは、時々集まって時限的に瞑想するようなものとは違います。私たちは三年間の見習いを終えて終生誓願を立て、一生涯絶対に修道院を出ません」と言うのである。だから、「日本へ行ったことがありますか」と聞くのはヤボだ。若い人に「いずれ一度、日本へいらっしゃい」と言っても、「それは、無理です。修道院にとどまっているのが私たちの生き方ですから」とはっきり断る。修道院の後ろに墓地があり、自分の入る墓も決まっていて、自分でちゃんと草を引いて掃除をしている。

偉い人もいるものだと思った。このようにして「イエス様に一番近い所での生活」を選んでいるのだという。そういう人たちが人生の一切を棒に振って、一回限りの一生をすべてイエス様に捧げ、外から来る人に対しては、イエス様に仕えるごとくに振舞っておられる。ヨーロッパの各所にそういう人が現実にいるとすると、これは人類全体の遺産でさえあると思われた。このようにして、カトリックの方との出会いを通して、その伝統の重さを見せていただいたしだいである。

三週間滞在ののち、全員が各修道院から集まってバチカンへ行き、ローマ法王のヨハネス・パウロ二世にお会いし、握手までさせていただいた。その後、ローマ法王が避暑に行かれるネミという湖の畔でシンポジウムを持ったが、修道士が十人ほどしかいないような小さな修道院に行った人たちは、日本から持って行ったお茶を一緒に飲んだり、坐禅をしたり、ピクニックへ行ったりして、それなりに本当に良いコミュニケーションをしたという話であった。

花園大学の学長であった山田無文老師は、若い時に早稲田大学で法律を学んだが、結核にかかって愛知県の自宅に帰って養生していた。昔の肺病だから皆がいやがって近づかず、ただ死ぬのを待つだけという絶望的な日々を送っていた。そんなある日、便所の手水鉢で手を洗っていると、風が吹いてきてやつでの葉が揺れたという。「葉が揺れるな、風が吹いてきたな」と思った次の瞬間、「あっ、風は空気が移動する。この空気は家族も誰もいやがるこの汚い私の体の中に入って『しっかり生きろ』と言って、私の体を洗ってくれていたのだ」ということに気付いたら、泣けて泣けて仕方がなかった。その時に「大いなるものに

抱かれあることを　今朝吹く風の涼しさに知る」という歌ができた、と述懐された。

私はここに本色の禅者の境地を見る思いがする。禅者もまた大いなるものに抱かれてあることを悟るわけである。このように昔から、禅者といえども何か偉大なものに頭を下げるという敬虔の念を持っている。それをキリスト教の方では聖霊と言うのであろう。

筆者は自分の信仰についていささかの揺らぎもない。しかし、このようにキリストを信じる人々との出会いは、自分という人間を五倍ぐらいにしてくれただろうとさえ思う。キリスト者との交流の中から取るべきものは取って、自分の一度しかない人生の豊かな肥やしにできれば、こんな有難いことはないと思っている。筆者はこの頃、クリスチャンと何の抵抗も違和感もなしに仲良くしている。そもそも、日本人とよりも外国人とのつき合いの方が多いこの頃、筆者はもう相手がクリスチャンであろうとなかろうと、問題でなくなってしまったのだ。

12　キリスト教理解の一側面

比較宗教学が学者によって単に客観性や公平性のために第三者的立場からなされることは、宗教が信仰ということがらのゆえに、必ずしも妥当なことではない、という反省がなされてから既に久しい。この欠点を克服するものとして唱えられてきたのがいわゆる「比較宗教学の人格化」ということであり、その主張がJ・キタガワの論文「これからの比較宗教学のあり方」(『宗教学入門』東大出版会、四七頁以下所収)に見られる。この主張の一つの根幹は、これからの比較宗教学が必要とするものは、特定の宗教的信仰をもつ人の人格的出遇いでなくてはならないということであり、それは世界が狭くなった現代的状況において充分説得力をもつ主張であろう。実際、過去三十年を見れば、政治・経済、文化の急速な世界的規模での接触にも増して宗教のそれはめざましい進展を見せている。昭和五十四年(一九七九)九月に行われた上智大・南山大・花園大等の共催による「東西文化の源泉＝霊性の交流」のプロジェクトは、この点で歴史的意義をもつものとして、内外に高く評価されている。

ところで、この試みに参加した一人として、今回の霊性の交流において事前に予想だにしなかった他宗教理解のための一面があることに開眼させられたことがあるので、それについて述べておきたい。

一般に諸宗教対話の場において特定宗教の見せる顔は、きわめて意識的なものである。向い合う相手の宗教に対して意識をもつということは、そのままみずからに対しての自意識をもつということである。換言すればそういう場合の宗教は、もはや「ありのまま」であることを止めて、「肩を張った」ものとなっている。もとより、すべて存在するものは、他に対してのみ存在しうるわけであるが、それが存在するものの姿のすべてではない。自他の意識のない赤子のような存在には、もっと真実なものが見えるということもある。

特定宗教の存在ということについても同じことが言えるはずであり、そういう自意識なき自宗教を、それ自体として理解する努力も、他宗教理解の重要な一面でなくてはならない、と考えるのである。すべてわれわれの認識は、認識するものの視角を通してなされ、認識する主体の功利性が働いているのであり、いわば認識されるものの功用性が求められているに過ぎない。したがって、たとえば比較宗教学の場合、いかに学的客観性が志向せられているといっても、眺められた宗教、あるいはそれに対して眺める宗教は、共にすでに充分主観的なものになってしまっている。そういう仕方で他宗教の本当の理解ができるかどうか、たとえできたとしても一面的、かつ不完全な理解といわざるをえない。比較宗教学の人格化ということを肯ってもそれが比較を基調とする限り、やはり真実の相手に出遇うことはできない。このことは簡単に理解できる道理でありながら、しかも宗教的対話の場合において閑却されがちなことではないであろうか。

筆者は、キリスト教史上初めて公式に西ドイツ・アイフェル州にあるマリア・ラーハ・ベネディクト大修道院のクラウズーラ（結界）の奥深くで、修道士たちとの共住を許され、一ヵ月近くを過ごしたのであるが、そこに見た修道士たちは、いわゆる対話ということ以前の、あるいは「宣教者」以前のキリスト教者そのものであり、彼らは、自らを「イエスの弟子」と考えていても、「キリスト教徒」であるという自意識さえないことをこの眼で確認した。異教徒である筆者らに対しても、何ら特別の関心のようなものを示す気配がなく、したがって何の教義論もしないまま、ただわれわれを自分たちの日常生活のなかへ迎え入れたに過ぎなかったとき、筆者は他宗教理解の正しい方法に、始めて開眼させられたのである。

13　東西霊性の交流とは何であったか

一

東洋とか西洋とかいうことばは、今日誰でもが自由に使い馴れている。にもかかわらず、その概念については意外に無内容のようである。東洋とは一体地球上のどのあたりを意味するのか、また西洋とはどの国々のことをいうのかはっきりしていない。この頃では中近東という地域が東西両洋の中間にあって、政治的、経済的、また文化的に大きなウエイトを持ってきている。また、東と西よりも南と北という区分と緊張関係が、尖鋭的であるともいえる。そうなると逆に、東と西の関係はかえって緊張を失って、互いに必要以上の接近と同化の方向にあるのかも知れない。

少し見方を変えて言うと、われわれが一般に「東洋的」という場合に含まれる国、たとえば中国と日本について見るとき、簡単に東洋的ということばで同一化できない要素の多いことに気づくであろう。西洋といってもアメリカとヨーロッパでは、随分異なった面も多いのである。

このように考えると東と西というのは、随分いい加減な区分概念であるということが分かる。百歩譲っていわゆる東洋的、西洋的ということばに蓋然的にせよ、一定程度の地理的内容を与えるとしても、アメリカやヨーロッパに日本人や中国人よりももっと東洋的な人がいたり、日本や中国に西洋人よりも西洋的な人がいたりするのである。かつてルドルフ・オットーという宗教学者は『神秘主義―東と西』なる一本を著わし、ヒンズーの神秘家シャンカーラと、ドイツのキリスト教神秘家マイスター・エックハルトを比較したが、彼の行った神秘主義の比較は、地理的・風土的・人種的なそれではなく、あくまで、宗教・倫理・芸術などにおいて常に対峙して起こる二つの思考パターンの比較であり、人種や文化的相違によって生ずる差異を、はるかに越えたレベルでなされたものであった。

オットーの、この五十年前の指摘がいかに正しいものであったかということは、近年とみに発達したコミュニケーションと交通機関によってなされた地球表面の狭少化に伴って、多くの人によって体験的に証明されてきているところである。今や西と東という区別は意味を失うとともに、人間の思考パターンの区別の方が重大なのである。この区別と緊張関係は、イデオロギーとして尖鋭化し、たとえば一番近くに生活し合う者同士の反目と殺戮にまでエスカレートしているわけである。そこに改めて、いわゆる東と西という人種的地理的隔絶を超えて双方の一致を願う、人間としての営みが逆に希求されることになるのである。このたびの東西霊性の交流は、そういう人類史の流れのなかで初めて実現された、一つの実験であったと言えよう。

二

東西論議もさることながら、ふつうわれわれが「西洋的」といっているものの内容について考えてみるならば、やはりそれは近代文明一般を意味しているように思われる。少なくとも、われわれ日本人が接し始めてからの西洋文明であるわけで、たとえ古代ギリシャ・ローマや中世のキリスト教的伝統について知る場合でも、それと直接に接したのではなくて、いちど近代的知性や感覚のスクリーンを通されたものを摂取したことは間違いない。したがって、われわれが眼や耳を通して知っている西洋的なものは、すべて近代理性の洗礼を通過したものなのである。たとえば、中世の宗教美術についてわれわれは、典型的な西洋を感じる。しかし、よく考えてみると、そういう宗教美術は近代人あるいは現代人によって貴重品として大切に保存せられてきた遺産であり、いわば近代以後の西洋においてさえ、もう再び作り出されないはずの遺産である。したがって、一つの遺物は「それが貴重である」という、現代人全体の意識の表現でさえありうる。つまりそれらは、そんなに貴重とも思っていなかった中世の人々の意識とははるかにかけ離れている。中世西洋の人々にとって当り前であったものを、特別にとり立てて話題にしているのは現代の西洋人である。われわれ日本人はそういう西洋しか知らないのであり、そういう現代の西洋的意識を西洋的という。

古代の遺跡や中世の芸術を大切にする西洋とはどんな西洋かといえば、それはルネッサンス以後の西洋である。われわれはそれを見て西洋としてきたと思う。ルネッサンスとは十三世紀末から十五世紀末に起こったいわゆる文芸復興運動であり、ギリシャ・ローマの古典文化の再生と、中世的神中心の文化を遺物化しようとする運動である。それがたとえ中世の芸術を取沙汰しても、過去の追憶という意味でしかない。活き活きとしたものとして捉えていないのである。

近代以降の西洋に初めて接した日本人は、そういうものを西洋的なものと考えている。私が何故このようにくどくどしく日本人の西洋観を問題にするかというと、実際にかの地に足を踏み入れてみると、われわれのもっている西洋のイメージが、しばしばぶち壊される場面に直面するからである。つまり、われわれが西洋西洋と口にする西洋は、東洋から見ての西洋であり、それとは別にその背後に東洋を意識しないような西洋自体が潜《ひそ》んでいることを知るからである。

明治以来、日本の知識人たちは西洋を模倣することに懸命であった。その意図が日本の中世からの脱出にあったことはいうまでもない。したがって、日本の近代化にとって必要なものは、ルネッサンス以後の西洋を範例とすることであった。具体的にいえば文芸の復興であり、ヒューマニズムであり、合理的精神であり、技術文明であった。日本はその限り西洋模倣によって大きな進歩を見たことは否定しえない。とりわけ過去三十年は日本にとって西洋とはアメリカであった。そして、日本はアメリカ文明の囚になり、ある意味では、もうヨーロッパよりももっと西洋的になってしまったのである。このたび初めてドイツやイタリアの土を踏んでこのことを痛感したしだいである。

ドイツの街や村には大きな空が広がっている。その空の下に美しい壁に彩られた家々があり、よく手入れされた森や花壇がある。なぜこんなに空が広いのかと考えて分かったのは、そこに電柱や電線がないからである。翻ってわれわれの住居の周りを眺めるとどうか。不粋なコンクリート電柱の林であり、したがって電線は乱麻のごとく空間を横に切断している。至るところに見るテレビアンテナの乱立、看板やネオンの原色合戦。とてもヨーロッパには見られぬ風景である。音楽の国ドイツに行って、修道院のグレゴリアン以外に、私は一度も音楽を耳にしなかった。彼らはよい音を聴くために耳を大切にしていることが分かったのである。日本へ帰って今さらのようにカーステレオやカラオケが気になるのである。ライン河に沿って三時間の汽車旅行をしたが、橋を一つも見なかったのは不思議でさえある。その代り中世の古城や教会は大切に保存され、一面ぶどう畠が打ち続いている。琵琶湖や瀬戸内海に橋をかける日本人に、もう自然愛などはかけらもないと知らされた。現代日本人が、営利と便利のために手段を選ばないのは、すでに世界の常識だが、もしそれを西洋から学んだなどという者があれば、ぜひ一度ヨーロッパを訪ねるがよい。

三

比較宗教学という学問が、ただたんに第三者的学者によって、公平かつ客観的になされることは、あまり有益なことではないとして、「比較宗教学の人格化」というものを提唱したのはシカゴ大学のJ・キタガワ教授である。詳しいことは『宗教学入門』（東大出版会）所収の論文「これからの比較宗教学のあり方」に論ぜられているが、その根幹となる主張は、要するにこれからの比較宗教学においては、特定の宗教的信仰をもつ人同士の人格的出遇いということが重要であるとするのであるが、それは今日のように政治・経済・文化の接触交流が世界的レベルでなされるような状況のなかでは、特に説得的な主張であると思うのである。そして事実、宗教的出遇いというものが、わが国においてもさまざまな場面で試みられており、このことによる異宗教間の相互理解は、急速に深まってきているのであり、こうしてまず得られた諸宗教の共同と一致が、人類を破壊に導くようなイデオロギーや科学技術の悪用に対して闘うエネルギーとなってきていることは注目すべきことである（拙著『宗教学入門』第五章「宗教と現代」、創元社においてこのことを論じた）。今回の東西霊性の交流プロジェクトは、このような宗教的出遇いの実験としては、実に歴史的な意味をもつものであるといってよいと思うのである。

しかるに、今回の霊性交流の機会を通して事前に予想だにしなかった他宗教理解の一面に開眼させられたことは、私にとって最も大きな所得となった。

一般に比較宗教学の場合でも、諸宗教の対話の場においても、それぞれの宗教の見せる顔や姿は相手に向けられたものであり、一面的であることは止むをえない。そういうことは私も前から承知している。しかし今回初めて気づいたことは、更に重要なことであった。

それはどういうことかというと、お互いに相対している場合は、相手を意識しているということである。相手を意識するものは既に、同時に自分をも意識していることに他ならないのである。哲学ではこのようなあり方を「対自的」あり方というのである。意識以前の状態、つまり自分の存在に気づかないような状態をこれに反して「即自的」という。一体、物の真相は即自態において把握されなくてはならないのであり、そうでなければ客観的にその物を知ったといえないわけであるが、これはなかなかに至難なことである。

たとえばここに一本のペンがある。私がこのペンを見るとき、それは私に把られて用いられるものとして見られる。いくらこのペンを客観的に見ようとしても、それは私という視角で限定せられている。つまり私の主観（功利的精神）から見られる限り、その「有用性」が見られているにすぎない。所詮それは見るものの主観性を免れない客観である。そういう有用性を悉く排除し、全くの非有用性だけをとり出すと き、ペンは真実を見せることになるはずである。芸術家のまなざしというものは、そういう見方をめざし ているものといえよう。

さて話が横道へそれたようだが、筆者は今回の霊性交流の機によって、キリスト教に対してそのような 眼を持ちえたことを述べようとしているのである。仏教徒を前にしながら仏教徒の存在を意識しないキリ スト教修道院の人々は、そのまま自分をキリスト教徒であると意識する以前の、つまり「イエスの弟子」 というだけのキリスト者たちであったということであるが、それは筆者にとって実に素晴しい発見であっ た。

四

一〇九三年、ハインリッヒ二世の発願で開創されたというマリア・ラーハ大修道院は、文字通り中世ド イツの誇る遺産であり、更に未来への遺産として今も生きつづけている。フランクフルトからライン河に 沿って急行列車で二時間余り北上し、コブレンツでローカル列車に乗り換えて三十分でアイフェル州の 田舎町アンダーナッハに着くと、プラットフォームに禿頭に度の強い眼鏡をかけた六十代半ばの修道士が、 運転手を連れて出迎えに来ていてくださった。黒一色の、わずかに靴だけが見えかくれする長い修道士の 日常服を着ている。同じ黒い布で身体の前後に長く垂れさがるヒラヒラした布はスカプリアで、本来は労 働のときにだけつけたエプロンであり、首の後ろにはカプツィウムと呼ぶ、今はほとんど実用性を失った黒い頭巾を背負っているという、よく写真で見る修道士スタイルであるが、それを眼の前に直接に見るのは初めてである。後ですぐこの人が副院長であり、修練長という実生活上の最高責任者の立場にあるエマニエル修道士であることが分かり、大変恐縮したのだが、もっと時間がたって見ると、ふつうの人はそう簡単に門外に出られないから、修練長が来てくれたのだということが分かった。九月三日の夕方六時半、アイフェルの山や谷には夕もやが降りていたが、二万年前の噴火口が湖となったラーハ湖が静かに横たわる向こうに、針葉樹林を通して古城のごときたたずまいを見せて屹立するのが、目指すマリア・ラーハ大修道院であると知って、いよいよ始まるぞと身震いがした。

マリア・ラーハ修道院の入口

修道院の門をくぐると、中世的な建物が行儀よく建ち並び、建物をつなぐ回廊などが薄暮の中に見えたが、その全容は想像できぬばかりに広大で、とにかく吸い込まれるように入門したという感じであった。修道院の建物の中は物音一つせず、真っ暗闇で、モザイク風の石の回廊をすべらないようにして、案内について歩いて行った。廊下でたくさんの黒衣の修道士に出遇ったが、みんな沈黙して静かに歩いていた。その第一の印象はどうやら老人がやたらに多いということであり、まるで黒い野牛の行列のようであった。石の階段を二、三回昇ったあと、急に木造の建物に変り、廊下がにわかに狭くなった。一五メートル間

マリア・ラーハ修道院の修道士たちと

隔に二〇ワット程度の裸電球がともっている。廊下の中央には粗末な巾の狭いカーペットが敷かれていた。両側は重い扉で閉ざされた修道士の個室で、扉の上の古いガラスに修道士の名前が書かれている。いかにも一生涯を過ごす人の標札と見えた。

筆者に与えられた部屋は三階西側の屋根裏で、部屋の天井が奥に入るに従って低くなり、その突き当りに一つだけ窓がある。この修道院の草創期に属するこの建物は、歴史的には十一世紀のものであるはずである。幾たびか再建されたに違いないが少なくとも原型はとどめているであろう。床は茶色のペンキの塗られたゴツゴツした板であり、天井や四辺の壁は白一色である。天井に沿ってこの建物の屋根を支えている原木のままの柱が三本走っている。十畳ほどの部屋にあるのは古い木製の机と木製の椅子二脚、木製のベッドと木製の本箱、そして木製のミサ台と小物入れの箪笥《たんす》である。そして部屋の隅に一立方メートルくらいの木製の箱が一つ置かれている。この大きな箱の上蓋を持ち上げると、白いホーロー引きの分厚く大きな洗面器とコップが一つ入っている。下段の観音開きの戸を開くと、右側にホーロー引きの水差し、左にホーロー引きの蓋付きバケツが置いてある。これが洗面道具のすべてである。修道士は、朝五時に起きて便所に行き、水差しに水を入れて部屋に運び、これで洗面などをなし、夜七時半の最終の祈りが済むと、バケツに溜った汚水を捨てるのである。

壁に木製の十字架と聖ベネディクトゥスの画像が掛けられている他は何の装飾もない。修道士の生活圏を外界から隔離するために、廊下や玄関の入口にはすべてクラウズーラ（結界）の文字が掲げられ、鉄製の重い鍵を使わないと扉は開かないようになっている。歴史を通じてクラウズーラの内部は、修道士たちの両親や兄弟でさえ立ち入り禁止であった。修道士は衣のポケットのベルトに一つずつ鍵をぶら下げていて、これを携えて教会や農場へ出入りするのである。その大切な修道士たちの手沢の鍵を、異教徒である筆者にも、しっかりと手渡されたのである。一般に修道院を訪れ、そこに宿泊する外来者には、立派なゲストハウスが用意されているが、今回の霊性の交流の参加者に対しては、外来者としての扱いではなく、修道院の修練士にも準じた対応がなされたわけで、キリスト教徒が聞けば眉をひそめるに違いないほどの、大英断であったことが後で分かったのである。

修道士部屋に入る結界（クラウズーラ）

到着して旅装を解く暇もなきまま、夕食のため食堂に導かれたが、大食堂には壁に沿って木製の食卓が取りつけられてあり、その前に修道士たちが五十名ばかり沈黙してわれわれの入堂を待っていた。上手には白い長い髪で顔も埋まる古老たちが並んでいる。右手の最年長のヴィンセン修道士は九十三歳で、杖をかたわらに置いて、テーブルの前に坐ったままであった。

マリア・ラーハ大修道院へ迎えられた仏教徒は四名であったが、修道士たちは「訪問客をイエス・キリストとして歓待すべし」、という聖ベネディクトの信条によってわれわれに接する以外は、特別にわれわれのために生活を乱してまで歓迎するようなことはなかった。いわばわれわれ四名は、あたかも大海に飛び込んだ四匹の蛙のごとく、波一つ立てることもできない存在であった。修道院の規則正しい祈りと労働の生活は、十年一日の如く続くだけで、特に仏教徒を迎えたことによって特別の催しをする、ということもなく日が過ぎて行った。筆者は、修道士との対話を通して深い霊性の交流ができることを期待していただけに、修道院側のわれわれに対する無関心的態度に、いささか不満であった。

なぜ他の修道院の場合のように、われわれ仏教徒の訪問者を公式の場で紹介したり、彼らの労働に参加させたり、あるいは時には仏教とキリスト教の対話の時間を設けたり、坐禅の実践をしなかったのか。

よく考えてみると、その直接的原因は、わがマリア・ラーハ大修道院は日々の運営のために、仏教徒の訪問客の相手になっている暇などなかったのである。この修道院は先述したように、西ドイツでも著名な修道院であり、日にバス数十台の巡礼団がやってくる。その人々へのサービスに事欠いてはならない。それは修道というキリスト教の本質的部分に従事する、修道士たちの使命であるように見えた。決して金儲け主義的観光寺院ではない。拝観料もとらないし、ミサの時のあの献金箱も廻さない。これは実に気持のよいことである。修道士たちは多少ショーじみてはいるけれども、巡礼者たちの前で一日五回の祈りと最低一回のミサを立てる。とりわけ修道院のミサは、普通の市中教会のミサとは異なり、生涯を修道生活に捧げた人々（マリア・ラーハの修道士は現在六十八名と公表されている）が行うものであり、古来、修道士たちのために、神父たちによって立てられるミサであり、一般信者を対象にしたものではなかったが、今日では修道士も祭壇に登ってグレゴリアンを歌うので、ふつうの教会のミサとあまり変りはない。けれども大勢の修道士たちによって行われる簡素で霊性に満ちたミサや祈り、それにグレゴリアンの合唱は、やはり現代人にとっては大きな魅力であるに違いない。

一日五回の祈りとミサの断続的繰り返しの間合を縫って、労働がなされる。この労働は、歴史的修道院の巨大な体軀を維持するための、どうしても止めることのできないものらしい。労働を特に神聖視するというのは建前のことであり、実際は彼らの宗教共同体の維持が、共同体の成員一人一人に労働を要求せざるをえないようである。

具体的にいえば、マリア・ラーハ大修道院は、一八二ヘクタール（約一八二町歩）の土地と湖を所有している。これだけの不動産に対するEC（ヨーロッパ共同体）の規制は、かなりなものであるらしい。少なくとも乳牛一二〇頭以上は義務づけられている。それを怠れば土地の没収になるのである。豚も三〇〇頭いるという。農園では主としてリンゴが栽培され、また花壇の花や盆栽も大きな収入源となっている。いわゆるエコノミーの部局には、木工あり冶金あり、精肉あり、電機あり、管鋼あり、養鱒ありという次第で、電力だけでも一年に百万キロワットを消費するという。これだけの経済活動を修道士だけで消化できないのは当然で、現在では修道院の外から二〇〇名の労働者を雇用している。そして修道士の多くはマイスター（師匠）として、彼らに技術的指導を行うのである。いわば修道院は、今日ドイツが学歴社会と併行して進めている中世的徒弟教育制の重大な部分を担当しているらしい。

そのような労働の一日の間に、断続的に祈りの時間がはさまれるのであるから、修道士の一日は早朝から夜まで実に多忙を極めているのが実情である。静かに黙想する時間などは求めても得られないのではないかと見えた。しかし、何といっても修道院の生活は、宗教的であるに間違いはない。いや、宗教的というと、またわれわれは日常生活と別なるものを想像してしまうであろう。しかし宗教的といういい方も当らないのである。むしろ「中世的」と言ってしまうのがよいのかも知れない。「祈りと労働」が自然に融合していた頃の生活が続けられていると見るべきである。

そういう生活を強いられる修道士に暇らしきものはない。とうてい一ヵ月足らずの生活をしにきた仏教徒と対話したり、特別のサービスをする暇はあるまい。ただ、彼らにできることは、彼らの生活を包み隠さず見せることであった。しかも、このことは、かつて彼らの歴史にはなかったことである。われわれを共同体の成員の一人として修道院の奥深く迎え入れ、その生活の裏も表も見せてくれたことは、形式的にわれらと対話することによってキリスト教を理解させることの、何十倍もの意味をもつことを、彼らの霊性はすでに見抜いていたのである。修道院を訪問して、その生活と仏教の僧院のそれと比較しようなどという、やましい考えを持ったものの、とうてい立ち入ることのできぬ尊い世界であったわけである。霊性の交流とは、霊性の見せかけの対比ではなくて、身体的経験を通して互いを見ることである、ということを思い知らされることによって、筆者は今までの古い考えを、また一つ脱することができたのであった。

14　沈黙と対話

平成五年にはインドにおいて、シカゴでコロンブスのアメリカ大陸発見四百年を記念して開催された、あの「万国宗教会議」（明治二十二年〈一八八九〉）の百周年の集会が催されるという。その記念のための諸宗教の集まりの準備もすでに始まっている。シカゴの万国宗教会議の記録を見ると、キリスト教の内部では、諸宗教の信奉者が一堂に会して、信仰や教義について語り合うことの是非をめぐって、その準備の段階から随分と議論があったようだ。カンタベリーの大司教など、キリスト教が唯一絶対の宗教であり、それが他の諸宗教と同等の立場で信仰を語り合うことは不可能であり、それは神の冒瀆にもなりかねないとして協力を断っている。会議の賛成論者にしても、この会議がキリスト教を世界に宣教する絶好の機会になればとか、異国でキリスト教を宣教するためには、異教についての知識が必要だからとか、いずれにせよキリスト教の優位に立つ狭隘《きょうあい》な発想が強かったようだが、それもまあ当時としては充分考えられる状況ではあったであろう。

それにしても、二千年にわたるキリスト教の伝統的閉鎖性にメスを入れ、各宗教教団のもつ形は、人類が真に向わんとする普遍的宗教への単なる過渡的形態に過ぎないのであり、宗教にはいささかも停滞ということがあってはならないとする「進化論的発想」こそが、シカゴ万国宗教会議に歴史的意義を与えたことは確かで、それは実に尊い人類の遺産であったと思う。

たとえば、この精神を継承して始まった「世界自由宗教連盟」（ＩＡＲＦ）は今、九十年の歴史を数え、平成二年七月には、その第二十七回世界会議が、ドイツ統一直後のハンブルグ市国際会議場で開催され、筆者はチュービンゲン大学のハンス・キュング教授とともに、その基調講演をする栄誉を与えられた。世界各地から参集した六百名の人々は、いずれも伝統的教団からは自由な信仰者であり、人類の平和と幸福を願う熱き心の人たちであり、筆者だけが僧衣を身に着けた、ただ一人の伝統教団人であった。大会に参加していろいろと考えさせられたことについては、別に稿を改めたいが、彼らがいわゆる「世俗都市」のただなかに出て、「テンプルからストリート」へというスローガンを実践されている、その宗教的真摯さには、大いに敬服させられた。このほかにも昨今の筆者は、国外国内で催される東西宗教の各種学術会議に出席し、この二十世紀に象徴的な諸宗教対話の貴重な体験をさせていただいている。

さて、このたびの第四回東西霊性交流においては、ヨーロッパ全域のカトリック修道院の修道士・修道女二十名が、わが国の臨済・曹洞・黄檗各宗の専門道場で、一ヵ月の禅堂生活体験をされたのであるが、筆者は彼らに「禅堂の生活」についての予備学習のためのレクチュアをさせていただいたほか、シンポジウムの司会役も担当した。

午前中のテーマを僧堂の体験報告と若干の疑問点に絞り、各僧堂滞在者の意見を、それぞれの代表者が報告した。午後は霊性交流の体験がいかに仏キ両宗教の個々人の信仰と関係するかについて、これは修道士の側と禅僧の側から、特に指名された人々によって、いわば信仰告白というようなかたちで話された。

筆者はシンポジウム全体の総括をせよとのことであったから、終始口を閉ざして対話の進行を全身耳にして聴き入っていた。対話のための集会で正面に坐って沈黙を守るという妙な経験は初めてのことであったが、しかし「総括」（事柄を全体的に把握するということ）のために、「沈黙」というものがいかに役立つかという、個人としては尊い体験をしたように思う。

修道士・修道女たちにとっても、禅僧たちにとっても、本来的に彼らの日常生活は沈黙に基づいているのであり、だからまる一日のシンポジウムは、彼らにとって全く非日常的な事態であったであろうと思う。

平成２年、第27回世界自由宗教連盟世界会議
（ハンブルグ）にて

筆者は心の中でこう思っていた。体験を語るということは一体どういうことなのであろうか。語るべきであるか、あるいはあくまで自内証的に沈黙を守るべきものであるか。とりわけ、「霊性の交流」ということで、冒頭に述べたような各種の「対話」とは全く異質な接触をし合うこの種の宗教交流において、このような体験報告や信仰告白が果たして必要なことであるのだろうかといった、幾分アイロニカルな発想もあった。

体験を語ることは、宗教においては、お互いが各自の信仰を自覚的にするには役立つし、またそれによって相手側の信仰を深める契機をつくる役割もある。キリスト教における信仰告白や宣教、禅における問答商量や説法・示衆といった事柄がそれであろう。

しかし同時に他面で、敢えて語らないということも重要であるとすることが、いずれの宗教にも共通にあって、特にミスティシズム（神秘主義）の語が、口を閉じることを意味するゆえんである。語ることは求道者をかえって迷いに導くばかりか、語ることによって体験が限定されてしまうという危険を避けるためである。

キリスト者が禅堂生活の体験をすることは、語りを通して他宗教を理解するということとは全く別の次元の、あくまでキリスト者その人の内的体験であり、たとえば坐禅や作務も、キリスト者によるキリスト教体験でなくてはならない。同じように、禅者がキリスト教修道院に入って生活をすることも、禅者自身の禅体験であるはずである。少なくとも語り合いによってキリスト者の信仰が部分的にせよ仏教化したり、仏教者の自覚がキリスト教的になったりするものであってはならない。しかし、もしそうとするならば、東西霊性交流におけるシンポジウムの固有の意義は那辺にあるのだろうか。

われわれ司会者は、シンポジウムに先立って、この点を深く考慮しておいたと思う。単なる僧堂体験の印象報告ならば、それはすでに過去三回にわたって行われてきているし、それらはいずれも異文化の中へ突入したものが味わうカルチュアショックに過ぎず、ゆえにいつも同じ内容が繰り返されたのである。また信仰告白というようなことでも、それを信仰の異なる宗教者の前に陳述するのはどういうものかというような逡巡もあった。修道士側の代表者であるピェール・ド・ベチュヌ神父は、「こういう霊性交流ということは、みんなが一つの井戸の周りに集まって、深い井戸を覗き見ているようなものではないか。互いがいくら近づき合っていても、やはりその間には深くて不可視な部分というものが存在し、それをみんなで共有し合うということではないか」というようなことを言われた。筆者はこれを聴いていて、大いに共感するところがあった。そういう深いリアリティというものをお互いが承認し合って、その周りに集まること、それが「霊性交流」という場合の「交流」の意味であろうと思ったからである。

駒沢大学の鈴木格禅教授は、「宗教には、変わってはならない部分と変わるべき部分とがある。だから、たとえば変わってならないものが変わったり、変わらなくてはならぬものが変わらなかったりしていては、『交流』は真の意味で成り立たないのではないか」と語られ、これはやはりベチュヌ神父の発想と同工異曲であると思われた。

シンポジウムが一つの共同声明のようなものを持ち得ないままに、しかも和やかな雰囲気のうちに終ったことは、この東西霊性交流が、将来に向けて大きな可能性への開けを残したことを、何よりもよく示しており、お互いがこれによって一層強い友情を確認しえたことは、間違いのないことと確信しているしだいである。

〔初出一覧〕

Ⅰ　鈴木大拙の原風景

鈴木大拙の原風景（季刊『禅文化』一三四―一四九号、財団法人禅文化研究所、一九八九年一〇月―一九九三年七月）

Ⅱ　大拙小論

鈴木大拙に於ける個人と世界（原題「鈴木大拙――個人を世界につなぐ創造力」、牧野昇・竹内均監修『日本の創造力――近代・現代を開花させた四七〇人』第九巻、日本放送出版協会、一九九三年五月）

明治青年僧の気骨――『禅僧留学事始』を読みて（『中外日報』一九九〇年四月二五―二七日）

ポール・ケーラスの宗教思想（『宗教研究』二八七号、日本宗教学会、一九九一年三月）

上向く「大拙」と下向く「寸心」（季刊『仏教』一〇、法蔵館、一九九〇年一月）

老博士の涙（『鈴木大拙全集』一〇巻月報、岩波書店、一九八一年七月）

ポスト鈴木の時代（日本の名著43『清沢満之・鈴木大拙』月報、中央公論社、一九八四年一〇月）

禅仏教の国際化をめぐる問題（『中外日報』一九九一年二月一九―二一日）

転機に立つ日本の禅（『京都新聞』一九八九年一月一八日）

世界の中の六祖壇経（季刊『禅文化』一三二号、禅文化研究所、一九八九年四月）

禅を現代にどう活かすか（『現代のエスプリ』五巻二五号、至文堂、一九六七年五月）

禅学から見るキリスト教——東西宗教交流を通して——（『オイクメネ』四六号、日本超教派基督教協会、一九九〇年六月）

キリスト教理解の一側面（『宗教研究』二四二号、日本宗教学会、一九八〇年二月）

東西霊性の交流とは何であったか（季刊『禅文化』九五号、禅文化研究所、一九七九年一二月）

沈黙と対話（『ねんげ』一〇号、花園大学宗教部、一九九一年四月）

【写真所蔵】 公益財団法人 禅文化研究所／公益財団法人 松ヶ岡文庫／有限会社 大法輪閣

西村　恵信（にしむら　えしん）

1933年　滋賀県に生まれる。2歳のとき出家、臨済宗の僧籍に入る
1956年　花園大学仏教学部卒業。南禅寺専門道場 柴山全慶老師について参禅弁道
1960年　アメリカ ペンシルヴェニア州ペンデルヒル宗教研究所に留学（キリスト教を学ぶ）
1967年　京都大学大学院（宗教哲学専攻）博士課程修了
1970年　花園大学教授
2002年　花園大学学長（2005年まで）
現　在　（公財）禅文化研究所長。花園大学名誉教授。文学博士

著　書　『己事究明の思想と方法』『迷いの風光』『十牛図―もうひとつの読み方』『白隠入門』『無門関プロムナード』『碧巌録の読み方』『夢中問答』『禅語に学ぶ生き方。死に方』『一休』『禅語を読む』ほか多数

現住所　滋賀県東近江市今町46　興福寺　三余居

新装改訂版
鈴木大拙の原風景

1993年9月10日　初版　第1刷発行
2016年6月10日　新装改訂版　第1刷発行

著　者　西村恵信
発行人　石原大道
印刷所　三協美術印刷株式会社
製本所　東京美術紙工
発行所　有限会社　大法輪閣
東京都渋谷区東2-5-36　大泉ビル2F
TEL　(03) 5466-1401(代表)
振替　00130-8-19番
http://www.daihorin-kaku.com

ISBN978-4-8046-1384-0　C0015